Christian Lüdemann
Rationalität und Umweltverhalten

Christian Lüdemann

Rationalität und Umweltverhalten

Die Beispiele Recycling und Verkehrsmittelwahl

Springer Fachmedien Wiesbaden GmbH

Die Deutsche Bibliothek – CIP-Einheitsaufnahme

Lüdemann, Christian:
Rationalität und Umweltverhalten: die Beispiele Recycling und
Verkehrsmittelwahl / Christian Lüdemann.
(DUV : Sozialwissenschaft)
Zugl.: Bremen, Univ., Habil.-Schr., 1996
ISBN 978-3-8244-4203-4   ISBN 978-3-663-08905-6 (eBook)
DOI 10.1007/978-3-663-08905-6

© Springer Fachmedien Wiesbaden 1997
Ursprünglich erschienen bei Deutscher Universitäts-Verlag GmbH, Wiesbaden 1997
Lektorat: Claudia Splittgerber

Gedruckt auf chlorarm gebleichtem und säurefreiem Papier

ISBN 978-3-8244-4203-4

Vorwort

Bei der vorliegenden Arbeit handelt es sich um die unveränderte Habilitationsschrift, die unter dem Titel "Rational Choice und Umweltverhalten - Ein empirischer Test in den Bereichen Recycling und Verkehrsmittelwahl" im Januar 1996 an der Universität Bremen eingereicht wurde.

Wie viele andere Arbeiten, so wäre auch diese ohne die Hilfe, Unterstützung und Kooperation Dritter nur schwer entstanden. Zu diesen Dritten gehörte Christian Erzberger, der mir beim Einlesen aller Daten und bei der Gestaltung des Fragebogens für die Recycling-Studie geholfen hat. Weiter danke ich meinen beiden studentischen Hilfskräften, Jutta Reichelt und Frank Schaubhut, die 369 Telefoninterviews zur Verkehrsmittelwahl durchführten und die Rohdaten eingaben. Der Deutschen Forschungsgemeinschaft (DFG) danke ich für die Gewährung einer Sachbeihilfe zur Durchführung des Projektes "Framing und Umweltverhalten" (Lu 426/3-1). Ohne die Kooperation der Befragten und ohne das Engagement "meiner" Bremer Studentinnen und Studenten in einem zweisemestrigen Kurs über Methoden der empirischen Sozialforschung wären auch keine 247 Interviews zur Altglasentsorgung zustande gekommen.

Hans-Peter Blossfeld danke ich für den Freiraum, den er mir im Rahmen meiner Tätigkeit an der Universität Bremen gewährt hat. Ihm sowie Detlef Krause (Universität Bremen), Siegwart Lindenberg (Universität Groningen), Sebastian Bamberg (Universität Gießen), Peter Schmidt (ZUMA, Mannheim) sowie Jutta Reichelt, Udo Kelle (Universität Bremen) und Götz Rohwer (Max-Planck-Institut für Bildungsforschung, Berlin) danke ich für Anregungen, Diskussion und Kritik. Jutta Reichelt und Ulrike Krettmann danke ich für die sorgfältige und bisweilen mühsame Erstellung des druckfertigen Manuskripts. Last not least danke ich ganz besonders Ilse Tippel, die ganz genau weiß, warum ich sie hier nenne.

Christian Lüdemann

Inhalt

I. Einleitung

Ziel dieser Arbeit ist die empirische Überprüfung verschiedener Modelle rationalen Handelns in zwei Verhaltensbereichen, in denen es um "umweltbewußtes" Handeln geht: Abfallentsorgung und Verkehrsmittelwahl. Die Rational Choice-Modelle[1], die wir überprüfen wollen, sind die Theory of Planned Behavior (TOPB) von Ajzen (1985, 1988, 1991), das Diskriminationsmodell der stochastischen Wahl von Lindenberg (1989, 1990, 1993), das bisher in keiner Feldstudie getestet wurde, und die SEU-Theorie ("SEU" = "Subjective Expected Utility").[2]

Weiter werden wir Hypothesen über subjektive Schwellenwerte für umweltbewußtes Handeln überprüfen. Diese Hypothesen orientieren sich am Konzept der "thresholds", das Granovetter (1978) entwickelt hat und das die Grundlage einer Reihe modelltheoretischer Analysen darstellt, jedoch kaum empirisch erhoben wurde.

Im nächsten Kapitel II werden wir anhand einer Kritik an einer datengesteuerten und daher atheoretischen "Variablen-Soziologie" das Ziel der Arbeit entfalten, das darin besteht, eine theoriegesteuerte Datenanalyse im Bereich Umweltverhalten durchzuführen. In diesem Kapitel werden wir auch die Theorie, die diese Datenanalyse "steuern" soll, vorstellen: Das Modell rationalen Handelns. Dabei werden wir die ideengeschichtlichen Ursprünge dieses Modells vorstellen, dessen Kern- und Zusatzannahmen herausarbeiten, Probleme und Mißverständnisse diskutieren und auf Kritik an diesem Modell eingehen.

Im III. Kapitel werden wir dann auf den Zusammenhang zwischen kollektiven Umweltproblemen innerhalb unserer Gesellschaft und individuellem Verhalten eingehen. Dabei werden wir feststellen, daß die sozialwissenschaftliche Forschung zu Umweltverhalten stark von Theorielosigkeit geprägt ist und insofern ein typisches Beispiel der "Variablen-Soziologie" darstellt.

Das IV. Kapitel widmet sich den verschiedenen Stadien und Problemen des Forschungsprogramms, das sich die empirische Klärung des Zusammenhangs zwischen Einstellungen und Verhalten zum Ziel gesetzt hat. Dabei werden wir die problematische Grundannahme dieses Forschungsprogramms herausarbeiten und zeigen, warum die Akzeptanz dieser Annahme zum Scheitern des Forschungsprogramms führte.

Das V. Kapitel besteht aus der Darstellung der Theory of Planned Behavior (TOPB), ihren Prämissen, aber auch ihren konzeptionellen und meßtheoretischen Problemen. Daran anschließend werden die Resultate des empirischen Tests der TOPB im Bereich des Recyclingverhaltens (Entsorgung von Altglas) dargestellt. In diesem Kapitel geht es auch um die Klä-

---

1   Im folgenden werden wir das Kürzel "RC" für "Rational Choice" verwenden.

2   Zur ursprünglichen Formulierung der SEU-Theorie vgl. Savage 1954; Edwards 1954, 1961.

2

rung des Habit-Begriffs und den Versuch, die Entstehung von Habits im Rahmen eines RC-Modells theoretisch zu erklären.

Das VI. Kapitel enthält die Ergebnisse eines Tests der SEU-Theorie an den Recycling-Daten sowie eine Darstellung und Diskussion der im Rahmen dieser Studie erhobenen Schwellenwerte für "umweltbewußtes" Handeln.

Das Kapitel VII widmet sich soziologischen Framing-Modellen, die als Antwort auf die eingeschränkte kognitive Kapazität von Akteuren entwickelt wurden. Nach einer Klärung des Framebegriffs wird das Diskriminationsmodell der stochastischen Wahl von Lindenberg vorgestellt und im Bereich der Verkehrsmittelwahl, ebenso wie das SEU-Modell, empirisch überprüft.

Im letzten Kapitel VIII werden wir schließlich auf einige Probleme eingehen, die sich im Rahmen der Überprüfung der von uns ausgewählten RC-Theorien ergaben und die von Bedeutung für die weitere Entwicklung von RC-Theorien und ihre Überprüfung sind. Weiter werden wir versuchen zu zeigen, wie sich eine Reihe alternativer theoretischer Ansätze und RC-Theorien in fruchtbarer Weise integrieren lassen.

Vorab noch eine Bemerkung zum geschlechtsspezifischen "bias" einiger von uns verwendeter Ausdrücke und Formulierungen. Zur allgemeinen Bezeichnung von Personen sind männliche Pronomina ("er", "ihm") sowie männliche Substantive ("Akteur", "Forscher", "Soziologe", "Interviewer") zwar immer noch gebräuchlich, obwohl dies angesichts des berechtigten Vordringens einer "nonsexist language" zunehmend unangemessen erscheint. Da jedoch sprachliche Gebilde wie "sie/er", "ihr/ihm", "Interviewer/Interviewerin" oder "Akteur/Akteurin" äußerst schwerfällig wirken und den Lesefluß unterbrechen, haben wir die "traditionelle" Ausdrucksweise beibehalten.

II. Theoriegesteuerte Sozialforschung und das Modell rationalen Handelns

1. Das Ziel der Arbeit: Theoriegesteuerte Datenanalyse im Bereich Umweltverhalten

Schon relativ lange läßt sich das Versagen der herkömmlichen, d.h. *datengesteuerten* Sozial-forschung vor einer Vielzahl von Erklärungsproblemen innerhalb der Soziologie und ihrer verschiedenen "Bindestrich-Soziologien" beobachten. Klassische soziologische Erklärungsan-sätze mit Hilfe von Kategorien wie Klasse, sozialer Schicht, Normen, Werten, sozialer Rolle oder sozialstrukturellen Variablen der klassischen "Standarddemographie" wie Alter, Ge-schlecht, Einkommen, Religionszugehörigkeit, Beruf oder Haushaltsgröße verlieren immer mehr an Erkenntniswert (vgl. Esser 1987, 1989, 1989a, 1993, 1996; Faulbaum 1991, 1992; Schnell/Kohler 1995). So ist Esser zuzustimmen, wenn er in kritischer Einschätzung dieser enttäuschenden Erkenntnisleistungen der Sozialforschung fragt:

> "Waren die üblichen Variablen-Modelle der empirischen Sozialforschung nicht immer schon eigentlich höchst unzureichend gewesen (sowohl vom Ausmaß der normalerweise 'erklärten' Varianzen wie vom explanativ theoretischen Status sol-cher Modelle aus gesehen)?" (Esser 1989, S. 59)

Ziel der *datengesteuerten* Analyse innerhalb der herkömmlichen empirischen Sozialforschung war dabei häufig nur und *ausschließlich* die maximale "Erklärung" von Varianz (oder ver-gleichbarer Maße wie Goodness-of-Fit-Indizes, Pseudo-R^2 oder der Anteil richtiger Klassifi-kationen) in der jeweils abhängigen Variable (zur Kritik dieser Strategie vgl. jedoch Lieberson 1985). Der Kardinalfehler, der jedoch dabei gemacht wurde, besteht darin zu übersehen, daß "erklärte" Varianz *alleine* keineswegs das gleiche wie eine theoretisch adäquate Erklärung im Sinne des Modells einer wissenschaftlichen Erklärung von Hempel und Oppenheim ist (vgl. zu diesem Erklärungsmodell Hempel/Oppenheim 1948; Opp 1976, Kap. III; Esser et al. 1977, Kap. 3). Die statistische "Erklärung" von Varianz *alleine* stellt eben noch keinen theoretisch-explanativen Gewinn dar (vgl. Esser 1987, 1989, 1996; Lieberson 1985; Lindenberg 1991; Blossfeld 1996).

So wird z.B. bei der Einführung der Variable "*Alter*" meistens nicht thematisiert, was eigent-lich genau mit dieser Variable gemessen werden soll: abnehmende geistige Flexibilität, die Kumulation von Erfahrungen oder die Zunahme von Handlungsrestriktionen (z.B. in Form geringerer Chancen, eine neue Ausbildung zu machen, eine neue Arbeit zu finden oder einen neuen Partner kennenzulernen)? So schreibt Esser zutreffend:

> "Ihre 'Wirkung' erhalten Alter, Periode und Kohorte...aber immer nur durch be-stimmte soziale Mechanismen, die mit den Variablen Alter, Periode und Kohorte verbunden sind. Kurz: *Alter*, *Periode* und *Kohorte* müssen immer erst über *Brük-*

kenhypothesen mit bestimmten Erwartungen und Bewertungen der Akteure *verbunden* werden." (Esser 1993, S. 272; Hervorh., C.L.)

Essers Entscheidung, die Variablen Alter, Periode und Kohorte über Brückenhypothesen mit bestimmten Erwartungen und Bewertungen der Akteure zu verbinden, hängt nun damit zusammen, daß es sich bei Erwartungen und Bewertungen (der Handlungsfolgen verschiedener Handlungsalternativen) um die unabhängigen Variablen der von Esser präferierten Handlungstheorie, der Theorie rationalen Handelns, handelt (zu dieser Theorie vgl. den nächsten Abschnitt 2).

Im Hinblick auf die Variable "*Zeit*" ergeben sich analoge Probleme, da die Einführung der Zeit als eigenständiger Variable in dynamischen Modellen *alleine* noch keinen "kausalen Prozeß" und kein theoretisch-explanatives Argument konstituiert:

> "*Nicht die Zeit* (als unabhängige Variable) *erklärt* ja die Scheidungsraten (als die abhängige Variable). Die theoretische Erklärung mußte auf *andere Argumente* als die bloße Zeitreihenkorrelation zurückgreifen und die Variable 'Zeit' erst einmal soziologisch interpretieren. Die soziologische Interpretation der 'Zeit' bestand...aus der Annahme, daß sich *mit der Zeit* der Grad der *Verstädterung* geändert habe und daß dies wiederum *Auswirkungen* auf eheliche *Konflikte* und auf die Verfügbarkeit von *Alternativen* gehabt habe." (Esser 1993, S. 89; Hervorh., C.L.)

Was die traditionelle Sozialforschung und ihre "Variablen-Soziologie" leider oft übersehen haben, ist, daß die Zeit, ebenso wie das Alter, immer nur so etwas wie *Indikatoren* oder *Proxy-Variablen* für innere und äußere Prozesse beim Akteur und in seiner sozialen Umgebung sind, aber nie ein eigenes Agens von Handlungen.

Ein statistisches Verfahren, das jedoch theoriegesteuerte Analysemöglichkeiten erschließt, ist die Ereignisdatenanalyse. So schreiben Blossfeld und Rohwer (1995) in einem neueren Lehrbuch zur Ereignisdatenanalyse, daß

> "explaining or understanding of social processes requires a time-related specification of (1) the past and present conditions under which people act, (2) the many and possibly conflicting *goals* that they pursue at the present time, (3) the *beliefs and expectations guiding the behavior*, and (4) the actions that probably will follow in the future" (Blossfeld/Rohwer 1995, S. 24; Hervorh., C.L.)

Diese Formulierungen lassen sich nun durchaus als Orientierung an einer Handlungstheorie interpretieren, die viel Ähnlichkeit mit dem RC-Ansatz hat. Weiter legen diese Äußerungen die Vermutung nahe, daß diese Analyserichtung die Auswahl ihrer Variablen in Zukunft stärker theoriegeleitet vornimmt (zum Versuch, der Kohortenanalyse eine RC-Grundlage zu geben, vgl. Lindenberg 1992; zum "komplementären" Versuch, den RC-Ansatz zu dynamisieren vgl. Blossfeld 1996).

Allerdings ist die harsche und oft polemisch formulierte Kritik Essers an der "Variablen-Soziologie" ein wenig zu relativieren, da offenbar auch Soziologen, die sich mit der Analyse und Wirkung sozialer Strukturen befassen ("structural sociologists"), im Grunde, wenn auch oft nur *implizit*, einen RC-Ansatz vertreten:

> "...structural sociologists do not deny choice. Rather they contend that structural constraints affect individual actions by determining the objective probabilities that their most preferred aim...can be realized." (Blossfeld 1996, S. 186)

> "...structural sociologists normally accept, implicitly or explicitly, the rationality assumption ('people act reasonable') as well as the presumption that individuals strive for similar ends." (Blossfeld 1996, S. 186)

Generell gilt jedoch, daß kein Pfad-, Logit-, Probit-, Tobit- oder Strukturgleichungsmodell, keine Log-lineare Analyse und kein Verfahren der Ereignisdatenanalyse *allein* bereits eine adäquate theoretische Erklärung leisten, solange nicht die gefundenen Variablenzusammen-hänge aus den Variablen(ausprägungen) einer allgemeinen *Handlungstheorie* erklärbar und damit auch "verstehbar" werden.

Diese theoretisch-explanativen "Lücken" finden sich nun nicht nur innerhalb der gängigen Sozialforschung, sondern auch in vielen *Bindestrich-Soziologien* wieder (wie z.B. der Sozio-logie des Umweltverhaltens, der Jugend, des Alters, der Familie, des Lebenslaufs, des Rechts, der sozialen Bewegungen). Bindestrich-Soziologien fehlt nämlich fast immer ein nomologi-scher Kern in Form einer allgemeinen und präzisen Handlungstheorie, obwohl die jeweiligen Explananda innerhalb dieser Soziologien sehr oft Handlungen darstellen.

Aufgrund des Fehlens eines nomologischen Kerns besitzt man bei der Variablenauswahl im Rahmen der "Variablen-Soziologie" auch kein durch eine Theorie vorgegebenes "Abbruchkriterium", das einen darüber informiert, ob eine bestimmte Variable noch erhoben werden soll oder nicht. Das Fehlen eines solchen "Abbruchkriteriums" dürfte mit ein Grund für die relativ große inhaltliche Beliebigkeit sowie die oft hohe Anzahl der jeweils erhobenen Variablen sein. Zu einer ähnlichen Einschätzung kommt auch Faulbaum, wenn er schreibt:

> "Die Ausblendung von Handlungs- und Prozeßzusammenhängen aus den Modell-spezifikationen der Analyse von Variablenbeziehungen gilt unabhängig von dem inhaltlichen Bereich, den die Modelle funktional darstellen sollen, und bedeu-tet...daß die Suche nach inhaltlich relevanten Handlungs- und Prozeßzusammen-hängen nicht Teil des Analyseprozesses ist." (Faulbaum 1991, S. 116)

Da man nun in den Bindestrich-Soziologien aufgrund des Fehlens einer allgemeinen Hand-lungstheorie und damit einer theoriegesteuerten Analyse die Bedingungen der Geltung von Zusammenhängen nicht explizit gemacht hat oder oft nicht kennt, wird bei auftretenden em-pirischen Anomalien häufig jeweils das gesamte Konzept über Bord geworfen und durch ein anderes, wiederum ad hoc eingeführtes, neues Konzept ersetzt (vgl. Esser 1989, 1989a).

Dies hat dann zur Folge, daß es entweder zur Formulierung von *ad-hoc-Annahmen* oder zu einer *eklektizistischen* Aneinanderreihung von Annahmen kommt, wobei die praktizierte Beliebigkeit und Willkür der Annahmen leider oft mit einem durchaus sinnvollen und fruchtbaren theoretischen Pluralismus (vgl. hierzu Klima 1971; Spinner 1974; Opp/Wippler 1990a) verwechselt werden. Darüberhinaus werden dann häufig neue und wohlklingende Konzepte und Begrifflichkeiten ("Individualisierung", "Temporalisierung", "Entdifferenzierung", "Autopoiesis", "Interpenetration", "neue soziale Bewegung", "Postmoderne") eingeführt, die jedoch keinerlei explanativ-theoretische Qualitäten besitzen und aufgrund ihres Begriffsstatus auch gar nicht besitzen können.

Daß die dargestellten Probleme und Defizite auch für die Bindestrich-Soziologie der Soziologie des Umweltverhaltens und ihre empirischen Studien gelten, werden wir im III. Kapitel ausführlich nachweisen.

Gegenüber einer datengesteuerten und daher atheoretischen "Variablen-Soziologie" hat nun eine *theoriegesteuerte* Datenanalyse deutliche Vorteile, weil durch sie

"Probleme besser strukturiert und Zusammenhänge zwischen Phänomenen leichter aufgedeckt werden können und weil der Erkenntnisprozeß kumulativer ist." (Lindenberg 1991, S. 37)

Genau hier, an der üblicherweise übersehenen "Schnittstelle" zwischen Theorie und Empirie, setzt nun unsere Arbeit an, indem sie versucht, innerhalb eines bestimmten Forschungskontextes, den man zunächst grob mit dem Begriff "Umweltverhalten" kennzeichnen kann, eine theoriegesteuerte Analyse empirischer Daten zu leisten, wobei die Entscheidungen dafür, welche Daten wie zu erheben sind, durch eine problemspezifische Formulierung der von uns verwendeten Handlungstheorie gesteuert wird.

Dies bedeutet im einzelnen, daß die Entscheidungen für zu erhebende Variablen, für deren Operationalisierungen sowie für geeignete Meßinstrumente, im Gegensatz zur datengesteuerten Analyse des "mainstreams" innerhalb der Sozialforschung, in enger Anlehnung und Orientierung an die verwendete Handlungstheorie getroffen werden.

Im nächsten Abschnitt werden wir nun den von uns favorisierten handlungstheoretischen Ansatz, das Modell rationalen Handelns, darstellen.

2. Das Modell rationalen Handelns: Ursprünge, Grundannahmen, Probleme und Mißverständnisse

Obwohl Begriffe wie "Rationalität" oder "rationales Handeln" aufgrund ihres hohen semantischen Überschußgehalts (Tuomela 1973, S. 91) nicht nur bei Soziologen eine Vielzahl von Assoziationen, Konnotationen und Mißverständnissen auslösen, die mit der Theorie bzw.

Theoriefamilie, die wir hier diskutieren wollen, wenig oder nichts zu tun haben, werden wir trotzdem die Begriffe (und Synonyme) "Modell rationalen Handelns", "Rational-Choice-Theorie" oder "Rational-Choice-Modell" in unserer Arbeit verwenden, da sich in der Soziologie inzwischen die Bezeichnung "Rational Choice" durchgesetzt hat. Innerhalb der Politikwissenschaft wird auch von "Public Choice" gesprochen, während in der Sozialpsychologie derartige Theorien unter der Bezeichnung "Instrumentalitätstheorien" diskutiert werden (vgl. Feather 1982; Frese/Sabini 1985). Soviel vorab zur verwendeten Terminologie.[3]

2.1 Ideengeschichtliche Ursprünge des Modells rationalen Handelns: Die schottische Moralphilosophie

Verfolgt man die ideengeschichtlichen Ursprünge des Modells rationalen Handelns zurück, so reichen diese bis zu den sozialtheoretischen Auffassungen der schottischen Moralphilosophie im 18. Jahrhundert zurück, wie sie von David Hume, Adam Smith und Adam Ferguson entwickelt wurden (vgl. Vanberg 1975, Kap. 1). Obwohl die schottische Moralphilosophie über die ökonomische Spezifikation durch Adam Smith hauptsächlich innerhalb der klassischen Ökonomie ihren Einfluß ausgeübt hat, enthält sie einen Erklärungsansatz in Form einer *individualistisch-utilitaristischen Sozialtheorie*, der weit über den Bereich rein wirtschaftlichen Handelns hinaus für die Analyse sozialen Handelns und sozialer Institutionen Bedeutung besitzt.

Der Grundgedanke dieser Sozialtheorie besteht darin, daß soziale Konflikte und soziale Desintegration, ebenso wie soziale Ordnung und soziale Integration, kurz, soziale Phänomene generell, aus individuellen und eigeninteressierten Handlungsmotiven in ihrer wechselseitigen Verflechtung erwachsen und als kollektives Ergebnis individueller Handlungen erklärt werden können.

Als einer der wichtigsten Wegbereiter und Vorläufer dieser von der schottischen Moralphilosophie vertretenen Sozialtheorie kann Bernard Mandeville mit seiner satirischen "Bienenfabel" (1968) über die "öffentlichen Vorteile privater Laster" gelten, in der er behaup-

---

3 Das Modell rationalen Handelns liegt einer Vielzahl von Theorien zugrunde, die so verschiedene Bezeichnungen tragen wie die folgenden, wobei die Aufzählung keinerlei Anspruch auf Vollständigkeit erhebt: Ökonomischer Ansatz zur Erklärung menschlichen Verhaltens (Becker 1982); Wert-Erwartungs-Theorie (Opp 1978); Erwartungsnutzentheorie (Frey 1990; Engelkamp 1980); Nutzentheorie (Opp 1983); Utilitaristisches Verhaltensmodell (Opp 1986); Ökonomisches Verhaltensmodell (Weede 1989; Opp 1989); SEU-Theorie (Edwards 1954, 1961); Nutzen-Erwartungs-Modell (Wegener 1987); Kognitiv-Hedonistische Verhaltenstheorie (Kaufmann-Mall 1978, 1981, 1982); Theorie rationalen Handelns (Voss 1985); Theory of Purposive Action (Coleman 1990); Rational Choice Theory (Esser 1990, 1991); Expectancy-Value Theory (Feather 1982); Theory of Reasoned Action (Ajzen/Fishbein 1980); Theory of Planned Behavior (Ajzen 1985, 1988, 1991).

tet, daß Gier, Geiz, Egoismus, Neid und Luxus die Quellen des blühenden Wohlstandes im damaligen England seien.

Mandevilles sozialtheoretische Leistung liegt in seiner Auffassung, daß sich die "lasterhafte" (dies bedeutet bei ihm die "eigensüchtige") Natur des Menschen und nützliche Ergebnisse auf einer gesamtgesellschaftlichen Ebene, wie der Wohlstand eines Staates, nicht notwendig widersprechen müssen, da sich die "egoistische" Natur auf individuelle *Handlungsmotive*, der öffentliche Wohlstand jedoch auf die sozialen (d.h. kollektiven) *Handlungsfolgen* beziehen. Handlungsmotive und Handlungsfolgen sind also keineswegs immer "deckungsgleich", da soziale Phänomene wie soziale Integration oder nationaler Wohlstand immer auch, oder sogar ausschließlich, das Ergebnis *nicht-intendierter* Handlungsfolgen individueller Handlungen sind.

Kollektive soziale Folgen des Handelns individueller Akteure sind also unabhängig von den individuellen Motiven der Handelnden. Elster (1981, S. 169) verweist hier zu Recht darauf, daß Mandeville damit bereits die Kategorien der "*unsichtbaren Hand*" von A. Smith (1978) sowie die der "*latenten Funktionen*" von R. K. Merton (1957) angelegt hat (für eine Vielzahl konkreter Beispiele nicht-intendierter sozialer Handlungsfolgen individueller Handlungen vgl. Wippler 1978; Halfar 1987).

Wie Mandeville geht auch die schottische Moralphilosophie davon aus, daß der Mensch ständig versucht, seine jeweilige persönliche Lage zu verbessern, d.h. seinen subjektiven Nutzen zu maximieren, und daß diese Eigenschaft eine allgemeine und *konstante Verhaltenstendenz aller Menschen* sei. Die Pointe dieses Ansatzes besteht nun darin, daß gerade das eigennützige individuelle Handeln von Akteuren dazu führt, daß auf gesamtgesellschaftlicher Ebene positive Effekte wie soziale Integration oder wirtschaftlicher Wohlstand produziert werden.

Adam Smith hat diese Zusammenhänge mit der bildhaften und berühmten Formel von der "unsichtbaren Hand" (bei ihm eine Metapher für die Strukturen und Mechanismen des freien Marktes) umschrieben. Der einzelne Akteur, so schreibt er,

"...wird in diesem wie auch in vielen anderen Fällen von einer unsichtbaren Hand geleitet, um einen Zweck zu fördern, den zu erfüllen er in keiner Weise beabsichtigt hat." (Smith 1978, S. 371)

Dies bedeutet, daß der einzelne durch sein eigeninteressiertes Handeln, unbeabsichtigt, jedoch indirekt, das Allgemeinwohl aller fördert. Es handelt sich hier also um eine "individualistische" Erklärung sozialer Phänome, da auf Annahmen über menschliche Verhaltensregelmäßigkeiten, wie die Verfolgung des Eigeninteresses, zurückgegriffen wird (zu "unsichtbare-Hand"-Erklärungen vgl. Ullmann-Margalit 1978; für eine informative Übersicht der theoretischen Konzepte von Smith vgl. Krause 1989, S. 86 f.).

Die Einsicht, daß gesellschaftliche Phänomene zwar das ungeplante Ergebnis absichtsvoller individueller Handlungen darstellen, jedoch nicht als Ausführung eines übergreifenden

Handlungsplanes der beteiligten Akteure zu verstehen sind, findet sich auch bei Adam Ferguson, wenn er schreibt

"...nations stumble upon establishments, which are indeed the results of human action, but not the execution of any human design." (Ferguson 1923, S. 171)

Die Grundpositionen der schottischen Moralphilosophie lassen sich in vier Thesen zusammenfassen (vgl. auch Esser 1993, S. 240 ff.): *Erstens*: Handlungseinheit ist der einzelne Mensch (methodologischer Individualismus). *Zweitens*: Menschen handeln aus egoistischen Motiven heraus, d.h. aus Eigeninteresse. *Drittens*: Es gibt eine konstante menschliche Natur, die für alle Kulturen, Zeiten und Gesellschaften gilt (Annahme allgemeiner Gesetzmäßigkeiten). *Viertens*: Soziale Phänomene, Prozesse und Institutionen sind das unintendierte aggregierte Resultat absichtsvoller individueller Handlungen eigeninteressierter Individuen.

Versuche der Erklärung nicht-intendierter sozialer Effekte aufgrund individueller Handlungen finden sich später in den Arbeiten von M. Weber (1978) zu den Wurzeln des Kapitalismus als unbeabsichtigter Folge der Suche nach individueller Erlösung oder in E. Durkheims (1973) Studie über den anomischen Selbstmord. Auch R. Michels (1925) "ehernes Gesetz der Oligarchie", K. R. Poppers (1971) Auseinandersetzung mit der Ungeplantheit sozialer Institutionen, M. Olsons (1968) Theorie kollektiven Handelns oder R. Boudons (1979) Analyse der Förderung der Ungleichheit sozialer Chancen durch Chancengleichheit im Bildungssystem sind hier zu nennen.

Dieser kurze Ausflug in die Ideengeschichte des RC-Ansatzes mag hier genügen. Zur neueren Geschichte des RC-Ansatzes, zu dem wir u.a. auch die Entscheidungs- und Spieltheorie (Schelling 1978; Hamburger 1979), die Austauschtheorie (Blau 1964; Ekeh 1974), die Neue Politische Ökonomie (Barry 1975; Frey 1977), die Theorie der Eigentumsrechte (Furubotn/Pejovich 1974) sowie den Transaktionskostenansatz (Williamson 1975, 1981) rechnen, zählt die Tatsache, daß dieser Ansatz inzwischen eine beträchtliche öffentliche Anerkennung gefunden hat (einen kurzen Überblick über diese Theorien geben Wiesenthal 1987; Krause 1989; Weede 1989).

Wenn man nämlich die Vergabe von Nobelpreisen als Indikator für die Leistungen innerhalb einer Wissenschaft betrachtet, so kann man von einer überraschend starken Anerkennung und Reputation des RC-Paradigmas (in dem gerade erwähnten weiten Sinne) sprechen, denn die Liste der Nobelpreisträger für Wirtschaftswissenschaften (es existiert kein Nobelpreis für Sozialwissenschaften) ist beeindruckend lang. So wurden bisher nicht weniger als sieben Wissenschaftler für Arbeiten ausgezeichnet, die sich auf dieses Paradigma beziehen:

K. J. Arrow (1972), H. A. Simon (1978), G. J. Stigler (1982), J. M. Buchanan (1986), R. H. Coase (1991), G. S. Becker (1992) und R. Selten (1995)

Dies ist um so erstaunlicher, als der Nobelpreis für Wirtschaftswissenschaften erst ab 1969 verliehen wird und somit ein Viertel der Nobelpreise für Wirtschaftswissenschaften an Vertreter des RC-Ansatzes verliehen wurde. Wäre der 1995 verstorbene amerikanische Soziologe James S. Coleman Wirtschaftswissenschaftler gewesen, hätte er möglicherweise den Nobelpreis für sein "opus magnum", die "Foundations of Social Theory" (1990), bekommen; zumindest hätte er diesen Preis verdient (für eine ausführliche Auseinandersetzung mit den "Foundations of Social Theory" vgl. die diesem Werk gewidmeten beiden Themenhefte der Zeitschrift "Analyse & Kritik" [Dezember 1992; September 1993]).

2.2 Die methodologische Grundannahme sowie die Kern- und Zusatzannahmen des Modells rationalen Handelns

Um das Paradigma rationalen Handelns[4] angemessen darstellen und diskutieren zu können, ist es sinnvoll, zwischen verschiedenen Arten von Annahmen zu unterscheiden, die jedoch in Auseinandersetzungen über den RC-Ansatz leider immer wieder konfundiert werden.

Welche Annahmen sind es nun, die den RC-Ansatz konstituieren? Das Paradigma rationalen Handelns besteht zunächst aus einer einfachen *methodologischen* Annahme, aus drei theoretischen *Kernannahmen* (dem Kernmodell) sowie aus einer Reihe verschiedener *Zusatzannahmen* (vgl. Frey 1990, S. 4 ff.; Opp 1989, 1994).

Die methodologische Annahme, die die Grundlage des RC-Ansatzes darstellt, ist das Postulat des *methodologischen Individualismus*, demzufolge soziale Phänomene erklärt werden sollen, indem eine Theorie über das Handeln individueller Akteure im sozialen Kontext angewendet wird (zum methodologischen Individualismus und seinen Varianten vgl. Vanberg 1975, Kap. 8; Opp 1979; zur Kritik Giesen/Schmid 1977).

Soziale Phänomene können nun kollektive Handlungen (Streiks, Demonstrationen, Revolutionen), soziale Strukturen (Status-, Macht-, Kommunikationsstrukturen, Klassen- und Schichtungssysteme), Verteilungen (Einkommensverteilung, Selbstmord-, Kriminalitäts- oder Scheidungsraten) sowie verschiedene Produkte individueller und kollektiver Handlungen (soziale und rechtliche Normen, Institutionen, öffentliche Güter wie z.B. eine saubere Umwelt) sein.

Während das Postulat des methodologischen Individualismus von allen Vertretern des RC-Ansatzes akzeptiert werden dürfte, existieren durchaus unterschiedliche Strömungen und Varianten im Hinblick auf die jeweilige Art der Theorie rationalen Handelns. Die folgenden *drei* theoretischen *Kernannahmen* dürften jedoch von allen Vertretern des RC-Ansatzes akzeptiert werden. Diese drei Kernannahmen lassen sich im Rahmen der Methodologie wissenschaftli-

---

4   Trotz der Mehrdeutigkeit wollen wir hier den Begriff "Paradigma" des Wissenschaftstheoretikers Thomas S. Kuhn (1967) verwenden. Zur Mehrdeutigkeit dieses Begriffs vgl. jedoch Masterman (1970), die 21 (!) verschiedene Bedeutungen bei Kuhn (1967) herausgearbeitet hat.

cher Forschungsprogramme von Lakatos (1970) auch als "harter Kern" des RC-Forschungsprogramms betrachten.

Die erste Kernannahme geht davon aus, daß menschliches Handeln u.a. durch *Präferenzen*, d.h. Ziele, Wünsche, Bedürfnisse oder Motive bedingt wird. Dies bedeutet also, daß Handeln zielgerichtet ist und Individuen versuchen, solche Handlungen auszuführen, die aus ihrer subjektiven Sicht zur Realisierung ihrer jeweiligen Ziele beitragen.

Die zweite Kernannahme der *Handlungsrestriktionen* geht davon aus, daß Handlungen u.a. durch Restriktionen oder Möglichkeiten bedingt sind, wobei diese oft als Kosten bzw. Nutzen oder auch als Anreize bezeichnet werden. Solche Handlungsrestriktionen sind z.B. das verfügbare Einkommen, Gesetze, Informationen oder bestimmte Fähigkeiten, über die ein Individuum verfügt.

Die dritte Kernannahme ist die Annahme der *Nutzenmaximierung*, dergemäß Akteure versuchen, ihre Ziele, unter Berücksichtigung der erwähnten Handlungsrestriktionen, in höchstmöglichem Ausmaß zu realisieren. Diese Annahme spezifiziert also, in welcher Weise Individuen handeln, wenn sie bestimmte Ziele haben und sie diese Ziele nur unter bestimmten Restriktionen erreichen können.

In der Art der jeweils akzeptierten *Zusatzannahmen* (man könnte auch von Spezifikationen des Kernmodells sprechen) unterscheiden sich jedoch die Vertreter des RC-Ansatzes, wobei hier zu betonen ist, daß die Ablehnung einer Zusatzannahme nicht zwangsläufig bedeuten muß, daß damit *auch* die Kernannahmen abgelehnt werden müssen; anders formuliert: man kann die Kernannahmen akzeptieren, jedoch bestimmte Zusatzannahmen ablehnen. Leider wird in Diskussionen um den RC-Ansatz diese Unterscheidung häufig nicht getroffen (vgl. Lautmann 1985; Trapp 1986; Miller 1994), was dazu führt, daß die Ablehnung bestimmter Zusatzannahmen mit der Ablehnung der Kernannahmen einhergeht (vgl. hierzu Opp 1989, S. 106).

Um welche Zusatzannahmen handelt es sich nun? Eine dieser Zusatzannahmen bezieht sich auf die *Art der Anreize*. So wird innerhalb der neoklassischen (Mikro)Ökonomie häufig unterstellt, daß Personen auf der Grundlage egoistischer Motive entscheiden und handeln. Demgegenüber haben Psychologie und Soziologie jedoch gezeigt - und wir wissen dies auch aus eigener Alltagserfahrung - daß z.B. Menschen in Verwandtschaftsbeziehungen durchaus auch am Wohl *anderer* Personen interessiert sind und insofern altruistische Motive haben können.

Dabei muß zwischen egoistischer Motivation und der Annahme der Maximierung des subjektiven Nutzens *unterschieden* werden. Die Annahme der Nutzenmaximierung besagt ja, daß Menschen das tun, was sie selbst in höchstem Maße zufriedenstellt. Dies kann nun auch dann der Fall sein, wenn man durch sein Handeln das Wohlergehen *anderer* fördert. So kann es einer Person Glück oder Befriedigung verschaffen, wenn sie z.B. anderen hilft.

Die englische Sprache kann zwischen Egoismus und dem Ziel, den eigenen Nutzen zu maximieren, besser unterscheiden, da sie einerseits von "selfishness" und andererseits von "self-interest" spricht.

Mit Hilfe des Konzepts der *Meta-Präferenzen* (vgl. Sen 1979; Margolis 1982) läßt sich nun zwischen ganz bestimmten inhaltlichen Präferenzen einerseits (wie z.b. der Präferenz für die eigene Bequemlichkeit bei der Entsorgung von Abfall) und Meta-Präferenzen für bestimmte *Arten* von Präferenzen andererseits (egoistische vs. altruistische; kurzfristige vs. langfristige; individuelle vs. kollektive) unterscheiden. Meta-Präferenzen sind also gewissermaßen Präferenzen "zweiter Ordnung". Eine weit verbreitete Meta-Präferenz besteht z.b. darin, das Auftreten positiver Folgen in der Gegenwart höher zu bewerten als das Auftreten (ebenso) positiver Folgen in der Zukunft. Diese Meta-Präferenz läßt sich treffend mit dem Begriff der "Kurzsichtigkeit" kennzeichnen (vgl. Holcomb/Nelson 1992; Elster 1993).

Weiter wird innerhalb der neoklassischen Ökonomie nicht berücksichtigt, daß Menschen auch häufig das Ziel verfolgen, nach bestimmten *Normen* zu handeln oder die Erwartungen von *Bezugspersonen* oder Bezugsgruppen zu erfüllen. Es werden also auch *interne Anreize* wie das "schlechte Gewissen" oder das "befriedigende Gefühl" bei der Befolgung internalisierter Normen zugelassen. Diese *"weichen"* Anreize für menschliches Verhalten werden nun in der neoklassischen Ökonomie kaum diskutiert, da man sich dort eher auf *"harte"* materielle oder finanzielle Anreize konzentriert (für eine eingehende Diskussion verschiedener Arten von Handlungsfolgen vgl. Abschnitt V.5.5).

Innerhalb des RC-Ansatzes wird zwischen verschiedenen Arten von Kosten unterschieden. So beziehen sich *Transaktionskosten* auf Kosten, die bei der Informationsbeschaffung, der Informationsverarbeitung, der Entscheidungsfindung, der Koordination oder Abstimmung mit anderen Personen oder bei der Kontrolle und Sanktionierung von Verhalten Dritter entstehen.

Da man bei der Ausführung einer bestimmten Handlung auch immer auf den Nutzen verzichtet, den man durch andere alternative Handlungen hätte erzielen können, spricht man auch von den *Opportunitäts-* oder *Alternativkosten* einer Handlung, die dem Nutzen der nächstbesten nicht gewählten Handlungsalternative entsprechen.

Eine weitere Zusatzannahme bezieht sich auf die *Art der Handlungsrestriktionen*. Innerhalb der neoklassischen Ökonomie wird oft unterstellt, daß "objektive", d.h. aus der Sicht des Beobachters vorliegende Restriktionen, wie das verfügbare Einkommen, Güterpreise oder zeitliche sowie räumliche Beschränkungen, das Handeln beeinflussen. Auch soziale Strukturen wie z.B. eine bestimmte Macht- oder Kommunikationsstruktur sowie rechtliche Regelungen gehören zu diesen "objektiven" Restriktionen. Demgegenüber scheint es sinnvoll zu sein, auch "subjektive" Handlungsrestriktionen wie internalisierte Normen oder bestimmte Fähigkeiten und Kenntnisse als Restriktionen zuzulassen (vgl. zu "natürlichen" und sozialen Restriktionen Esser 1993, S. 220; vgl. auch Franz 1986).

Eine weitere Art von Zusatzannahmen betrifft die Frage, ob Individuen z.B. über Situationen, Handlungsalternativen oder Konsequenzen *vollständig informiert* sind oder nur über unvollständige Informationen und *selektives* "subjektives Wissen" verfügen, das unzutreffend sein kann. Im Gegensatz zur neoklassischen Ökonomie wird in soziologischen RC-Modellen die restriktive Zusatzannahme perfekter Information fallengelassen.

Eine Zusatzannahme, die sich auf die Kernannahme der Nutzenmaximierung bezieht, betrifft die "Modellalgebra", d.h. die *mathematische Verknüpfungsart* der Bewertung von Handlungsfolgen, d.h. von Nutzen oder Kosten und der subjektiven Wahrscheinlichkeit, mit der diese Folgen vom Akteur erwartet werden. Die gängigste und einfachste Verknüpfungsart der Wert- und der Erwartungskomponente ist die *Multiplikation*. So wird die subjektive Wahrscheinlichkeit, mit der eine bestimmte Konsequenz bei Ausführung einer bestimmten Handlung erwartet wird, mit der (positiven oder negativen) Bewertung dieser Handlungsfolge multipliziert. Da anschließend die Produkte über alle subjektiv relevanten Folgen aufsummiert werden, spricht man auch von Produktsummen-Modellen (zur Kritik der Verknüpfung durch eine einfache Multiplikation vgl. Schlagenhauf 1984, S. 686; Preisendörfer 1985, S. 64; Friedrichs et al. 1993, S. 11 ff.; ein weiteres Problem, das sich aus der multiplikativen Verknüpfung ergibt, werden wir in Abschnitt V.5.4 diskutieren).

Wenn wir folgende Abkürzungen einführen

NN_i: $\equiv$ Nettonutzen der Handlungsalternative H_i

BEW_j $\equiv$ subjektive Bewertung einer Konsequenz K_j

ERW_{ji} $\equiv$ Erwartung einer Konsequenz K_j bei der Ausführung der Handungsalternative H_i

lautet die gängige Formel oder Definitionsgleichung zur Berechnung des Nettonutzen einer bestimmten Handlungsalternative H_i bei n Handlungsfolgen folgendermaßen:

$$NN_i \quad \equiv \quad (BEW_1 \times ERW_{1i}) +$$

$$(BEW_2 \times ERW_{2i}) +$$

$$(BEW_3 \times ERW_{3i}) + ... + (BEW_n \times ERW_{ni})$$

oder kürzer formuliert:

$$NN_i \quad \equiv \quad \sum (BEW_j \times ERW_{ji}) \text{ für die Folgen } 1...n$$

Vereinfacht formuliert besteht der Nettonutzen einer Handlung also aus den erwarteten Vorteilen (dem Gewinn) abzüglich der erwarteten Nachteile (den Kosten) dieser Handlung. Der Nettonutzen wird innerhalb der SEU-Theorie auch als "Subjective Expected Utility" (SEU)

14

bezeichnet. Diese SEU-Theorie werden wir in den Abschnitten VI.1 sowie VII.3.6 jeweils einem empirischen Test unterziehen.

Kommen wir zu einer weiteren und besonders folgenreichen Zusatzannahme. Diese Zusatzannahme bezieht sich darauf, ob die Kernannahme der Nutzenmaximierung postuliert, daß Personen *tatsächlich* die Kosten und den Nutzen der Handlungsfolgen verschiedener Handlungsalternativen *kalkulieren* und die Ergebnisse miteinander vergleichen, oder ob angenommen wird, daß Personen so handeln, "*als ob*" sie kalkulieren würden, so wie es in der folgenden Formulierung dreier Hauptvertreter des RC-Ansatzes zum Ausdruck kommt:

> "...individual actors *do not calculate* their costs and benefits, but *act as if* they calculated them. Rational choice does not pretend to describe the actual processes by which individuals make their decisions." (Hechter et al. 1990a, S. 4; Hervorh., C.L.)

Diese Zusatzannahme bezieht sich also darauf, ob man die Kernannahme der Nutzenmaximierung als zutreffende Beschreibung kognitiver Vorgänge interpretiert und insofern eine kausale *Erklärung* intendiert oder ob man eine instrumentalistische "als-ob"-Interpretation vertritt, die sich mit *Prognosen* zufrieden gibt. Dieser instrumentalistische Standpunkt wird von dem Ökonomen M. Friedman in seinem Beitrag "The Methodology of Positive Economics" (1953) vertreten, wenn er schreibt

> "...the relevant question to ask about the assumptions of a theory is *not whether they are descriptively 'realistic'*, for they never are, but whether they are sufficiently good approximations for the purpose in hand. And this question can be answered only by seeing whether the theory works, which means whether it yields sufficiently *accurate predictions*." (Friedman 1953, S. 27, Hervorh., C.L.)

Für welche Interpretation der Kernannahme der Nutzenmaximierung man sich auch entscheidet, man gerät in gewisse Schwierigkeiten. Hält man die schwächere "als-ob"-Annahme und damit die Methodologie von Friedman für angemessen (H. A. Simon spricht hier auch von "radical pragmatism", Simon 1982a, S. 402), so hat dies die unerwünschte Konsequenz, daß man, strenggenommen, RC-Theorien nicht mehr für explanative und sozialtechnologische Zwecke verwenden kann. Die unerwünschte Folge bestünde also darin, daß RC-Theorien ihren wissenschaftlichen Anspruch auf eine *kausale Erklärung* ("Warum verhalten sich so wenig Menschen umweltbewußt?") und eine *Sozialtechnologie* ("Wie bringt man Menschen dazu, umweltbewußter zu handeln?") aufgeben müßten (so auch Stegmüller 1969, S. 419 f.; Preisendörfer 1985).

Betrachtet man jedoch die Kernannahme der Nutzenmaximierung als eine *zutreffende Beschreibung* kognitiver Prozesse, so dürfte diese starke Zusatzannahme zahlreichen Experimenten widersprechen, die gezeigt haben, daß Menschen bei ihren Entscheidungen oft nicht so vorgehen, wie es die Kernannahme der Nutzenmaximierung postuliert (zu diesen Anomalien vgl. Tversky/Kahneman 1981, 1988; Kahneman/Tversky 1984; Dawes 1988; Frey/Eichen-berger 1989; Frey 1990, Kap. 11).

2.3   Probleme, Kritik und Mißverständnisse des Modells rationalen Handelns

Der RC-Ansatz ist nun, wie jeder andere theoretische Ansatz auch, nicht ohne Kritik geblie-ben. Im folgenden werden wir uns daher mit jenen kritischen Argumenten auseinandersetzen, die am häufigsten formuliert wurden (für eine umfangreiche und nahezu erschöpfende Liste von Kritikpunkten vgl. Preisendörfer 1985).[5]

Ein häufig formulierter Einwand lautet, RC-Theorien seien *leer* oder inhaltslos, da sie nicht darüber informieren, *welche* Handlungskonsequenzen mit *welcher* subjektiven Wahrschein-lichkeit erwartet werden und *welchen* Nutzen diese Konsequenzen besitzen (Preisendörfer 1985; Trapp 1986, S. 331, 335; Lautmann 1985, S. 225).

Daß die RC-Theorie in diesem Sinne durchaus "leer" ist, wird nun auch von Vertretern dieses Ansatzes in keiner Weise bestritten. So schreibt z.B. Herbert A. Simon:

"...*assumptions of value, expectation, and belief...have to be added* to the models before they can yield predictions of behavior. Authors who use rational choice models are not always conscious of the extent to which their conclusions are inde-pendent of the assumptions of those models, but depend, instead, mainly upon *auxiliary assumptions*." (Simon 1985, S. 300, Hervorh., C.L.)

Auch Siegwart Lindenberg betont freimütig:

"Ohne systematische Annahmen über die Nutzenargumente, Präferenzänderung (bzw. -stabilität) und subjektive Wahrscheinlichkeiten, ist die Nutzentheorie wie ein *leerer Sack*" (Lindenberg 1981a, S. 26, Hervorh., C.L.)

Aussagen über spezifische Handlungsfolgen, deren Bewertung sowie die subjektive Auf-trittswahrscheinlicht dieser Folgen, gehören nun zu den Anfangs- oder *Randbedingungen* im Sinne des Modells einer wissenschaftlichen Erklärung von Hempel und Oppenheim, das be-kanntlich aus (mindestens) einer Gesetzesaussage, Randbedingungen und einem Explanan-dum besteht (vgl. zu diesem Modell Hempel/Oppenheim 1948; Opp 1976, Kap. III; Esser et al. 1977, Kap. 3).

---

5   Zur Kritik des RC-Ansatzes vgl. Schlagenhauf 1984; Preisendörfer 1985, 1985a; Lautmann 1985; Trapp 1986; England 1989; Denzin 1990; Hirsch 1990; England/Stanek Kilbourne 1990; Smelser 1992; Boh-man 1992; Münch 1992; Sciulli 1992; Hannan 1992; Green/Shapiro 1994; Etzioni 1994; Miller 1994; Blossfeld 1996.

16

Würden jedoch RC-Theorien derartige Aussagen über ihre Randbedingungen enthalten,

"...würden die Individualtheorien falsch sein. Der Grund ist, daß zumindest die meisten Anfangsbedingungen nur für bestimmte Orte und Zeitpunkte gelten." (Opp 1979, S. 78)

Der Einwand übersieht auch die Tatsache, daß für *jede* wissenschaftliche Erklärung die jeweils relevanten Randbedingungen erst im konkreten Anwendungsfall ermittelt werden müssen. So müssen auch für RC-Theorien "Brückenannahmen" über die für die Akteure jeweils relevanten Handlungsalternativen, Handlungsfolgen, deren Erwartungen und Bewertungen sowie über Handlungsrestriktionen auf der Grundlage empirischer Daten eingeführt werden (zu verschiedenen Verfahren der Gewinnung von Brückenannahmen vgl. Kelle/Lüdemann 1995).

Ein weiterer Einwand gegenüber RC-Theorien lautet, diese Theorien seien *trivial* (Lautmann 1985, S. 223; Miller 1994, S. 7). Um sich mit dieser Kritik auseinanderzusetzen, müssen drei Fragen geklärt werden. Erstens: Was ist mit "trivial" gemeint? Zweitens: Inwiefern ist die Trivialität einer Theorie negativ zu bewerten? Drittens: Ist die RC-Theorie tatsächlich trivial?

Wenn eine Theorie als "trivial" bezeichnet wird, könnte dies bedeuten, daß diese Theorie nichts behauptet, was nicht jeder schon wüßte. In diesem Zusammenhang stellt sich natürlich die Frage: trivial für wen? Für den Sozialwissenschaftler oder für den wissenschaftlichen Laien? Aber selbst wenn klar wäre, wer hier genau gemeint ist, würde es sich bei diesem Vorwurf immer noch um eine bislang ungeprüfte empirische Annahme über bestimmte "Wissensbestände" handeln, die durchaus falsch sein kann.

Nun zeigt jedoch eine Reihe von Untersuchungen, daß sich auf der Grundlage des RC-Ansatzes durchaus Hypothesen formulieren und ableiten lassen, die keineswegs trivial, sondern neu und sogar für viele Sozialwissenschaftler überraschend sind.[6]

Zu nennen ist hier z.B. die Arbeit von M. Olson (1968) über den inversen Zusammenhang zwischen der Gruppengröße und der Wahrscheinlichkeit der Herstellung kollektiver Güter wie z.B. einer sauberen Umwelt und das damit verbundene Problem der "Trittbrettfahrer", die sich zwar nicht an den Kosten der Erstellung eines Kollektivgutes beteiligen, jedoch von dessen

---

6   Zu weiteren sozialwissenschaftlichen Anwendungen des RC-Ansatzes vgl. z.B. Opp 1978, 1983; Boudon 1979, 1980; Opp et al. 1984; Raub 1982, 1984; Raub/Voss 1981; Becker 1982; Sodeur 1983; McKenzie/Tullock 1984; Lindenberg 1981a, 1983, 1984, 1985, 1989, 1990, 1991a, 1992, 1993; Voss 1985; Büschges/Raub 1985; Cornish/Clarke 1986; Schäfer/Wehrt 1989; Hartmann 1989; Coleman 1986, 1987, 1990; Krause 1989; Hechter et al. 1990; Frey 1990; Opp/Wippler 1990; Opp/Roehl 1990; Esser/Troitzsch 1991; Marwell/Oliver 1993; Esser 1990, 1991, 1993; Opp/Voß 1993; Ramb/Tietzel 1993; Kopp 1994 sowie die Beiträge der Zeitschrift "Rationality and Society". Auch theoretische Überlegungen soziologischer Klassiker wie Norbert Elias (Esser 1984), Alfred Schütz (Esser 1991) oder Max Weber (Esser 1991a, S. 442 f.) wurden in Termen des RC-Ansatzes rekonstruiert.

Nutzen profitieren wollen. Das Überraschende an der Theorie von Olson liegt darin, daß die Individuen ihre eigenen Interessen an der Erstellung eines Kollektivgutes, wie z.B. einer sauberen Umwelt, deshalb verfehlen, weil sie sich rational, d.h. als Trittbrettfahrer verhalten. Sofern nun versucht wird, die Trittbrettfahrer durch Kontrolle und negative Sanktionen zur Kooperation zu bewegen, ergibt sich ein Trittbrettfahrer-Problem "zweiter Ordnung", da Kontrolle und Sanktionierung wiederum ein Kollektivgut darstellen, dessen Herstellung mit Kosten verbunden ist, denen sich Trittbrettfahrer zweiter Ordnung entziehen können, obwohl sie von den Auswirkungen des Sanktionssystems profitieren (vgl. Oliver 1980; Heckathorn 1989).

Weiter sind hier die dynamischen Modelle von M. Granovetter (1978) sowie Granovetter und R. Soong (1983, 1986, 1988) zu erwähnen, die sich der Erklärung der Frage widmen, unter welchen Bedingungen sich Personen dafür entscheiden, z.B. an einer Demonstration teilzunehmen, eine Innovation zu übernehmen, eine Partei zu wählen oder aus einer Wohngegend wegzuziehen, wobei hier von Bedeutung ist, wie viele andere Personen diese Handlungen bereits ausgeführt haben. In Abschnitt VI.2 werden wir das Modell von Granovetter vorstellen und Hypothesen, die sich auf dieses Modell beziehen, an unseren Daten überprüfen.

"Die Evolution von Kooperation" ist das Thema von R. Axelrod in seiner Simulationsstudie (1987), in der er zeigt, unter welchen Bedingungen "rationale Egoisten" in fortlaufenden dyadischen Interaktionen miteinander kooperieren. Daß der von ihm untersuchte Situationstyp des iterierten Gefangenendilemmas nicht völlig weltfremd ist, beschreibt Axelrod in seinem Vorwort:

> "Die Arbeit an diesem Buch begann mit der einfachen Frage: Wann soll eine Person bei einer fortlaufenden Interaktion mit einer anderen Person kooperieren, und wann sollte sie sich selbstsüchtig verhalten? Sollte ich einem Bekannten immer wieder gefällig sein, obwohl dieser mir seinerseits niemals einen Gefallen tut?...In welchem Ausmaß sollten die Vereinigten Staaten die Sowjetunion für einen feindlichen Akt bestrafen, und wie sollten sich die U.S.A. verhalten, um die Sowjetunion zu kooperativem Verhalten zu bewegen?" (Axelrod 1987, S. VII)

Axelrod konnte nachweisen, daß sich die einfache Entscheidungsstrategie "Wie Du mir, so ich Dir" ("Tit for Tat"), die darin besteht, zunächst zu kooperieren und danach stets jenes Verhalten zu zeigen, das die andere Person das letzte Mal praktiziert hat, als individuell erfolgreichste Strategie gegenüber den Strategien des anderen Akteurs erweist und zugleich, und dies ist der entscheidende Punkt, die Kooperation untereinander fördert, obwohl die Situation jedem der Akteure einen starken Anreiz bietet, sich eigennützig zu verhalten und nicht zu kooperieren.

Schließlich sind hier die Untersuchungen zu nennen, die sich der Analyse sozialer Dilemmata und "sozialer Fallen" widmen (Diekmann 1991; Schulz et al. 1994). Mit Hilfe spieltheoretischer Modelle konnte z.B. erklärt werden, warum es in öffentlichen Situationen, in denen es um Hilfeleistungen für Opfer von Verbrechen, Unfällen oder anderen Notsituationen geht,

18

immer wieder dazu kommt, daß niemand Hilfe leistet, obwohl viele "Zeugen" diese Notsituationen wahrnehmen.

Kehren wir zur Frage der Trivialität von RC-Theorien zurück. Nehmen wir einmal an, RC-Theorien wären wirklich trivial in dem oben genannten Sinne. Üblicherweise fordert die analytische Wissenschaftstheorie von einer sozialwissenschaftlichen Theorie, daß sie klar formuliert ist, einen hohen Informationsgehalt besitzt, also viele verschiedene soziale Phänomene erklären kann, und daß sie sich empirisch relativ gut bewährt hat (vgl. Opp 1976, Kap. IV, VI, VIII). Sofern nun diese Kriterien erfüllt werden, wie dies für RC-Theorien durchaus der Fall sein dürfte, dann sind diese Theorien für Erklärungen, Prognosen und die Lösung praktischer Probleme anwendbar, völlig *unabhängig* davon, ob sie nun trivial sind oder nicht (vgl. Opp 1978, S. 54).

Die negative Bewertung trivialer Aussagen mag auch damit zusammenhängen, daß Nichttrivialität, im Sinne einer schwer oder unverständlichen Sprache, positiv bewertet wird, da eine solche Sprache beim Hörer oder Leser oft das Gefühl hervorruft "Ich verstehe zwar kein Wort, aber es muß ein kluger Kopf sein, der da spricht oder schreibt." Leider scheint sich die Alltagstheorie "je unverständlicher, desto tiefsinniger und bedeutender", im Gegensatz zu angelsächsischen Ländern, besonders in Deutschland (immer noch) großer Beliebtheit zu erfreuen, wie die Verehrung "schwieriger" Autoren wie Hegel, Heidegger, Adorno, Habermas, Foucault oder Baudrillard zeigt.[7]

Ein weiteres Gegenargument in bezug auf den Trivialitätsvorwurf lautet: Wenn RC-Theorien wirklich trivial wären, dann müßten sie sich empirisch eigentlich wesentlich *besser* bewährt haben, als dies tatsächlich der Fall ist.

Eine Kritik, die häufig im Zusammenhang mit dem Trivialitätsvorwurf formuliert wird, lautet: RC-Theorien sind *tautologisch* (Denzin 1990, S. 183; Trapp 1986; Bohman 1992, S. 216; Scholl 1993, S. 55). RC-Theorien sind jedoch in keiner Weise tautologisch im Sinne von "analytisch wahr"[8], da sich die unabhängigen Variablen dieser Theorien auf *andere* - wenn

---

7 So schreibt Karl Popper leider zu Recht: "Das grausame Spiel, Einfaches kompliziert und Triviales schwierig auszudrücken, wird leider traditionell von vielen Soziologen, Philosophen usw. als ihre legitime Aufgabe angesehen. So haben sie es gelernt, und so lehren sie es. Da kann man gar nichts machen." Popper 1971a, S. 289; vgl. auch Oehler 1981.

8 Analytisch wahr ist z.B. die Aussage "wenn etwas ein soziales System ist, dann besteht es aus Personen, die miteinander interagieren". Es genügt hier eine Analyse der Bedeutung der beiden Ausdrücke "soziales System" und "Personen, die miteinander interagieren", um festzustellen, daß diese Aussage analytisch wahr ist, da im sozialwissenschaftlichen Sprachgebrauch "soziales System" in der Regel das gleiche bedeutet wie "eine Menge von Personen, die miteinander interagieren"; vgl. zu diesem Beispiel Opp 1976, S. 118. Tautologisch ist dagegen die folgende Behauptung von Ulrich Beck: "Individualisierung bedeutet Enttraditionalisierung, aber auch das Gegenteil: Die Erfindung von Traditionen." (Süddeutsche Zeitung vom 7./8.5.1994); zitiert nach Diekmann 1995, S. 138. Diese Aussage ist tautologisch, da sie die logische

19

auch nicht immer leicht zu messende - Sachverhalte (Kosten, Nutzen, subjektive Auftrittswahrscheinlichkeiten von Handlungsfolgen) beziehen als die abhängige Variable (ausgeführte
Handlungsalternative).

RC-Theorien sind nun auch nicht tautologisch im Sinne der Aussagenlogik, da das Vorliegen
bestimmter Erwartungen und Bewertungen von Handlungsfolgen nicht allein aus der Tatsache
"erschlossen" wird, daß eine bestimmte Handlung ausgeführt wurde. Eine Tautologisierung
bestünde dann darin, das Auftreten einer Handlung mit bestimmten Erwartungen und Bewertungen von Handlungsfolgen zu erklären und die Frage, woher man denn wisse, daß diese
Erwartungen und Bewertungen auch tatsächlich vorlägen, damit zu beantworten, daß sonst die
Handlung nicht ausgeführt worden wäre:

> "If people are assumed to choose what they value, and if what they value is revea-
> led only by what they choose, a theory of purposive action is inherently tautologi-
> cal." (Marini 1992, S. 29)

Eine mögliche Erklärung dafür, daß RC-Theorien trotzdem immer wieder als "tautologisch"
bezeichnet werden, könnte darin bestehen, daß Kritiker den Begriff "tautologisch" (in Abwei-
chung von der Bedeutung dieses Begriffs innerhalb der formalen Logik) verwenden, wenn
sich unabhängige und abhängige Variablen einer Theorie *unter anderem* auf den *gleichen*
Sachverhalt beziehen. Dies ist nun bei RC-Theorien durchaus der Fall. So bezieht sich die unabhängige Variable von RC-Theorien (Bewertung und subjektive Auftrittswahrscheinlichkeit
der Folgen der Handlungsalternative H_i) u.a. auf die *gleiche* Handlung H_i wie auch die abhängige Variable (Ausführung der Handlungsalternative H_i). Dieser Umstand stellt jedoch in
keiner Weise ein semantisches oder logisches Problem dar (vgl. hierzu ausführlicher auch
Opp 1979, S. 82 f.).

Darüberhinaus gilt auch hier das bereits oben erwähnte Gegenargument: Wenn RC-Theorien
wirklich analytisch wahr wären, müßten sie sich empirisch wesentlich *besser* bewährt haben,
als dies tatsächlich der Fall ist.

RC-Theorien wird oft auch vorgeworfen, sie könnten keine *Spontan-* und *Impulshandlungen*
sowie keine *habituellen* Handlungen erklären (vgl. Schlagenhauf 1984; Eichener 1989; Denzin 1990; Turner 1991; Smelser 1992). Sofern man nun die Kernannahme der Nutzenmaximierung nicht als "als-ob"-Annahme im oben genannten Sinne, sondern "realistisch" interpretiert, ist dem zu entgegnen, daß die Nutzenmaximierung im Falle von Spontan- und Impulshandlungen sehr *schnell* verläuft und bei habituellen Handlungen auf im Langzeitgedächtnis
abgespeicherte Resultate von bereits früher und "in Ruhe" vorgenommenen Abwägungen *zu-*

Form "wenn A, dann B oder Nicht-B" besitzt. Die bekannteste Tautologie dürfte jedoch die Bauernregel
sein: "Wenn der Hahn kräht auf dem Mist, ändert sich das Wetter oder es bleibt wie es ist."

rückgegriffen wird (vgl. Stegmüller 1969, S. 420; Langenheder 1975, S. 40 ff.; Ajzen/Fishbein 1980, S. 245; Ronis et al. 1989, S. 226).

Eine ausführliche Erklärungsskizze im Hinblick auf habituelle Handlungen werden wir im Abschnitt V.9.6 unserer Arbeit vorstellen, und zwar im Zusammenhang mit der von uns überprüften RC-Theorie, der Theory of Planned Behavior.

2.4   Modelle eingeschränkter Rationalität

Versuche, Theorien einer eingeschränkten oder begrenzten Rationalität ("bounded rationality") zu entwickeln, lassen den Schluß zu, daß diese Theorien intendieren, eine zutreffende Beschreibung kognitiver Prozesse bei Entscheidungen zu modellieren und damit die oben erwähnte "als-ob"-Zusatzannahme fallen zu lassen. Da der Ausgangspunkt dieser Theorien die "anthropologische Konstante" (Esser 1993, S. 157) einer eingeschränkten kognitiven Kapazität der Entscheider ist, sollte man statt von einer "bounded rationality" besser von einer "bounded information processing capacity" sprechen (für einen tabellarischen Überblick über die unterschiedlichen Annahmen von neoklassischen und "bounded rationality"-Modellen vgl. Hernes 1992, S. 424 f.).

So hat Herbert A. Simon (1957) bereits vor fast 30 Jahren aufgrund der Einsicht, daß die Kapazitäten menschlicher Informationsverarbeitung stark eingeschränkt sind, eine vereinfachte Entscheidungsregel, das *Satisfying-Prinzip*, vorgeschlagen, demgemäß Personen aufgrund anthropologisch bedingter kognitiver Restriktionen *nicht* ihren subjektiven (Netto)Nutzen *maximieren*, sondern diejenige Handlungsalternative wählen, die ihr jeweiliges Anspruchsniveau ("aspiration level") befriedigt:

> "The Scottish word 'satisficing' (= satisfying) has been revived to denote problem solving and decision making that sets an aspiration level, searches until an alternative is found that is satisfactory by the aspiration level criterion, and selects that alternative." (Simon 1972, S. 168)

Etwas salopper formuliert Hernes (1992) diese Entscheidungsregel:

> "Simon's thesis, in short, could be condensed by twisting the old slogan 'Only the best is good enough' into 'Good enough is best'." (Hernes 1992, S. 430)

Das Modell eingeschränkter Rationalität von Simon (als Überblick vgl. Simon 1982a, 1982b) trägt also zum einen dem Umstand Rechnung, daß kognitive Restriktionen als anthropologische Konstante existieren. Zum anderen berücksichtigt dieses Modell jedoch, daß es in manchen Entscheidungssituationen zu aufwendig oder zeitraubend, d.h. "unökonomisch" sein mag, die Kosten und den Nutzen der Handlungsfolgen aller perzipierten Handlungsalternativen zu kalkulieren und aufgrund der Ergebnisse dieser Kalkulationen dann eine Entscheidung zu treffen. So ist es oft "vernünftiger", sich nicht genauer zu informieren, da die Beschaffung und Verarbeitung von Informationen über mögliche Handlungsalternativen und deren Folgen mit erheblichen Kosten (wie z.B. Zeit) verbunden sein kann.

Die große Bedeutung der Arbeiten von Simon kann also darin gesehen werden, auf die wesentliche Rolle von *Transaktionskosten*, d.h. Kosten der Informationsbeschaffung, der Informationsverarbeitung und der Entscheidungsfindung, hingewiesen zu haben, die bei einer aufwendigen und zeitraubenden Suche nach derjenigen Handlungsalternative auftreten können, die den maximalen (Netto)Nutzen besitzt (zur Diskussion um "Bounded-Rationality"-Modelle vgl. Hart 1990; Schlicht 1990; Heiner 1990; Langlois 1990; Selten 1990; Lindenberg 1990a; Schanze 1990).

Zwei weitere Modelle eingeschränkter Rationalität wurden in den letzten Jahren von Siegwart Lindenberg (1989, 1990, 1993) und Hartmut Esser (1990, 1991, 1991a, 1991b) formuliert. Diese Modelle enthalten zwei Arten einer *kognitiven Vereinfachung* von Handlungssituationen. So führt das Modell von Lindenberg Vereinfachungen der Zielstruktur durch *dominierende Ziele*, sogenannte "Frames", ein. Im Anschluß an Lindenberg hat Esser ein Modell formuliert, das neben dieser Vereinfachung der Zielstruktur auch eine Vereinfachung der Mittelstruktur durch *Routinen*, d.h. durch die Habitualisierung von Handlungen enthält. Den Modellen von Lindenberg und Esser werden wir uns ausführlich im VII. Kapitel widmen. Das Modell von Lindenberg werden wir darüberhinaus an empirischen Daten zur Verkehrsmittelwahl testen.

III. Umwelt und Verhalten

1. Umweltprobleme als Folge "massenhaft" auftretenden individuellen Verhaltens

Nicht nur die Produktion, sondern auch der Konsum vieler Güter und Dienstleistungen ist in unserer Gesellschaft verantwortlich für eine wachsende Zahl von Umweltproblemen und Umweltschäden. So entstehen durch die Erzeugung von Elektrizität und Wärme in Kraftwerken Schwefeldioxid und Stickoxide, die zu Erkrankungen der Atemwege und einem erhöhten Krebsrisiko führen können. Diese Schadstoffe können zum andern als Niederschläge in Form von Regen ("saurer Regen"), Nebel oder Schnee Gewässer und die darin lebenden Tiere belasten ("Nahrungskette") oder den Boden, Pflanzen und Bäume schädigen ("Waldsterben"). Auch Autobenzin führt zu erheblichen Belastungen der Luft mit Kohlenmonoxid, Stickoxiden und Bleiverbindungen ("Ozonloch"). Darüberhinaus führt der massenhafte Individualverkehr zu Lärmbelästigungen, hohen Unfallzahlen, Parkraumproblemen und Staus. Außerdem erfordert er riesige Flächen für die Schaffung von Straßen und Parkplätzen ("Bodenversiegelung"), die dadurch für andere Nutzungen wie Wohnen, Erholung oder Spielplätze nicht mehr zur Verfügung stehen.

Eine entscheidende Rolle spielen dabei individuelle Verbrauchs- und Nutzungsgewohnheiten, kurz, das *individuelle Verhalten* von Menschen, insofern es "massenhaft" auftritt. So würde das "Umsteigen" des Verbrauchers vom *privaten PKW-Verkehr* auf den *öffentlichen Personennahverkehr* (ÖPNV) oder sogar aufs Fahrrad einen Beitrag zur Schonung von Ressourcen und zur Reinhaltung der Luft leisten. Durch *niedrigere Raumtemperaturen* und den Einsatz effizienterer Heizungssysteme, Wärmedämmungen, Doppelverglasungen und Thermostate würde der Verbraucher dazu beitragen, daß Wärme- und Elektrizitätskraftwerke in geringerem Ausmaß die Luft durch Stickoxide, Schwefeldioxid und Staub verschmutzen. Ein besonderes Problem stellt auch der *Hausmüll* dar, da etwa die Hälfte des Hausmülls aus *Verpackungsmaterialien* wie z.B. Getränkeverpackungen besteht. Der Verbraucher könnte durch die vermehrte Nutzung von Pfandflaschen und den Verzicht auf den Kauf von Getränkedosen die Menge des Hausmülls drastisch vermindern. Da ein Großteil der Gewässerüberdüngung auf die Verwendung *phosphathaltiger* Wasch- und Reinigungsmittel zurückgeführt wird, könnte der Verbraucher den Einsatz derartiger Mittel reduzieren oder auf phosphatfreie Waschmittel ausweichen. Durch die Teilnahme am *Recycling* von Altglas und Altpapier (öffentliche Altglas- und Altpapier-Container) können Rohstoffe wiederverwendet und damit knappe Rohstoffreserven geschont werden.

Ein besonderes Problem besteht jedoch darin, daß es offenbar nicht ausreicht, umweltfreundlichere Produkte und Dienstleistungen lediglich auf dem Markt *anzubieten*. Der potentielle Verbraucher muß auch die entsprechende *Motivation* entwickeln, diese Produkte und Dienstleistungen individuell zu nutzen. Zum anderen werden die Produzenten vieler Produkte nur dann umweltfreundlichere Produkte und Dienstleistungen auf dem Markt anbieten, wenn ihre

Absatz- und Gewinnerwartungen ausreichend groß sind, sie also eine entsprechend große *Nachfrage* potentieller Konsumenten erwarten können. Da jedoch die Nachfrage häufig von einem möglichen Angebot abhängt, haben wir es hier mit einem *Feedbackprozeß* zwischen Angebot und Nachfrage zu tun, der nicht leicht in Gang zu bringen ist (vgl. Balderjahn 1986, S. 21).

2. Eine Typologie "umweltbewußten" Verhaltens

Da es in unserer Arbeit um die Erklärung von Umweltverhalten mit Hilfe von RC-Theorien geht, halten wir es für sinnvoll, sich zunächst kurz der Frage zu widmen, worauf sich derartiges Verhalten überhaupt beziehen kann und was unter "umweltbewußtem" Verhalten zu verstehen ist.

Zur Differenzierung verschiedener *Arten umweltbewußten Verhaltens* (man könnte auch von "umweltfreundlichem" oder "umweltmoralischem" Verhalten sprechen) ist nun die Typologie von Balderjahn (1986) hilfreich, der folgende Typen "umweltfreundlichen" Verhaltens unterscheidet (vgl. Balderjahn 1986, S. 20 ff.):

(1)   Einschränkung des Konsums oder Konsumverzicht

(2)   Nachfragewechsel von umweltschädigenden zu umweltfreundlicheren Produkten

(3)   selektive Abfallbeseitigung

(4)   Kauf umwelteffizienterer Produkte

(5)   umweltbewußtes Beschwerde- und Protestverhalten

Dabei dürften sich die Bereiche (1) bis (3) oft auf stark *habitualisiertes* Entscheidungs- und Konsumverhalten beziehen, das fast täglich auftritt. Dagegen betreffen die Bereiche (4) und (5) Entscheidungen, denen eher *bewußte* Überlegungen und ausführliche *Kosten-Nutzen-Abwägungen* vorangehen.

Zum Bereich *Einschränkung des Konsums* oder *Konsumverzicht* gehören folgende Verhaltensweisen:

-     Einschränkung der Nutzung des eigenen PKW

-     langsamer und nicht so hochtourig Auto fahren

-     weniger Wäsche waschen

-     weniger Wasch- und Spülmittel verwenden

-     Verzicht auf Wäschetrockner

- weniger heizen

- Ab- bzw. Herunterdrehen der Heizung bei längerer Abwesenheit

- duschen statt baden

- weniger Lichtquellen anschalten

- Toilettenspülung sparsamer einstellen

- Verzicht auf Plastiktragetaschen und Nutzung eigener mitge-
  brachter Einkaufstaschen oder Körbe zur Vermeidung von Pla-
  stiktüten

In den Bereich eines *Nachfragewechsels* gehören die folgenden Verhaltensweisen:

- häufiger das Fahrrad statt den PKW nutzen

- häufiger den ÖPNV statt den PKW nutzen

- Verwendung phosphatfreier Waschmittel

- Benutzung von Umweltschutzpapier

- Kauf von Pfand- statt Einwegflaschen oder Getränkedosen

- Kauf von Milch in Pfandflaschen oder offen

- Kauf in Bio- oder Ökoläden

- Kauf von Sprays ohne Treibgas (FCKW)

- Kauf von Nachfüllpackungen für Wasch- und Reinigungsmittel

- Zurückweisen von Produkten in Wegwerfpackungen bzw. ein-
  geschweißten Produkten und Kauf einfach bzw. umweltfreund-
  lich verpackter oder loser Waren

- Verzicht auf aufwendig (d.h. mehrfach) verpackte Produkte

Verhaltensweisen aus dem Bereich *selektiver Abfallbeseitigung* sind die folgenden:

- Nutzung öffentlicher Altglas-Container

- Nutzung öffentlicher Altpapier-Container

- Nutzung öffentlicher Aluminium- und Weißblech-Container

- Entsorgung alter Medikamente in der Apotheke

- Entsorgung von Farben, Lacken und Lösungsmitteln

- Entsorgung von Batterien in öffentlichen Containern

- Altölentsorgung

- Altreifenentsorgung

- Auspacken von bereits vom Hersteller in Folien und Kartonagen verpackten Waren schon beim Händler

Zum Bereich *Kauf umwelteffizienterer Produkte* gehören die Verhaltensweisen:

- Anschaffung energiesparender elektrischer Haushaltsgeräte und Leuchtkörper
- Einbau von Doppelverglasungen (Thermopenfenster)
- Einsatz solarer Heiz- oder Warmwassersysteme
- Einsatz von Wärmepumpen
- PKW mit einem Elektroantrieb kaufen

In den letzten Bereich *umweltbewußten Beschwerde- und Protestverhaltens* fallen folgende Verhaltensweisen:

- Mitglied einer Umweltschutzorganisation werden
- Mitarbeit in einer Umweltinitiative
- Spenden für Umweltschutzorganisationen
- Beschwerden beim Händler über fehlendes Angebot umweltfreundlicher Produkte
- Teilnahme an Demonstrationen gegen Umweltverschmutzung
- Diskussion mit anderen Personen über Umweltverschmutzung
- Unterschreiben von Unterschriftenlisten
- Wahl einer ökologisch orientierten Partei
- Parteiarbeit in einer ökologisch orientierten Partei
- Boykott von umweltschädigenden Firmen (man denke an den Boykott von Shell-Tankstellen im Sommer 1995 wegen der geplanten Versenkung der Bohrinsel 'Brent Spar' in der Nordsee)

3. Einzelhandlung oder Verhaltenskategorie?

Da es in dieser Arbeit um die Erklärung von umweltrelevantem Verhalten mit Hilfe von RC-Theorien geht, muß zunächst eine Entscheidung über die Art des Explanandums bzw. über die Art der abhängigen Verhaltens-Variable getroffen werden.

Auf der Grundlage einer Vielzahl von *Einzelhandlungen* aus verschiedenen Verhaltensbereichen, wie wir sie im vorangegangenen Abschnitt vorgestellt haben, ließe sich z.B. ein theoretisches Konstrukt in Form eines additiven Indexes bilden, den man "umweltmoralisches Verhalten" nennen könnte. Der Vorteil eines derartigen Indexes bestünde darin, *sehr viele* und *sehr unterschiedliche* Verhaltensweisen, die für die Umwelt von Bedeutung sind, mit einer einzigen Variable zu erfassen. Ein weiterer Vorteil einer solchen Indexbildung[9] bestünde darin, daß bei einer dichotomen Skalierung der einzelnen Verhaltensitems (mit den Kategorien "Verhalten tritt auf" und "Verhalten tritt nicht auf") die abhängige Variable "umweltmoralisches Verhalten" im Vergleich zur Verwendung nur einer einzigen Handlung metrisches Meßniveau erhält.

Ein gravierender Nachteil eines solchen Verhaltensindexes besteht jedoch darin, daß er den Charakter einer *Verhaltenskategorie* im Sinne von Ajzen und Fishbein (1980) hat und aufgrund dessen nicht als Explanandum einer RC-Theorie verwendet werden kann. Ajzen und Fishbein unterscheiden bei der Messung von Verhalten zwischen Einzelhandlungen ("single actions") und Verhaltenskategorien ("behavioral categories"). *Einzelhandlungen* sind direkt beobachtbare Handlungen ("Altglas in einen öffentlichen Container werfen"), die gewissermaßen "Indikatoren" für entsprechende Verhaltenskategorien ("umweltbewußtes Verhalten") sein können. *Verhaltenskategorien* wie "politische Partizipation" oder "Diskriminierung von Ausländern" sind dagegen nicht direkt beobachtbar und haben daher eher den Charakter theoretischer Konstrukte. Sie bestehen aus einer Anzahl verschiedener Einzelhandlungen (vgl. Ajzen/Fishbein 1980, S. 31 ff.).

Die Unterscheidung zwischen Einzelhandlungen und Verhaltenskategorien impliziert, daß es unsinnig wäre, Personen nach dem Auftreten oder der Häufigkeit von Verhaltenskategorien zu fragen. Dieses Vorgehen ist nur sinnvoll in bezug auf verschiedene Einzelhandlungen, die eine Verhaltenskategorie repräsentieren.

Will man Verhalten, das sich in irgendeiner Weise auf die Umwelt bezieht, unter Anwendung von RC-Theorien erklären, prognostizieren oder beeinflussen, so kommen hier nur Einzelhandlungen als Explanandum in Frage, da sich Verhaltenskategorien auf sehr *verschiedene* Einzelhandlungen beziehen, deren Handlungsfolgen sich natürlich auch *unterscheiden* können (zur sozialtechnologischen Anwendung von RC-Theorien vgl. Lüdemann 1981, Kap. V und 1995a; Fishbein/Middlestadt 1989; Bamberg et al. 1994).

Die Tatsache, daß viele verschiedene Einzelhandlungen unter die Verhaltenskategorie "umweltfreundliches Verhalten" fallen, hat leider den Effekt, daß sich hervorragende *"Rechtfertigungsstrategien"* für Personen in bezug auf ihr Umweltverhalten ergeben. So kön-

---

9   Einen solchen Index zur Messung von Umweltverhalten verwenden z.B. Diekmann/Preisendörfer 1991, 1992; zur Problematik der Verwendung aggregierter Verhaltensmaße vgl. jedoch Van Liere/Dunlap 1980, 1981; Lüdemann 1993; Schahn/Bohner 1993.

28

nen nämlich Personen, die sich in *einem* Verhaltensbereich umweltschädigend verhalten, diese "Umweltsünde" dadurch bagatellisieren oder kompensieren, indem sie betonen, daß sie sich in einem *anderen* Verhaltensbereich durchaus umweltbewußt verhalten (vgl. Diekmann/Preisendörfer 1992).

Aus forschungspragmatischen und ökonomischen Gründen sind wir nun gezwungen, uns im Rahmen unserer Arbeit auf einige wenige Einzelhandlungen zu konzentrieren, deren Ausführung oder Unterlassung wir mit Hilfe von RC-Theorien erklären wollen. Zu diesen Handlungen zählen das *Recyclingverhalten in bezug auf Altglas* (Nutzung oder Nicht-Nutzung öffentlicher Altglas-Container) und die *Wahl von Verkehrsmitteln* (privater PKW, öffentliche Nahverkehrsmittel, Fahrrad, Taxi, Motorrad, Mofa, zu Fuß) bei der Fahrt in die Innenstadt.

4. Zur Theorielosigkeit der Forschung im Bereich Umweltverhalten

Die meisten Hypothesen, die bisher in empirischen Studien zum Umweltverhalten getestet wurden, haben den Charakter von *ad-hoc*-Annahmen, da sie von keinem theoretischen und erst recht von keinem *handlungstheoretischen* Bezugsrahmen ausgehen (vgl. hierzu auch Fuhrer 1995), so daß man sie deshalb eher als Beispiele einer rein deskriptiv und atheoretisch vorgehenden "Variablen-Soziologie" bezeichnen muß, wie wir sie im Kap. II dieser Arbeit diskutiert haben.[10]

Die *Meta-Analyse* von Hines et al. (1986/87) von 128 Umweltstudien kommt zu dem Ergebnis, daß die in diesen Studien erhobenen Prädiktoren relativ wenig oder überhaupt keine Varianz im Umweltverhalten erklären, wie die folgende Tabelle 1 zeigt:[11]

---

10 Theoriegeleitete Ausnahmen sind dagegen die Untersuchungen von Thomas 1976; Thomas et al. 1977; Held 1982; Kantola et al. 1982; Brown/Macey 1983; Macey/Brown 1983; Midden/Ritsema 1983; Kok/Siero 1985; Sparks/Shepherd 1992; Bamberg/Schmidt 1993, 1994. Diese Studien orientieren sich alle am RC-Ansatz und seinen Varianten; für spieltheoretische Analysen von Umweltverhalten vgl. Frey 1990, Kap. 3 und Diekmann 1993a. Im Gegensatz hierzu scheinen die Beiträge in Hildebrandt et al. 1992 Strukturgleichungsmodelle für einen angemessenen Ersatz für Theorien zu halten. Für einen allgemeinen Überblick über Studien zum Umweltverhalten vgl. Van Liere/Dunlap 1980, 1981; Hines et al. 1986/87; Spada 1990.

11 Diese Tabelle 1 stammt aus der Meta-Analyse von Hines et al. 1986/87. Da in einigen Studien der Einfluß von mehr als einer unabhängigen Variable überprüft wurde, ist die Summe der Studien in dieser Tabelle größer als die Zahl der insgesamt in dieser Meta-Analyse berücksichtigten Studien von 128. Zur Methodik von Meta-Analysen vgl. Fricke/Treinies 1985; Wolf 1986.

Tabelle 1
Meta-Analyse von 128 Studien zum Umweltverhalten
(Hines et al. 1986/87)

Unabhängige Variablen	Korrigierte Korrelation mit Umweltverhalten	Zahl der Studien
Verbal Commitment	.49	6
Locus of Control	.37	14
Attitude	.35	51
Personal Responsibility	.33	6
Knowledge	.30	17
Education	.19	11
Income	.16	10
Economic Orientation	.16	6
Age	-.15	10
Gender	.08	4

Der Versuch von Van Liere und Dunlap (1980, 1981), diese enttäuschenden Resultate zu erklären, bezieht sich zum einen auf *methodische* Mängel, wie fehlende Drittvariablenkontrolle,[12] die Verwendung unterschiedlicher Meßinstrumente für das gleiche theoretische Konstrukt "Umweltbewußtsein"[13] oder die Verwendung stark aggregierter Maße.

So wird kritisiert, daß Items, die sich auf unterschiedliche Verhaltensbereiche beziehen (Verkehr, Abfall, Kauf von Konsumgütern, Wassergebrauch), zu einem Gesamtindex aggregiert werden, der dann als globales Verhaltensmaß verwendet wird. Möglicherweise bestehende Zusammenhänge auf der Ebene einzelner Verhaltensweisen würden durch die Verwendung derartig hoch aggregierter globaler Verhaltensmaße kaschiert und könnten daher nicht entdeckt werden.

Zum anderen wird von Van Liere und Dunlap als Ursache für diese Ergebnisse eine *fehlende theoretische* Orientierung angeführt. Überwiegend würden leicht zu messende demographi-

---

12 Zu multivariaten Modellen im deutschsprachigen Bereich vgl. Mielke 1985; Urban 1986, 1991; Langeheine/Lehmann 1986, 1986a; Balderjahn 1986; Diekmann/Preisendörfer 1991, 1992; Bamberg/Schmidt 1993, 1994; Brüderl/Preisendörfer 1994 sowie die Beiträge in Hildebrandt et al. 1992.

13 Zu den verschiedenen Dimensionen von Umweltbewußtsein vgl. Van Liere/Dunlap 1981; Spada 1990.

sche Variablen, jedoch keine handlungstheoretisch relevanten Variablen erhoben.[14] Mit Hilfe *allgemein* und *unspezifisch* formulierter Einstellungsvariablen sollen in diesen Studien sehr *spezifische konkrete* Verhaltensweisen erklärt werden. Die Effekte dieser allgemein formulierten Einstellungsvariablen auf spezifisches Verhalten sind jedoch, insgesamt betrachtet, schwach und erklären in der Meta-Analyse von Hines et al. (1986/87) nur 12% der Varianz im Umweltverhalten.[15]

Dies verwundert jedoch nicht; betrachtet man nämlich die Formulierungen der erhobenen Verhaltensitems und die Formulierungen jener Items, mit denen die erklärenden Einstellungsvariablen gemessen werden, so stellt man fest, daß sich die *allgemein* formulierten Einstellungsvariablen und die *spezifisch* formulierten Verhaltensvariablen oft auf *unterschiedliche* Sachverhalte beziehen.[16] Allgemeine Einstellungen sind jedoch sehr oft schlechte Prädiktoren zur Vorhersage spezifischer Verhaltensweisen, weil nicht darauf geachtet wurde und wird, daß sich Einstellungs- und Verhaltensmaße auf die gleichen Sachverhalte beziehen.

5. Eine exemplarische Kritik dreier Studien zum Umweltverhalten

Als Beleg für die weit verbreitete *Theorielosigkeit* und das *unterschiedliche Spezifitätsniveau*, auf dem Einstellungs-, Motivations- und Verhaltensvariablen gemessen werden, möchte ich exemplarisch auf drei Studien im deutschsprachigen Bereich eingehen, die sich mit Umweltbewußtsein und umweltbewußtem Verhalten befassen.[17]

---

14 Zur begrenzten Erklärungskraft demographischer Prädiktoren bei der Erklärung von Umweltverhalten vgl. Van Liere/Dunlap 1980, 1981.

15 Vgl. die Ergebnisse der Meta-Analyse von Hines et al. 1986/87 in Tabelle 1. In dieser Meta-Analyse ergaben sich korrigierte durchschnittliche Korrelationskoeffizienten von .33 für die Zusammenhänge zwischen Einstellungen und selbstberichtetem Umweltverhalten und von .43 für Beziehungen zwischen Einstellungen und beobachtetem Umweltverhalten. Die Einstellungsvariable erklärte damit also nur 10% bzw. 18% an Varianz im Umweltverhalten. Die von Six (1992) durchgeführte Meta-Analyse von 17 Umweltstudien ergab eine korrigierte durchschnittliche Korrelation von .34 für den Zusammenhang zwischen Umweltverhalten und den entsprechenden Einstellungen.

16 Vgl. Kley/Fietkau 1979; Urban 1986, 1991; Langeheine/Lehmann 1986; Balderjahn 1986; Dierkes/Fietkau 1988; Diekmann/Preisendörfer 1991, 1992. Eine Ausnahme stellt die Studie von Mielke (1985) dar, in der Einstellungs- und Verhaltensmaße gleicher Spezifität erhoben wurden.

17 Für Studien, die sich mit Umweltbewußtsein und umweltbewußtem Verhalten befassen, vgl. Amelang et al. 1977; Bruhn 1978; Kley/Fietkau 1979; Mielke 1985; Langeheine/Lehmann 1986, 1986a; Urban 1986, 1991; Balderjahn 1986; Heine/Mautz 1988; Diekmann/Preisendörfer 1991, 1992. Ich werde hier jedoch nicht auf Studien eingehen, die sich lediglich dem Umweltbewußtsein und seinen verschiedenen Dimensionen (Werte, Wissen, Betroffenheit, Bedeutung von Problemen) widmen und das Verhalten unberücksichtigt lassen; vgl. hierzu Fietkau et al. 1982; Kessel/Tischler 1984; Fietkau 1984; Hagstotz/Kösters 1986; Wasmer 1990.

Urban (1986) versucht in seiner Studie, die unabhängige Variable "Umweltbewußtsein" als mehrdimensionales theoretisches Konstrukt zu konzeptualisieren, wobei die drei kognitiven Dimensionen dieses Konstrukts aus "Wertorientierungen", "Einstellungen" und "Handlungs-bereitschaften" bestehen. Damit übernimmt Urban das traditionelle Drei-Komponenten-Modell von Einstellungen, da er sich auf "evaluative, affektive und konative" Dimensionen bezieht (Urban 1986, S. 365), ohne jedoch dabei eine erkennbare Handlungstheorie zu verfolgen.

Obwohl Urban in seiner Studie von "Handlungskosten" und "Fahrt- und Zeitkosten" in bezug auf umweltbezogenes Verhalten spricht (Urban 1986, S. 366) und damit implizit Elemente eines RC-Ansatzes anspricht, wird dieser Ansatz von ihm nicht weiter ausgearbeitet und verfolgt.

Weiter ist an Urbans Studie zu kritisieren, daß seine Operationalisierungen von Verhalten, Handlungsbereitschaften und Einstellungen *nicht* auf dem *gleichen* Spezifitätsniveau stattfinden, da sie sich nicht auf die gleichen Handlungen beziehen:

So beziehen sich seine dichotom (Ja/Nein) skalierten Verhaltens-Items z.B. auf spezifische *Verhaltensweisen* wie "Kauf von Getränken in Pfandflaschen", "Kauf von Waren in Plastikverpackungen", "Kauf von Spraydosen", "Mitgliedschaft in einer Umweltschutz-Organisation" oder "Mitarbeit in einer Bürgerinitiative". Aus den Antworten auf diese Items konstruiert er anschließend einen *additiven Verhal-tens-Index* als abhängige Verhaltens-Variable in seinem Modell.

Handlungsbereitschaften wurden z.B. mit Hilfe folgender Items gemessen: "An einer Aktion zur Säuberung verschmutzter Landschaft würde ich teilnehmen" oder "Ich wäre bereit, meinen Hausmüll nach chemischen und natürlichen Abfällen zu trennen". Aus den Antworten auf diese Items bildet Urban anschließend einen *additiven Intentions-Index*, der einen positiven direkten Effekt auf den additiven Verhaltens-Index ausüben soll.

Items zur Messung der *Einstellungen* bestanden aus den folgenden Fragen: "In un-serer Gesellschaft sollten neue Lebens- und Arbeitsformen entwickelt werden", "Atomkraftwerke sollten stillgelegt werden" und "Wenn es so weitergeht wie bis-her, werden die Rohstoffe knapp". Auch aus diesen Items wurde ein *additiver Einstellungs-Index* konstruiert, der wiederum einen positiven direkten Effekt auf den additiven Intentions-Index ausüben soll.

Da sich nun Verhaltens-, Intentions- und Einstellungs-Items erstens auf *unterschiedliche* Handlungen beziehen und die entsprechenden Modell-Variablen zweitens aus *Indizes* beste-hen, werden auch nur 16% der Varianz im Verhalten durch die Handlungsbereitschaften und lediglich 5% in den Handlungsbereitschaften durch die Einstellungen erklärt (analoge Pro-bleme treten auch in Urbans Studie von 1991 auf).

In der sekundäranalytischen Arbeit von Balderjahn (1986), die das Ziel verfolgt, "Beiträge zu einer holistischen Theorie umweltbewußten Konsumentenverhaltens zu leisten" (Balderjahn 1986, S. 18), wird ein umfangreiches Strukturgleichungsmodell mit 51 manifesten und 17 latenten Variablen an einem Datensatz getestet.

In diesem Modell bestanden die abhängigen *Verhaltens-Variablen* aus fünf *additiven Indizes*, die sich auf die Verhaltensbereiche "Energiesparverhalten: Raumisolation", "Energiesparverhalten: Einschränkung", "Umweltbewußter Güterkonsum", "Umweltbewußter Protest" und "Umweltbewußter Personentransport" bezogen. Jeder einzelne Verhaltens-Index bestand dabei aus einer Reihe von Einzel-Items. So wurde z.B. der Index "Energiesparverhalten: Einschränkung" aus den Antworten auf die beiden Items "weniger heizen" und "duschen statt Vollbad" konstruiert.

Die Variablen dieses Strukturgleichungsmodells wurden jedoch nicht aufgrund einheitlicher theoretischer Überlegungen ausgewählt, da sich die unabhängigen bzw. endogenen Variablen des überprüften Modells auf so unterschiedliche Bereiche wie Demographie, Sozialisation, Werte, Einstellungen und Persönlichkeitsmerkmale beziehen:

Demographische Merkmale wie Alter, Bildung, Geschlecht, Nettoeinkommen, sozio-ökonomischer Status, Berufsgruppe und Gemeindegröße.

Sozialisations-Variablen wie Zahl der Kontakte mit Freunden oder Familienangehörigen, Häufigkeit von TV-Konsum, selbsterfahrener Erziehungsstil und Geschwisterzahl.

Persönliche Werte im Hinblick auf Umwelt und Gesundheit, Hedonismus, Selbstverwirklichung, materielle Sicherheit, soziale Sicherheit, Wohlstand, Sparsamkeit und Tradition.

Einstellungen gegenüber der Umweltverschmutzung, zur Kernenergie sowie zu einem umweltbewußten Leben.

Persönlichkeitsmerkmale wie interne und externe Handlungskontrolle sowie Intro- und Extraversion.

Die hier genannten Variablen können jedoch nicht als Operationalisierungen (irgend)einer Handlungstheorie betrachtet werden, sondern stellen eine *eklektizistische* Ansammlung verschiedener Einflußgrößen dar, die offenbar auf *irgendeine* Art und Weise für umweltbewußtes Verhalten "relevant" sein könnten.

Die Studie von Balderjahn zeigt leider deutlich, daß auch die Anwendung elaborierter Strukturgleichungsmodelle keinen angemessenen Ersatz für eine Handlungstheorie darstellt, da die jeweils erklärten Varianzen in den fünf Verhaltens-Indizes, trotz der großen Zahl von Variablen in diesem Modell, nur zwischen zwischen 10.9% und 19.8% schwanken.

Diekmann und Preisendörfer (1992) versuchen, in ihrer Untersuchung mit Hilfe *allgemein* und unspezifisch formulierter Prädiktoren wie "Umweltbewußtsein" und "Umweltwissen" 16 *spezifische* Verhaltensweisen zu erklären.

Zu diesen 16 *spezifischen Verhaltensweisen* gehörten u.a. das "regelmäßige Mitnehmen einer Einkaufstasche", "Verzicht auf Getränke in Dosen", "Abfalltrennung bei Glas", "Abdrehen der Heizung bei längerer Abwesenheit", "Verzicht auf einen Wäschetrockner im Haushalt" oder "Verzicht auf Auto bzw. Flugzeug bei der letzten Urlaubsreise".

Zur Messung der Variable "*Umweltbewußtsein*" wurden Items verwendet, wie z.B. "Wenn wir so weiter machen wie bisher, steuern wir auf eine Umweltkatastrophe zu", "Zeitungen und Fernsehen informieren ausreichend über die aktuellen Umweltprobleme", "Es ist noch immer so, daß die Politiker viel zu wenig für den Umweltschutz tun". Aus den Items wurde anschließend ein *additiver Index* für "Umweltbewußtsein" gebildet.

Eine weitere Variable bezog sich auf das "*Umweltwissen*" der Befragten. Hier wurde z.B. gefragt, ob man weiß, "wie weit der nächste Altpapier- bzw. Altglascontainer vom Wohnhaus entfernt ist", "wieviel eine Kilowatt-Stunde Strom für den Haushalt kostet" oder "wie groß der Anteil der geschädigten Waldfläche ist". Aus den Items wurde anschließend ein *additiver Index* für "Umweltwissen" konstruiert.

Die Effekte der beiden aus additiven *Indizes* bestehenden Prädiktoren "Umweltbewußtsein" und "Umweltwissen" auf jede einzelne dieser 16 verschiedenen Verhaltensweisen in ihrem Modell sind jedoch äußerst uneinheitlich und rangieren von -1.05 bis 3.97 (logistische Regressionskoeffizienten).

Die Heterogenität der Effekte der beiden Prädiktoren "Umweltbewußtsein" und "Umweltwissen" ist nun auch nicht erstaunlich, da sich diese beiden sehr allgemein formulierten Prädiktoren und die spezifisch formulierten Verhaltensvariablen auf *unterschiedliche* Sachverhalte beziehen.

Obwohl Diekmann und Preisendörfer behaupten, sie würden in ihrer Studie ein "elementares Nutzen-Kosten-Kalkül individuellen Verhaltens" (Diekmann/Preisendörfer 1992, S. 229) anwenden und überprüfen, ist dies nicht der Fall, da sie *weder* die Handlungskonsequenzen der

(16 verschiedenen) Einzelhandlungen *noch* die subjektive Auftrittswahrscheinlichkeit sowie den Nutzen dieser Handlungskonsequenzen erhoben haben.[18]

---

18 Zur Kontroverse über diese Studie vgl. Lüdemann 1993, die Replik von Diekmann/Preisendörfer 1993 und den Diskussionsbeitrag von Schahn/Bohner 1993; vgl. zu dieser Kontroverse auch Braun/Franzen 1995.

IV. Einstellung und Verhalten: zum Scheitern eines Forschungsprogramms

Innerhalb der soziologischen und sozialpsychologischen Forschung und Diskussion, die sich auf die Relation zwischen Einstellungen und Verhalten bezieht, kann man forschungshistorisch vier verschiedene Phasen unterscheiden.[19]

1. Die erste Phase: Entdeckung korrelativer Zusammenhänge

In der *ersten Phase*, die Six (1992) treffend als "korrelative Jäger- und Sammler-Periode" bezeichnet, ging es um die Entdeckung korrelativer Zusammenhänge zwischen Einstellungen und Verhalten. In diese erste Phase fallen viele empirische Studien, in denen Einstellungsmaße, die sich auf bestimmte Verhaltensbereiche bezogen, mit Verhaltensmaßen, die aus verbalen Angaben über das eigene Verhalten der Befragten bestanden, korreliert wurden. Einstellungen wurden dabei mit Hilfe verschiedener Skalierungsmodelle (Likert, Guttman, Thurstone, Osgood) gemessen.

Die empirischen Forschungsergebnisse dieser ersten Phase sind als relativ unbefriedigend zu bezeichnen, da die Zusammenhänge zwischen Einstellungen und Verhalten, insgesamt betrachtet, enttäuschend gering ausfielen (vgl. die Sekundär- und Meta-Analysen von Wicker 1969; Benninghaus 1976; Meinefeld 1977; Ajzen/Fishbein 1977; Geise 1984, S. 182 ff.; Six 1992; Eckes/Six 1994). Am Ende dieser Phase zieht Wicker (1969) in seinem bekannten Sammelreferat eine negative Bilanz, indem er Einstellungen den Status leistungsfähiger Prädiktoren für Verhalten abspricht.

2. Die zweite Phase: Suche nach Moderatorvariablen

Die *zweite* Phase war durch die Suche nach *Moderatorvariablen* gekennzeichnet (für einen Überblick über verschiedene Arten von Moderatorvariablen vgl. Ajzen 1988, Kap. 4). Eine Ursache für die geringen oder nicht vorhandenen Zusammenhänge zwischen Einstellungen und Verhalten wurde nämlich darin gesehen, daß die Bedeutung anderer Variablen für diesen Zusammenhang ignoriert worden sei.[20] Als Reaktion auf die empirisch unbefriedigende For-

---

19 Zur Diskussion über die Beziehung zwischen Einstellungen und Verhalten vgl. Wicker 1969; Benninghaus 1973, 1976; Fishbein/Ajzen 1975, Kap. 1 - 4; Schumann/Johnson 1976; Meinefeld 1977; Mummendey 1979, 1988; Six 1980, 1992; Fishbein/Ajzen 1980, S. 13 - 27; Cialdini et al. 1981; Stapf 1982; Upmeyer/Six 1989.

20 Technisch gesprochen handelt es sich also um Spezifikationsfehler der formulierten Einstellungs-Verhaltens-Modelle. Spezifikationsfehler liegen bekanntlich vor, wenn ein Modell z.B. kausal relevante

schungslage begab man sich daher auf die Suche nach Moderator-Variablen, die einen Einfluß auf die Höhe des gefundenen Zusammenhangs zwischen Einstellung und Verhalten ausüben.[21]

Als Moderator-Variablen kamen *demographische*, d.h. "klassische" soziologische Variablen wie Alter, Geschlecht, sozioökonomischer Status und Bildung in Frage. Aber auch *Persönlichkeitsmerkmale* wie Selbstverpflichtung, Ichbeteiligung, Kontrollerwartungen oder Selbststeuerung zählten hierzu. Weiter hielt man *Merkmale der Situation* wie Normen, soziale Wünschbarkeit, die Anwesenheit und den Einfluß Dritter, die Möglichkeit, alternative Verhaltensweisen zeigen zu können, oder die Sichtbarkeit des Verhaltens für relevant. Schließlich wurden auch *Verhaltensfaktoren* wie die Schwierigkeit, Einstellungen auch in Verhalten umsetzen zu können, als Moderatorvariablen verwendet.

Die Suche nach solchen Moderator-Variablen war jedoch nicht theorieorientiert, sondern eher von ad-hoc-Annahmen und Plausibilitätsüberlegungen geleitet, so daß die Liste der moderierenden Variablen nahezu endlos und damit unpraktikabel wurde.

3. Das Drei-Komponenten-Modell der Einstellung

Kennzeichnend für die erste und zweite Periode der Forschung war die theoretische Auffassung, daß Einstellungen ein hochkomplexes, *mehrdimensionales* theoretisches Konstrukt darstellen, das eine *affektive*, eine *kognitive* und eine *konative* (verhaltensbezogene) Dimension besitzt.[22] Attitüden werden im Rahmen dieses Drei-Komponenten-Modells als theoretische Konstrukte betrachtet, die Überzeugungen, Gefühle und Handlungstendenzen gegenüber einem bestimmten Einstellungsobjekt implizieren.

Zur *evaluativen* und wichtigsten Einstellungskomponente in diesem Ansatz werden Bewertungen und Emotionen gezählt, während die *kognitive* Komponente durch Wahrnehmungen, subjektives Wissen, Vorstellungen, Überzeugungen, Informationsverarbeitungs- und Denkvorgänge konstituiert wird. Zu diesen Überzeugungen zählen auch solche über die Instrumentalität bestimmter Handlungen zur Erreichung bestimmter Ziele. Der *konativen* Komponente schließlich werden Motive, Intentionen, Absichten, Verhaltenstendenzen und Handlungspläne zugerechnet.

Variablen nicht enthält; zu Spezifikationsfehlern und ihren Effekten vgl. Deegan 1974; Duncan 1975, Kap. 8; Wonnacott/Wonnacott 1979, S. 413 ff.; Urban 1982, S. 176 ff.

21 Zu Untersuchungen, die sich auf die Einbeziehung zusätzlicher Variablen ("Other Variable Approach") beziehen, vgl. Wicker 1969, 1971; Rokeach/Kliejunas 1972; Liska 1974; Peterson/Dutton 1975; Fishbein/Ajzen 1975, S. 343 - 351; Schumann/Johnson 1976; Cialdini et al. 1981; Zanna et al. 1982; Ajzen 1988, S. 63 - 91.

22 Vgl. hierzu die klassische Arbeit von Rosenberg/Hovland 1960. Diese Konzeption einer Komponenten-Trinität weist starke Parallelen zur klassischen Trias von Denken, Fühlen und Wollen, d.h. den originären Fähigkeiten menschlichen Geistes, auf.

Dieser Drei-Komponenten-Ansatz postuliert, daß sich die verschiedenen Komponenten ge-
genseitig beeinflussen und damit die Änderung *einer* Komponente die Änderung der *übrigen*
zur Folge habe. Die Beziehungen zwischen diesen Komponenten wurden jedoch nie *präzise*
spezifiziert. Dieser Ansatz ging weiter davon aus, daß Einstellungen nur durch eine *gleichzei-
tige* Berücksichtigung aller drei Komponenten zu erfassen wären, und erklärte die schwachen
Zusammenhänge zwischen Einstellungs- und Verhaltensmaßen damit, daß sich Messungen
von Einstellungen oft nur auf die affektive Dimension bezögen.[23] Andererseits wurde jedoch
aufgrund des postulierten starken Zusammenhangs zwischen diesen drei Komponenten davon
ausgegangen, daß die Messung nur *einer* Komponente ausreiche, um für die anderen als Indikator dieser Einstellung zu fungieren (vgl. Ostrom 1969).

Die Mehrdimensionalität (genauer: Dreidimensionalität) von Einstellungen war jedoch eher
Gegenstand theoretischer Erörterungen als empirischer Studien. Die wenigen empirischen
Untersuchungen, die sich dem Zusammenhang der drei Komponenten widmen, ermittelten
nur schwache bis mittelmäßig positive korrelative Zusammenhänge zwischen den einzelnen
Komponenten und unterstreichen damit den eher problematischen empirischen Status dieser
Konzeption (vgl. zu diesen Studien Meinefeld 1977, S. 120 ff.; Geise 1984, S. 74 f.; Doll
1993, S. 17). Damit dürfte das Trinitäts-Konzept der Einstellung eher einen heuristischen, jedoch kaum einen prognostischen oder explanativen Wert im Hinblick auf Verhalten besitzen
(vgl. zu dieser Einschätzung auch Meinefeld 1977, S. 122; Geise 1984, S. 75; Doll 1993, S.
17 ff.).

Die enttäuschenden empirischen Befunde der Überprüfung der ambitionierten Drei-
Komponenten-Konzeption der Einstellung führten in der Folge dazu, daß sich theoretische
Überlegungen und die empirische Forschung vor allem auf die *affektive* Dimension von Einstellungen konzentrierten. Diese eindimensionale Strukturkonzeption von Einstellungen wurde auch durch die verschiedenen eindimensionalen Meßverfahren gefördert. Einstellungen
wurden gemäß dieser Konzeption als affektive Reaktionen auf ein bestimmtes Einstellungsobjekt aufgefaßt.

4. Die Orientierungshypothese des Forschungsprogramms

Die erste und zweite Phase der Einstellungs-Verhaltens-Forschung waren durch die Dominanz
eines Forschungsprogramms gekennzeichnet, dem die folgende grobe Orientierungshypothese
zugrunde lag:

---

23   Zur Kritik des Drei-Komponenten-Modells vgl. Fishbein/Ajzen 1975, S. 340 ff.; Ajzen/Fishbein 1980, S.
      17 ff.; Ajzen 1989; Doll 1993 Kap. 4.

Eine *allgemeine* Einstellung gegenüber einem bestimmten Einstellungsobjekt hat einen kausalen Effekt auf ein *spezifisches* Verhalten, das sich in irgendeiner Weise auf dieses Einstellungsobjekt bezieht.

Gemäß dieser Orientierungshypothese hat z.b. eine allgemeine Einstellung gegenüber dem Einstellungsobjekt "Kirche" einen Einfluß auf so verschiedene spezifische Verhaltensweisen wie die Häufigkeit des Kirchenbesuchs, die Häufigkeit des Betens, die Taufe der Kinder, die Höhe der Spenden für die Kirche, ehrenamtliche Tätigkeiten innerhalb der Kirche, kirchliche Trauung, die Übernahme einer Patenschaft, die Befolgung kirchlicher Verhaltensvorschriften oder das Feiern kirchlicher Festtage.

Diese Orientierungshypothese kann im Rahmen der Methodologie wissenschaftlicher Forschungsprogramme von Lakatos (1970) auch als "harter Kern" dieses Forschungsprogramms betrachtet werden. Für Lakatos wird dieser harte Kern durch eine methodologische Entscheidung *zunächst*, d.h. nur für eine gewisse Zeit, gegenüber falsifizierenden Befunden ("Anomalien" in der Terminologie von Lakatos) immunisiert. Bei widerstreitenden empirischen Ergebnissen wird also die Annahme, die den harten Kern des Programms bildet, zunächst nicht fallengelassen, sondern es werden Hilfshypothesen eingeführt, die sich auf Störbedingungen, Meßfehler oder nichtberücksichtigte Drittvariablen beziehen. Bei Widersprüchen zwischen theoretischen Annahmen und empirischen Daten werden also zunächst immer die Daten und deren meßtheoretischer Hintergrund problematisiert, indem neue Meßverfahren entwickelt oder zusätzliche Drittvariablen spezifiziert und erhoben werden.

Die Idee, die diesem methodologischen Vorgehen zugrunde liegt, ist die, daß neuen Forschungsprogrammen die Möglichkeit eröffnet werden soll, zunächst Zeit zu gewinnen und ihre theoretische und empirische Fruchtbarkeit allmählich und in Ruhe zu entwickeln (vgl. hierzu auch Esser et al. 1977, S. 233 ff.).

Das Einstellungs-Verhaltens-Forschungsprogramm *degenerierte* jedoch immer stärker, da in zunehmendem Maße versucht wurde, Anomalien durch *theoretisch unfundierte ad-hoc-Annahmen* "wegzuerklären". Diese ad-hoc-Annahmen bezogen sich auf den vermuteten Einfluß von Dritt-, Stör- oder Moderatorvariablen. Aber auch in jenen Fällen, in denen diese Dritt-, Stör- oder Moderatorvariablen empirisch erhoben wurden, kann die Auswahl dieser Variablen in keiner Weise als theoriegeleitet bezeichnet werden, so daß man von einer *Degeneration* dieses Forschungsprogramms sprechen muß, da bei widersprüchlichen empirischen Ergebnissen immer wieder neue Variablen *ad-hoc* eingeführt wurden, die für Anomalien verantwortlich gemacht wurden. Traten Anomalien in Form widersprechender empirischer Resultate auf, so war man im Rahmen dieses Forschungsprogramms immer wieder geneigt, diese auf unzureichende Definitionen von Einstellungen, mangelhafte Operationalisierungen, Meßfehler, Methodeneffekte oder das "Ungeschick" des Forschers zurückzuführen (vgl. hierzu Fishbein 1979, S. 148). Man war jedoch nicht bereit, den Paradigmakern, d.h. die Orientierungshypothese selbst, in Frage zu stellen und zu problematisieren, sicher auch deshalb, weil noch keine theoretischen Alternativen vorlagen (vgl. hierzu die dritte Phase).

Im Laufe der Zeit wurde die Krise dieses Paradigmas jedoch um so deutlicher, je länger die Phase der Erfolglosigkeit andauerte und je stärker die Probleme der praktischen Anwendung in den Vordergrund traten (vgl. Geise 1984, S. 192). Ein "Weiterleben" dieser problematischen Annahme ist jedoch immer noch festzustellen, wenn man sich empirische Untersuchungen daraufhin ansieht, wie Einstellungs- und Verhaltensvariablen gemessen werden. Diese Orientierungshypothese liegt auch heute noch implizit einer Vielzahl von Studien innerhalb der Soziologie[24] zugrunde, so z.B. auch den erhobenen Variablen in ALLBUS-Datensätzen.[25]

Ein Großteil der Untersuchungen, die sich der Erforschung der Beziehung zwischen Einstellungen und Verhalten in den verschiedensten Bereichen gewidmet haben, wurde in verschiedenen *Meta-* und *Sekundäranalysen* ausgewertet (vgl. Wicker 1969; Benninghaus 1976; Meinefeld 1977; Geise 1984, S. 182 ff.; Six 1992; Eckes/Six 1994). Alle diese Analysen erbrachten jedoch übereinstimmend Ergebnisse, die, insgesamt gesehen, eher als Widerlegung des traditionellen Forschungsprogramms bezeichnet werden müssen, dem die oben genannte Orientierungshypothese zugrunde liegt.[26]

5. Die dritte Phase: Die Entwicklung von Theorien

In der *dritten Phase* begann man, aufgrund der ernüchternden Resultate der empirischen Forschung, stärker *theorieorientiert* vorzugehen, und versuchte, die Erforschung der Einstellungs-Verhaltens-Relation stärker auf der Grundlage sozialpsychologischer Theorien zu betreiben.

Obwohl sich die Soziologie und die empirische Sozialforschung (implizit oder explizit) zu großen Teilen mit dem Zusammenhang zwischen Einstellungen und Verhalten befassen, fanden innerhalb der Soziologie kaum Versuche statt, den Zusammenhang zwischen Einstellungen und Verhalten theoretisch ähnlich elaboriert zu präzisieren, wie dies in der Sozialpsychologie geschah. Die gängige Praxis innerhalb der empirischen Sozialforschung wurde und wird immer noch von der erwähnten Orientierungshypothese geleitet. Man vergleiche hierzu auch das OSAM-

---

24 Diese Orientierungshypothese lag und liegt auch einer Vielzahl soziologischer Theorien und "Ansätze" zugrunde. So ist in diesem Zusammenhang an die Rollentheorie oder an verschiedene Versionen einer Handlungstheorie zu denken, in denen relativ allgemeine Erwartungen, Werte und Normen sehr spezifisches Verhalten erklären sollen.

25 Beim ALLBUS (Allgemeine Bevölkerungsumfrage der Sozialwissenschaften) handelt es sich um eine alle zwei Jahre wiederholte repräsentative Bevölkerungsbefragung zu Einstellungen und Verhaltensweisen der Deutschen.

26 Warum Eckes/Six (1994, S. 269) in ihrer Meta-Analyse von 501 Studien angesichts einer mittleren Korrelation von $r = .39$ zwischen Einstellungen und Verhalten und einer damit verbundenen erklärten Varianz von .15 davon sprechen, daß das "Stereotyp der Unbrauchbarkeit von Einstellungen als Prädiktoren für Verhalten" korrigiert werden müsse, bleibt allerdings ein Rätsel.

Modell (OSAM = Opinionated Sensitive Acting Man), das Lindenberg (1985) als typische Variante des Homo Sociologicus der Variablen-Soziologie der empirischen Sozialforschung bezeichnet (zur Kritik des OSAM-Modells der Variablen-Soziologie vgl. auch Esser 1993, S. 232 ff.; zum OSAM-Modell vgl. auch Abschnitt VIII.3 dieser Arbeit).

In diese dritte Phase fällt die Entwicklung und Formulierung der Theory of Reasoned Action (TORA) von Ajzen und Fishbein (Fishbein/Ajzen 1975; Fishbein 1980; Ajzen/Fishbein 1980). Diese Theorie enthält die drei Komponenten des dreidimensionalen Attitüdenkonzepts als *separate* Variablen und betrachtet Attitüden als eindimensionales Konstrukt, das sich nur auf die Affektstärke, d.h. die Bewertung von Sachverhalten bezieht.

Ajzen und Fishbein (1977) haben in einer Reanalyse von 142 empirischen Studien, die sich auf Einstellungen und Verhalten bezogen, gezeigt, daß die Korrelationen zwischen Einstellungs- und Verhaltensvariablen um so *größer* waren, je *stärker* sich diese beiden Variablen auf die *gleichen* Sachverhalte bezogen. Das von ihnen in diesem Zusammenhang formulierte *Kompatibilitätspostulat* oder Korrespondenzpostulat lautet folgendermaßen (vgl. Ajzen 1988, Kap. 5):

In je mehr *Facetten*[27] Einstellungs- und Verhaltensmaße übereinstimmen, desto höher ist die Erklärungskraft der Einstellung in bezug auf das Verhalten.

Diese Facetten sind die *Handlung* (z.B. "Nutzung der Straßenbahn"), das *Ziel* der Handlung ("Weg zur Arbeit"), der *situative Kontext* ("frühmorgens") und der *Zeitpunkt* der Ausführung der Handlung ("diesen Monat"). Die Beziehungen zwischen Einstellungs- und Verhaltensvariablen waren in der Reanalyse immer dann am größten, wenn die Einstellungs- und Verhaltensmaße auf *allen* vier Facetten übereinstimmten. Um also einen möglichst engen Zusammenhang zwischen Einstellung und Verhalten zu erhalten, ist es erforderlich, Einstellungs- und Verhaltensmaße unter Berücksichtigung *derselben* Facetten zu operationalisieren (zur Kritik dieses Kompatibilitätspostulats vgl. jedoch Upmeyer/Six 1989, S. 10).

Eine solche Differenzierung ist aus folgenden Gründen weder überflüssig noch spitzfindig. Für die *gleiche* Einzelhandlung können nämlich, je nach Kontext oder Ziel, *verschiedene* Verhaltensfolgen erwartet werden. So können für die Handlung "Nutzung der Straßenbahn" von Nutzern aufgrund unterschiedlicher situativer *Kontexte* (vormittags, im Berufsverkehr, abends, während der Nacht, am Wochenende) *unterschiedliche* Handlungskonsequenzen erwartet werden.

---

27 Zum facettentheoretischen Ansatz vgl. Guttman 1957, 1959; Borg 1992. Die Kontiguitätshypothese innerhalb der Facettentheorie Guttmans postuliert, "that the correlation between two variables increases with the similarity between the facet elements defining them" (Guttman 1957, S. 130). Zur facettentheoretischen Interpretation dieses Kompatibilitätspostulats vgl. Doll 1987, S. 222 f.; Ajzen 1989, S. 249 f.; Ajzen 1993, S. 47 f.

So hängt bei Frauen z.B. die Einschätzung der subjektiven Wahrscheinlichkeit, in öffentlichen Nahverkehrsmitteln belästigt oder bedroht zu werden, von der Tageszeit ab, zu der sie dieses Verkehrsmittel nutzen wollen (vgl. Kramer/Mischau 1993; Jeschke 1994).

Andererseits ist es möglich, daß für die *gleiche* Handlung (Busfahrt), jedoch bei verschiedenen *Zielen* (Fahrt zur Arbeit, Einkauf in der Innenstadt), *verschiedene* Verhaltensfolgen (Unterbringungsprobleme für größere Gegenstände und Einkaufstüten beim Einkauf in der Innenstadt) perzipiert werden.

6. Die vierte Phase: Die Formulierung alternativer Modelle

Die *vierte Phase* kann man schließlich als Phase der Entwicklung verschiedener alternativer Modelle bezeichnen, die sich jedoch alle dem Paradigma rationalen Handelns unterordnen lassen. Hierzu zählen die kognitiv-hedonistische Verhaltenstheorie von Kaufmann-Mall (1978, 1981, 1982) oder die Handlungstheorie von Triandis (1977, 1980). Auch die Entwicklung von Modellen, die stärker von einer "Bounded Rationality" ausgehen, wie die Framing-Modelle von Lindenberg (1986, 1989, 1990, 1993) und Esser (1990, 1991, 1991a, 1991b) sind hier zu erwähnen.

Darüberhinaus wurden die Theory of Reasoned Action und die Theory of Planned Behavior weiterentwickelt und modifiziert. So wurde die Theory of Reasoned Action um Feedbackbeziehungen zwischen den Modellvariablen wie z.B. zwischen Einstellungen und Verhalten erweitert (Liska 1984; Liska et al. 1984). Die Theory of Planned Behavior wurde um zusätzliche Variablen wie "Self-Identity" (Sparks/Shepherd 1992) oder um Variablen erweitert, die sich auf emotionale Reaktionen beziehen (Doll et al. 1991a). Auch der Einfluß früherer Erfahrungen, die eine Person mit dem zu erklärenden Verhalten hat, wurde zusätzlich berücksichtigt (Bentler/Speckart 1979, 1981; Bagozzi 1981; Fredricks/Dossett 1983; Wittenbraker et al. 1983; Macey/Brown 1983; Budd et al. 1984; Budd/Spencer 1985; Mittal 1988; Charng et al. 1988). Weiter wurde in Anlehnung an die Theory of Planned Behavior eine Theory of Trying entwickelt (Bagozzi/Warshaw 1990; Bagozzi 1992).

V. Die Theory of Planned Behavior

1. Die Theory of Reasoned Action (TORA) und die Theory of Planned Behavior (TOPB)

Als Antwort auf die verwirrende und desolate Forschungslage zur Relation zwischen Einstellungen und Verhalten und das Scheitern des traditionellen Forschungsprogramms "Einstellung und Verhalten" entwickelten Ajzen und Fishbein (Ajzen/Fishbein 1980; Fishbein 1980) zu Beginn der achtziger Jahre die *Theory of Reasoned Action* (TORA), die beansprucht, sowohl Verhaltensintentionen als auch konkretes Verhalten zu erklären. Diese Handlungstheorie, die später durch die Berücksichtigung von Handlungsmöglichkeiten und Handlungsrestriktionen erweitert und anschließend als *Theory of Planned Behavior* (TOPB) bezeichnet wurde (Ajzen 1985, 1988, 1991), enthält folgende *Handlungsdeterminanten:*[28]

(1) Subjektive Vorstellungen einer Person über die Instrumentalität von Handlungen in bezug auf bestimmte Handlungsfolgen und die subjektive Bewertung dieser Folgen

Diese Komponente der TOPB repräsentiert gewissermaßen den "Homo Oeconomicus" oder den "reinen" SEU-Ansatz, bei dem es nur um die subjektive Wahrscheinlichkeit und den "Nutzen" oder die "Kosten" von Handlungsfolgen geht.

(2) Einfluß der sozialen Umwelt in Form perzipierter Erwartungen von Bezugspersonen oder Bezugsgruppen im Hinblick auf bestimmte Handlungen und die Motivation des Akteurs, diese Verhaltenserwartungen seiner sozialen Umwelt auch zu erfüllen

Dieser Teil der TOPB bezieht sich dagegen auf den "Homo Sociologicus", der sich gemäß der Rollentheorie (Dahrendorf 1958; Wiswede 1977) an den perzipierten Rollenerwartungen oder Normen seiner sozialen Umwelt orientiert und den Sanktionen seiner sozialen Umwelt entsprechend handelt.

Eine alternative Explikation der Komponenten (1) und (2) lautet, daß mit diesen beiden Komponenten die beiden klassischen Handlungsdeterminanten Person und soziale Umwelt berücksichtigt werden, indem personale und soziale Einflußfaktoren näher präzisiert werden.

---

28 Sowohl die TORA als auch die TOPB wurden in verschiedenen Verhaltensbereichen erfolgreich angewendet. Zum Überblick über Studien zur TORA und TOPB vgl. die Metaanalysen von Sheppard et al. 1988 und van den Putte 1993; vgl. auch den Überblick bei Ajzen 1991.

Durch diese beiden Komponenten werden gewissermaßen die Leerstellen der bekannten Lewinschen Verhaltensgleichung (Lewin 1963, S. 271 f.)

Verhalten = f (Person, Umwelt)

ausgefüllt, dergemäß das Verhalten eine Funktion der Person und der Umwelt ist (zu dieser Explikation der TORA vgl. Lantermann 1980, S. 103 f.)

(3) Perzipierte Handlungsmöglichkeiten oder Handlungsrestriktionen einer Person

Diese Komponente läßt sich als Präzisierung der von Ökonomen (z.B. Frey 1990, Kap. 12) und ökonomisch orientierten Soziologen (Boudon 1980; Opp 1989; Lindenberg 1990a, 1995; Coleman 1990; Esser 1993) immer wieder betonten Bedeutung von Restriktionen für menschliches Verhalten explizieren.

(4) Intention, ein bestimmtes Verhalten auszuführen

Diese Komponente hat Ähnlichkeit mit dem, was man auch als "Handlungsplan" oder "Handlungsentwurf" bezeichnen könnte. Möchte man jedoch unter diese beiden Begriffe auch Vorstellungen über die subjektiv angemessenen Mittel zur Realisierung bestimmter Handlungsziele subsumieren (vgl. Lantermann 1980, S. 141 ff.; von Cranach et al. 1980, S. 28 f.), so kommt hier eher die erste Komponente der TOPB als Explikat in Frage.

Da die TOPB nicht nur beansprucht, Verhalten mit Hilfe der beiden Prädiktoren Intention und globale Verhaltenskontrolle zu erklären, sondern sich auch den kausalen "Hintergründen" dieser beiden Prädiktoren widmet, indem diese wiederum als *endogene* Variablen betrachtet werden, kann man hier von einem Modell sprechen, das im Gegensatz zu einer "Variablensoziologie" eine *explanative* "Tiefenstruktur" besitzt, die das *Verständnis* von Handlungen eher fördert als die alleinige Orientierung an einer möglichst hohen "erklärten" Varianz in den Kausalmodellen einer atheoretischen "Variablensoziologie", wie wir sie im Abschnitt II.1 kritisiert haben.

2. Die Berücksichtigung von Handlungsmöglichkeiten durch die TOPB

Die TORA ging davon aus, daß eine Handlung um so eher ausgeführt wird, je stärker die entsprechende Handlungsintention ist, und unterstellte damit implizit, daß sowohl subjektive wie objektive Handlungsmöglichkeiten *immer* vorlagen. An der TORA wurde daher kritisiert, daß sie die *Möglichkeiten*, ein intendiertes Verhalten auch tatsächlich ausführen zu können, nicht berücksichtige (vgl. Liska 1974; Sarver 1983). Sarver (1983) forderte sogar, daß die Abwesenheit handlungshemmender Bedingungen empirisch nachgewiesen werden müsse.

Diese Annahme finden wir auch bei dem Wissenschaftstheoretiker Tuomela (1974, S. 177 ff., 1978), der in der Kontroverse um das intentionale Handlungsmodell von von Wright (1974) fordert, daß "Normalbedingungen" vorliegen müßten, damit das Wrightsche Handlungsmodell des praktischen Syllogismus zutrifft. Diese Normalbedingungen implizieren bei Tuomela, daß der Akteur fähig ist, die Handlung auszuführen, eine Gelegenheit zur Ausführung der Handlung vorliegt, der Akteur nicht an deren Ausführung gehindert wird, er seine Intention sowie seine instrumentellen Überzeugungen über Zweck-Mittel-Relationen weder vergessen noch geändert hat, er weder emotional noch physisch gestört ist und den Zeitpunkt der Handlung nicht vergessen hat. Für die empirische Erhebung und Messung dieser Normalbedingungen macht Tuomela jedoch leider keinerlei Vorschläge.

Handlungsintentionen führen also nicht immer und in jedem Fall auch zur tatsächlichen Ausführung der intendierten Handlung und besitzen daher eher den Status von Zielen, Entwürfen oder Plänen, deren faktische Realisierung immer mit Unsicherheiten verbunden ist:

"strictly speaking every intention is a goal whose attainment is subject to some degree of uncertainty" (Ajzen 1985, S. 24)

Die Kritik, die sich auf das Problem der unzureichenden Berücksichtigung von Handlungsmöglichkeiten bezog, wurde von Ajzen berücksichtigt, indem er zusätzlich die *perzipierte globale Verhaltenskontrolle* und deren *Determinanten* in das Modell der TORA einführte (vgl. Ajzen 1985, 1988, 1991). Dieses Konzept einer subjektiven Handlungskompetenz ähnelt stark einer Reihe von Konzepten, die bereits in der Literatur verwendet oder vorgeschlagen wurden. Hier ist die "self-efficacy" in der Theorie von Bandura (1986) zu erwähnen, die Variable "subjektive Verfügbarkeit von Handlungen" in der Wert-Erwartungstheorie von Kraak (1976) und Kraak/Lindenlaub (1973). Starke Ähnlichkeit besitzen auch die Konzepte der "Handlungskontrolle" von Kuhl (1983) und der "Kompetenz" von Dörner et al. (1983).

Die um diese Variablen erweiterte TORA nennt Ajzen "Theory of Planned Behavior" (TOPB). Da die TORA implizit davon ausging, daß Handlungsmöglichkeiten immer vorliegen, stellt sie einen Spezialfall der allgemeineren TOPB dar.

Im Hinblick auf die perzipierte globale Verhaltenskontrolle unterscheidet Ajzen innerhalb der TOPB zwischen *internalen* und *externalen* Faktoren. Zu den *internalen* Faktoren zählen z.B. handlungsrelevante Informationen, intellektuelle, körperliche, verbale oder soziale Fähigkeiten sowie das Erinnern oder Nichtvergessen von Handlungsintentionen. Diese internalen Bedingungen beziehen sich damit auf die *subjektiven* Handlungsmöglichkeiten einer Person.

So hängt die Verwirklichung der Handlungsintention, Altglas in einen öffentlichen Container zu tun, davon ab, ob man *weiß*, ob und wo ein derartiger Container in der näheren Umgebung steht, ob dieser bereits überfüllt ist, bzw. wann dieser entleert wird.

Analog hierzu hängt die faktische Realisierung der Handlungsintention, ein öffentliches Nahverkehrsmittel wie den Bus für den Weg zur Arbeit zu nehmen, davon ab, ob man *weiß*, mit welcher Linie man fahren muß, wo die Haltestelle liegt, wann die Busse fahren und wo man aussteigen muß.

Zu den *externalen* Faktoren zählen dagegen "objektive" Umweltereignisse oder Situationen, die die Ausführung einer Handlung erleichtern oder erschweren. Dies sind spezifische Gelegenheiten, die Abhängigkeit von der Kooperation Dritter oder unvorhergesehene Ereignisse wie z.B. Unfälle oder Krankheiten.

So hängt die Verwirklichung der Handlungsabsicht, sein Altglas in einen öffentlichen Container zu tun, davon ab, ob es überhaupt einen derartigen *Container* in der Umgebung *gibt*.

Entsprechend hängt die faktische Realisierung der Verhaltensintention, ein öffentliches Nahverkehrsmittel wie den Bus für den Weg zur Arbeit zu nehmen, davon ab, ob überhaupt eine *Buslinie* in diesem Gebiet *existiert*.

3. Der Einfluß modellexterner Variablen auf Intention und Verhalten

Modellexterne Variablen wie demographische Variablen (Alter, Geschlecht, Bildung, soziale Schicht, Beruf, Religion), *Persönlichkeitsmerkmale* (Intro- und Extraversion, Autoritarismus, Dogmatismus, Konservatismus) oder *allgemeine Einstellungsmaße*, die nicht das gleiche Spezifitätsniveau wie das Verhalten besitzen, üben gemäß der TORA und TOPB nur einen *indirekten* Effekt auf Intentionen und Verhalten aus (vgl. Ajzen/Fishbein 1980, S. 82 ff.).

Die TOPB postuliert also *nicht*, daß eine Person in bestimmter Weise handelt, *weil* sie eine Frau ist, ein Alter von 60 Jahren hat und aus der Unterschicht stammt (eine typische Argumentation der "Variablen-Soziologie"!), sondern *weil* sie mit diesem Verhalten bestimmte positiv bewertete Konsequenzen verbindet, *weil* sie meint, daß ihre Bezugsgruppe dies Verhalten von ihr erwartet und *weil* sie entsprechende Handlungsmöglichkeiten wahrnimmt. Dies schließt jedoch nicht aus, daß eine Person ganz *bestimmte* Handlungsfolgen erwartet, *spezifische* Umwelterwartungen perzipiert oder glaubt, über *bestimmte* Handlungsmöglichkeiten zu verfügen, *weil* sie eine Frau ist, ein bestimmtes Alter besitzt oder aus einer bestimmten Schicht stammt (vgl. zu diesem Beispiel Schiefele 1990, S. 56).

Die TOPB postuliert nun, daß modellexterne Variablen, wenn überhaupt, lediglich die *exogenen* Variablen der TOPB beeinflussen. Werden modellexterne Variablen als zusätzliche Prädiktoren verwendet, so ist der Zuwachs an erklärter Varianz und damit die Erklärungskraft dieser modellexternen Variablen minimal bzw. nicht-signifikant, oder die Berücksichtigung derartiger Variablen führt zu überhaupt keiner Zunahme an Erklärungskraft des Modells (vgl. Schlegel et al. 1977; Bowman/Fishbein 1978; Ajzen/Fishbein 1980, S. 184 ff.).

Allerdings liegen auch Studien vor, in denen modellexterne Variablen wie frühere Erfahrungen mit dem zu erklärenden Verhalten oder das Lebensalter durchaus einen direkten Einfluß auf Intentionen oder Verhalten ausüben (vgl. Kantola et al. 1982; Fredricks/Dossett 1983; Manstead et al. 1983).

4. Die Einflußgewichte der Prädiktoren der TOPB

Die Anwendung der TORA und TOPB in verschiedenen Situationen, bei verschiedenen Verhaltensweisen und verschiedenen Personen und Stichproben kann nun dazu führen, daß die Koeffizienten der Prädiktoren *unterschiedliche* Werte annehmen (vgl. Fishbein/Ajzen 1975, S. 303; Fishbein/Ajzen 1976, S. 582; Songer-Nocks 1976, 1976a; Lantermann 1980, S. 102 ff.).

Bei einem Vergleich der Ergebnisse unserer Untersuchung mit den Resultaten einer Studie zur Verkehrsmittelwahl, in der die TOPB ebenfalls überprüft wurde, zeigte sich jedoch, daß die Beta-Koeffizienten oder zumindest deren Rangfolge im Hinblick auf ihre Größe *sehr ähnlich* waren oder sogar *übereinstimmten* (vgl. Bamberg/Lüdemann 1996). Diese Übereinstimmungen haben vermutlich auch damit zu tun, daß es sich in beiden Studien um stark *repetitives* Verhalten (Entsorgung von Altglas, Verkehrsmittelwahl) handelte.

5. Kritik und Probleme der TORA und der TOPB

5.1 Zur Messung der Handlungsintention

An der Messung der Handlungsintention wurde kritisiert, daß hierfür häufig verschiedene Instrumente verwendet würden, die *Unterschiedliches* messen. So werde die Stärke der Intention zum einen oft mit Hilfe einer *Intensitätsskala* erhoben, die mißt, in welchem Ausmaß Personen die Ausführung einer bestimmten Handlung beabsichtigen. Zum anderen werde zur Messung der Intention häufig die *subjektive Wahrscheinlichkeit* erhoben, mit der eine Person erwartet, daß sie eine bestimmte Handlung auch tatsächlich ausführt (vgl. Sheppard et al. 1988, S. 327 ff.).

Daß diese beiden Instrumente unterschiedliches messen können, läßt sich am Beispiel einer Person demonstrieren, die gerne mit dem Rauchen aufhören möchte, also eine *starke* diesbezügliche Intention hat, aber die subjektive Wahrscheinlichkeit, mit der sie erwartet, daß ihr dies auch tatsächlich gelingt, für *gering* hält. Diese Diskrepanz läßt sich jedoch dadurch erklären, daß in die subjektive Wahrscheinlichkeitsschätzung des "Handlungserfolgs" implizit Überlegungen eingehen, die sich auf Handlungsbarrieren beziehen, und daher besser *separat* durch jene Variablen gemessen werden sollten, die sich innerhalb der TOPB auf derartige Handlungsmöglichkeiten beziehen.

Da wir beabsichtigen, die TOPB (und nicht die TORA) zu testen, und die TOPB die perzipierten Handlungsmöglichkeiten explizit berücksichtigt, gehen wir davon aus, daß die Kritik (die sich auf die TORA bezog) damit gegenstandslos geworden ist. Daher haben wir uns für die Messung der Intention mit Hilfe einer Wahrscheinlichkeitsskala entschieden.

5.2 Zur Unabhängigkeit von Erwartung und Nutzen einerseits sowie Umwelterwartung und Konformitätsmotivation andererseits

Weiter wurde bezweifelt, ob sich die Erwartung von Verhaltenskonsequenzen einerseits und die Umwelterwartungen andererseits überhaupt auf *verschiedene* Sachverhalte beziehen und Unterschiedliches messen (vgl. Miniard/Cohen 1979, 1981). So kann eine erwartete *Verhaltenskonsequenz* darin bestehen, daß eine Bezugsperson sich erfreut darüber äußert, daß der Akteur eine bestimmte Handlung ausführt. Zum anderen kann sich die *Umwelterwartung*, die dieser Akteur perzipiert, darin manifestieren, daß diese Bezugsperson vom Akteur erwartet, daß er diese Handlung ausführt und die entsprechende *Konformitätsmotivation* kann relativ hoch sein, da der Akteur im Falle der Nichterfüllung dieser Umwelterwartung mit sozialen Sanktionen dieser Bezugsperson rechnet.

Werden jedoch durch verschiedene Variablen *identische* Sachverhalte berücksichtigt, dann sind diese Variablen *nicht* mehr als konzeptionell und empirisch voneinander *unabhängig* zu betrachten.

An einem konkreten Beispiel läßt sich das Problem verdeutlichen (vgl. hierzu Miniard/Cohen 1981, S. 315). Nehmen wir an, die folgenden Sachverhalte werden durch die Variablen *Erwartung* und *Nutzen* erfaßt:

> Erwartung: "Wenn ich zur Wahl gehe, dann halte ich es für sehr wahrscheinlich, daß sich mein Freund darüber freut"

> Nutzen: "Wenn sich mein Freund freut, ist mir das sehr angenehm"

Der Nutzen, der dadurch entsteht, daß es mir sehr angenehm ist, meinen Freund durch mein Verhalten zu erfreuen, wird jedoch *gleichzeitig* durch die Konformitätsmotivation berücksichtigt, da dieser Nutzen zugleich die Grundlage der Konformitätsmotivation darstellt, genau das zu tun, was mein Freund von mir erwartet. Dieser Nutzen wird also *zugleich* durch die

Umwelterwartung und die Konformitätsmotivation erfaßt. Die entsprechende *Umwelterwartung* würde lauten:

Umwelterwartung: "Mein Freund erwartet von mir, zur Wahl zu gehen"

Die entsprechende *Konformitätsmotivation* würde lauten:

Konformitätsmotivation: "Im allgemeinen tue ich das, was mein Freund von mir erwartet"

Bei einem derartigen Vorgehen kommt es nach Auffassung von Miniard und Cohen zu einer "Doppelzählung" ("double counting") und damit zu einem Meßfehler aufgrund *konfundierter Messungen*. Daher können bei der Schätzung der entsprechenden Modellparameter für diese Variablen auch (Multi)kollinearitätsprobleme aufgrund der erwartbaren hohen Korrelation zwischen ihnen auftreten (vgl. hierzu Miniard/Cohen 1979, 1981).

Ein *statistisches* Argument für den Verzicht auf die Variablen Umwelterwartung und Konformitätsmotivation innerhalb der TORA oder TOPB wäre also die Vermeidung von (Multi)-kollinearitätsproblemen. Dagegen bestünde ein *methodologisches* Argument zugunsten eines Verzichts darin zu erwägen, ob man nicht, dem Ökonomie- und Einfachheitsprinzip[29] folgend, Umwelterwartungen und Konformitätsmotivationen aus der TORA oder der TOPB eliminiert, da sich jene Sachverhalte, die durch diese beiden Variablen gemessen werden sollen, bereits durch die Erwartung und den Nutzen von Handlungsfolgen erheben lassen.

Angenehme oder unangenehme Reaktionen der subjektiv relevanten sozialen Umwelt im Falle der Ausführung oder Nichtausführung eines bestimmten Verhaltens stellen nämlich einen *Spezial-* oder *Sonderfall* von Handlungsfolgen dar und lassen sich demgemäß bereits mit Hilfe der Variablen *Erwartung* und *Nutzen* erheben (vgl. hierzu Miniard/Cohen 1979, S. 104; 1981, S. 317, 332, 334).[30]

In diese Richtung bewegen sich auch die Itemformulierungen neuerer Studien (vgl. Schifter/Ajzen 1985; Netemeyer et al. 1991; Ajzen 1991), in denen die Umwelterwartung durch folgende Items erhoben wurde:

(1) "Die meisten Menschen, die mir wichtig sind, würden es unterstützen, wenn ich X tue"

---

29 Zu dieser ökonomischen Maxime der Modellbildung, die dem Einfachheitsprinzip von Ockhams berühmtem 'razor' entspricht, vgl. Lindenberg 1991, S. 49; Esser 1993, S. 140.

30 Einen Spezialfall dürfte auch die Konformitätsmotivation darstellen, nämlich den Spezialfall einer Handlungsintention, deren Intensität von der subjektiven Wahrscheinlichkeit und dem Nutzen von Handlungskonsequenzen abhängt.

(2) "Die meisten Menschen, die mir wichtig sind, würden es mißbilligen, wenn ich X tue"

(3) "Die meisten Menschen, die mir wichtig sind, fänden es gut, wenn ich X tue"

(4) "Die meisten Menschen, die mir wichtig sind, fänden es schlecht, wenn ich X tue"

Diese Formulierungen machen deutlich, daß die Operationalisierung von Umwelterwartungen hier stärker auf angenehme oder unangenehme Handlungsfolgen Bezug nimmt, die im Falle der Ausführung oder Nichtausführung eines Verhaltens auftreten können und damit nur einen *Spezialfall* von Handlungsfolgen darstellen. Obwohl diese Handlungsfolgen mit Hilfe der Variablen Erwartung und Nutzen erhoben werden könnten, haben wir uns für eine separate Messung von Umwelterwartungen und Konformitätsmotivationen entschieden, die sich an den Itemformulierungen (3) und (4) orientierte. Um eine "Doppelzählung" zu vermeiden, haben wir darauf geachtet, daß sich die Handlungfolgen nicht auf Reaktionen von Bezugspersonen beziehen.

5.3 Die Messung von Umwelterwartung und Konformitätsmotivation

Weiter wurde Kritik an der Verwendung *globaler* Messinstrumente zur Erhebung der Umwelterwartungen und der Konformitätsmotivation geübt (vgl. Miniard/Cohen 1979, 1981). Die kritisierten Items zur *globalen* Messung dieser beiden Variablen lauten:

Umwelterwartung: "Die *meisten* Menschen, die mir wichtig sind, erwarten von mir, daß ich X tue"

Konformitätsmotivation: "Im *allgemeinen* tue ich das, was die meisten Menschen, die mir wichtig sind, von mir erwarten"

Da diese globalen Maße für zu grob und unspezifisch gehalten wurden, wurde erstens vorgeschlagen, für *verschiedene* Bezugspersonen oder Bezugsgruppen jeweils separat zu erheben, welche Verhaltenserwartungen sie an eine Person richten und inwieweit eine Person bereit ist, die Erwartungen dieser jeweiligen Personen oder Gruppen zu erfüllen. Die Items zur Erhebung der Umwelterwartungen sollten sich also auf *verschiedene* Bezugsgruppen (oder Personen) $B_1...B_n$ beziehen und folgendermaßen formuliert werden:

"Die Bezugsgruppe/Bezugsperson B_1 erwartet von mir, daß ich X tue"

"Die Bezugsgruppe/Bezugsperson B_2 erwartet von mir, daß ich X tue"

"Die Bezugsgruppe/Bezugsperson B_n erwartet von mir, daß ich X tue"

Zweitens sollten sich die Items auf die *spezifische Handlungs-* oder *Entscheidungssituation* beziehen. So kann die Messung der Konformitätsmotivation auf unterschiedlich spezifischem Niveau stattfinden (vgl. Miniard/Cohen 1979, S. 106; 1981, S. 322):

> *allgemeines* Niveau: "Im allgemeinen tue ich das, was die Bezugsgruppe bzw. Bezugsperson B$_i$ von mir erwartet"

> *mittleres* Niveau: "Wenn es um Umweltverhalten geht, tue ich das, was die Bezugsgruppe bzw. Bezugsperson B$_i$ von mir erwartet"

> *spezifisches* Niveau: "Wenn es um die Entsorgung von Altglas geht, tue ich das, was die Bezugsgruppe bzw. Bezugsperson B$_i$ von mir erwartet"

Ajzen und Fishbein halten jedoch nur die *allgemeine* Formulierung für sinnvoll (vgl. Ajzen/Fishbein 1980, S. 263; Fishbein/Ajzen 1981, S. 345, 347), da sie annehmen, daß die *generelle* Motivation, die Erwartungen einer spezifischen Bezugsgruppe zu erfüllen, *unabhängig* vom jeweils spezifischen Verhalten ist (Fishbein/Ajzen 1981, S. 345) und daher auf einem allgemeinen Niveau formuliert werden kann.

Weiter würde die Messung auf *spezifischem* Niveau nichts anderes als ein indirektes und zusätzliches Maß für die Verhaltensintention darstellen, da die derartig gemessene Konformitätsmotivation mit der Intention positiv hoch korreliert.[31] Auch aus diesem Grund sei eine Messung auf *spezifischem* Niveau nicht als sinnvoll zu betrachten.

Dagegen halten Miniard und Cohen die Formulierungen auf *mittlerem* und *spezifischem* Niveau für angemessener (vgl. Miniard/Cohen 1981, S. 330 f.), da die Konformitätsmotivation vom jeweiligen Verhalten *abhängig* sei. Empirisch wird dieses Argument dadurch gestützt, daß die Messung auf allgemeinem Niveau zu keinem signifikanten Beta-Gewicht für die Produktsumme aus Umwelterwartungen und Konformitätsmotivationen führte (vgl. Miniard/Cohen 1981, S. 325).

Da wir, wie Miniard und Cohen, der Auffassung sind, daß die Konformitätsmotivation vom jeweiligen Verhalten abhängig ist, haben wir uns für eine Messung der Konformitätsmotivation auf *spezifischem* Niveau entschieden.

---

31 Diese Annahme wurde jedoch durch unsere Daten eindeutig widerlegt, da die beiden (im Hinblick auf zwei verschiedene Bezugspersonen) erhobenen Konformitätsmotivationen einerseits positiv (.46 und .49) mit der Intention korrelierten, das Altglas das nächste Mal in den Container zu werfen, und andererseits negativ (-.37 und -.47) mit der Intention korrelierten, das Altglas das nächste Mal in den Hausmüll zu werfen.

52

5.4 Probleme des erforderlichen Skalenniveaus

Die empirische Überprüfung von RC-Modellen setzt angemessene Meßinstrumente (in der Regel Rating-Skalen[32]) zur Erhebung der Modellvariablen voraus. Gerade die durch RC-Modelle postulierte *multiplikative* Verknüpfung von Variablenwerten, wie sie in Produktsummen[33] auftritt, erfordert jedoch strenggenommen *Ratioskalenniveau* (Orth 1985; Dohmen 1985), ein Meßniveau, das Variablen *theoretischer* Modelle innerhalb der Soziologie üblicherweise jedoch nicht erreichen.[34]

Seit einigen Jahren existiert nun eine Kontroverse über das erforderliche Skalenniveau von Variablen in RC-Modellen.[35] Dabei wird zwischen *meßtheoretischer* (psychometrischer) Validität verwendeter Skalen einerseits und der *praktischen* prognostischen oder explanativen Güte solcher multiplikativen Modelle andererseits unterschieden.

Im Rahmen dieser Kontroverse hat Orth (1985a, 1988) eine Modifikation solcher Produktsummenmodelle vorgeschlagen, die "nur" noch *Intervallskalenniveau* voraussetzt, wobei wir diese "liberalisierte" Bedingung immer noch für nur schwer erfüllbar für theoretische Variablen innerhalb der Sozialwissenschaften halten. Die Modifikation von Orth beruht auf einer additiven Erweiterung des ursprünglichen Produktsummenmodells um zwei Konstanten, die regressionsanalytisch geschätzt werden und die zu einer "optimalen", d.h. meßtheoretisch befriedigenden Reskalierung der Rohwerte der Variablen führen sollen. Dabei wird das ursprüngliche Produktsummenmodell

Einstellung $= \sum ($ Erwartung $K_i \times$ Nutzen $K_i)$

---

32 Zur Möglichkeit, RC-Theorien auch auf der Grundlage unstrukturierten verbalen Datenmaterials zu überprüfen vgl. Gallhofer/Saris 1979, 1979a; Lüdemann 1986, S. 114 ff.; Kelle/Lüdemann 1994, 1995; Friedrichs/Opp 1994; Friedrichs et al. 1994; Anthony et al. 1994.

33 Auch wenn man keine Produktsummen bildet, sondern nur einzelne Produkte aus der subjektiven Wahrscheinlichkeit und dem Nutzen für eine bestimmte Handlungsfolge als separate Prädiktoren verwendet, bleibt das Problem der theorieinadäquaten Vorgehensweise bestehen; vgl zu dieser theorieinadäquaten Vorgehensweise etwa Opp et al. 1984, S. 158 ff.; Krämer/Hoffmann 1990; Bamberg/Schmidt 1994.

34 Wir schließen hier also theoretisch "uninteressante" ratioskalierte Variablen wie Alter, die Zahl von Kindern, Haushaltsmitgliedern oder Schuljahren, Zeit, absolute Häufigkeiten (wie die eines Berufs- oder Wohnortwechsels) oder das Einkommen aus. Die Frage, ob sich diese Variablen als Indikatoren oder Proxy-Variablen für theoretisch interessante und erklärungskräftige Konstrukte verwenden lassen, wollen wir hier jedoch nicht weiter verfolgen; vgl. hierzu Esser 1987. Wir wollen weiter Verfahren der Magnitude-Skalierung zur Konstruktion von Ratio-Skalen hier außer acht lassen; vgl. zu diesem Skalierungsverfahren Wegener 1978, 1980; Lodge 1981. Zur Anwendung der Magnitude-Skalierung für einen Test der TORA vgl. van den Putte 1993, Kap. 5.

35 Vgl. Schmidt 1973; Schmidt/Wilson 1975; Laroche 1978; Arnold/Evans 1979; Westermann 1982; Orth 1985, 1985a, 1986, 1987, 1987a, 1988; Krampen/Wünsche 1985; Dohmen 1985; Dohmen et al. 1986; Krampen 1986; Ajzen 1991; Doll et al. 1991; Doll/Orth 1993.

um zwei optimale Reskalierungskonstanten Q und P erweitert, so daß das reformulierte Modell dann lautet:

Einstellung = $\sum$ (Erwartung K_i + P) × (Nutzen K_i + Q)

Um diese Konstanten P und Q zu schätzen (vgl. hierzu Holbrook 1977; Orth 1985; Dohmen 1985; Doll et al. 1991; Ajzen 1991), wird eine Regression mit den folgenden drei Prädiktoren (1) bis (3) und der Einstellung als Kriterium formuliert (die unstandardisierten Regressionskoeffizienten b_1, b_2 und b_3 der Prädiktoren stehen in Klammern hinter den Prädiktor-Variablen):

(1) $\sum$ (Erwartung K_i × Nutzen K_i)   (b_1)

(2) $\sum$ Erwartung K_i (b_2)

(3) $\sum$ Nutzen K_i (b_3)

Die unstandardisierten Regressionskoeffizienten b_1, b_2 und b_3 bilden die Grundlage zur Berechnung der optimalen Reskalierungskonstanten Q und P, die als Quotienten aus jeweils zwei Regressionskoeffizienten gebildet werden: $Q = b_2/b_1$; $P = b_3/b_1$.

Das Problem bei dieser Modifikation besteht unseres Erachtens jedoch darin, daß diese Konstanten zu neuen Meßwertsummen führen, die inhaltlich, d.h. theoretisch *nicht mehr interpretierbar* sind. Mit Kühnel (1993, S. 86 f.) sind wir daher der Auffassung, daß *Meßprobleme* nicht zu einer Reformulierung *theoretischer* Aussagen führen sollten. Aus diesem Grund haben wir auf eine optimale Reskalierung unserer Rohwerte bei der empirischen Überprüfung der TOPB verzichtet.

Kühnel weist in diesem Zusammenhang auf die Möglichkeit hin, im Rahmen von Strukturgleichungsmodellen mit latenten und beobachteten Variablen (vgl. z.B. Bollen 1989) durch die Trennung von theoretischen Konstrukten mit Ratioskalenniveau und Indikatorvariablen, die "nur" Intervallskalenniveau (oder gar nur ordinales Niveau) besitzen, dieses Meßproblem zu lösen. Diese Möglichkeit setzt jedoch eine Prämisse voraus, die aus erhebungspraktischen Gründen nur selten in RC-Modellen erfüllt wird, nämlich die Verwendung multipler Indikatoren.

Die Verwendung multipler Indikatoren treibt die Zahl der zu messenden Variablen selbst in einfachen RC-Modellen wie der SEU-Theorie jedoch rasch und für die Befragten unzumutbar in die Höhe. Bei nur drei Handlungsalternativen mit jeweils 10 Handlungsfolgen ergeben sich bei zwei Indikatoren pro Konstrukt (i.e. subjektive Wahrscheinlichkeit, Nutzen der Folge) bereits 120 (!) zu messende Variablen. Dieser Sachverhalt dürfte auch dafür verantwortlich sein, daß Studien, in denen die TORA oder die TOPB unter Verwendung multipler Indikatoren und von Strukturgleichungsmodellen überprüft wurde, oft auf die Erhebung der subjektiven Wahrscheinlichkeit sowie des Nutzen von Folgen verzichten und damit ein unvollständiges Modell

testen (vgl. zu dieser theorieinadäquaten Praxis Bentler/Speckart 1979, 1981; Ba-
gozzi/Burnkrant 1985; Netemeyer et al. 1991).

Ein weiteres Argument gegen die Verwendung von Strukturgleichungsmodellen mit latenten
und beobachteten Variablen für den Test von RC-Modellen mit theoretisch und damit *inhaltlich* zu interpretierenden Produktsummen formulieren Bagozzi und Warshaw (1990):[36]

> "Because of the presence of product terms for beliefs times evaluations...in the
> models, it is not appropriate to perform causal modeling of the central hypotheses
> by use of such procedures as LISREL or EQS." (Bagozzi/Warshaw 1990, S. 135)

5.5 Arten von Handlungskonsequenzen

Da sich die Prädiktoren nahezu aller RC-Theorien auf die subjektive Wahrscheinlichkeit und
die Bewertung von Handlungskonsequenzen beziehen, wollen wir kurz auf verschiedene *Arten* oder *Merkmale* von Handlungsfolgen eingehen.

Als Spezialfall von Handlungfolgen können *intrinsische* Belohnungen oder Bestrafungen aufgefaßt werden, die dann auftreten, wenn die *bloße Ausführung* eines bestimmten Verhaltens
an sich angenehme oder unangenehme Gefühle beim Akteur auslöst, unabhängig davon, welche *sonstigen* positiven oder negativen Handlungsfolgen auftreten.

Max Weber differenziert bekanntlich zwischen zweckrationalem, wertrationalem, affektuel-
lem und traditionalem sozialem Handeln, wobei *wertrationales* Handeln mit dem

> "Glauben an den...unbedingten Eigenwert eines bestimmten Sichverhaltens rein
> als solchen und unabhängig vom Erfolg" verknüpft ist (Weber 1972, S. 12)

Diese Formulierung legt es nahe anzunehmen, daß Weber hier intrinsische Anreize eines Verhaltens meint. Nach Weber handelt eine Person nämlich wertrational, wenn sie

> "ohne Rücksicht auf die vorauszusehenden Folgen handelt" (Weber 1972, S. 12)[37]

Soziologen sprechen in diesem Zusammenhang auch von *internalisierten Normen*, die zu eigenständigen Handlungsmotiven werden und die eine Person dazu motivieren, eine bestimmte
Norm zu verwirklichen. Personen, die bestimmte Normen internalisiert haben, präferieren also

---

36   Zur Kontroverse über den wissenschaftstheoretisch-methodologischen Status von Strukturgleichungsmodellen vgl. Hoppe 1981; Falter/Lohmöller 1982; Hoppe 1982. Einen guten Überblick über zentrale Probleme des Strukturgleichungsansatzes gibt Doll 1987, S. 208 ff.

37   Zur Berücksichtigung intrinsisch wertvoller Handlungen im Rahmen des RC-Paradigmas vgl. auch Nida-
Rümelin 1993, S. 48 ff.; zur intrinsischen Motivation von Verhalten vgl. Deci/Ryan 1985.

normkonformes Verhalten. Dementsprechend ist die Befolgung derartiger Normen mit einem Nutzen, die Nicht-Befolgung mit Kosten in Form *interner negativer Sanktionen* verbunden (vgl. Lindenberg 1983; Opp 1989, S. 118 ff.; Marini 1992, S. 36 ff.; Esser 1994, S. 27 ff.). Umgangssprachlich tauchen intrinsische Verhaltenskonsequenzen als "schlechtes" Gewissen", als "Gewissensbisse" oder aber als "gutes" oder "befriedigendes Gefühl" auf, das wir haben, wenn wir bestimmte Handlungen unterlassen oder ausführen.

Neuere Versuche, im Rahmen der Entwicklung der TOPB, *Bewertungen* ("evaluations") der Handlungsfolgen von *Gefühlen*[38] oder Emotionen ("affects"), die mit Handlungen verbunden sind, konzeptionell und erhebungstechnisch zu trennen (vgl. Ajzen 1991; Ajzen/Driver 1991; Doll et al. 1991a; Doll/Mentz 1992; Doll 1993), laufen jedoch meines Erachtens auf eine artifizielle, da *theoretisch unbegründete*, Separierung und Vermehrung erklärender Variablen hinaus, die lediglich der Maximierung erklärter Varianz dient und insofern als induktives "Theoriefitting" kritisiert werden muß.[39] Darüberhinaus widerspricht eine derartige Separierung dem Ökonomie- oder Einfachheitsprinzip, das gerade die Minimierung der Zahl von Prädiktoren in einem theoretischen Modell postuliert.

Collins (1993a) hat kürzlich vorgeschlagen, *"emotional energy"* als einziges und damit *universelles* Nutzenargument[40] zu verwenden, in dessen Metrik alle anderen Nutzenargumente überführt werden könnten. Da er jedoch keine Funktion oder Zuordnungsregel angibt, mit deren Hilfe eine solche "Übersetzung" vollzogen werden könnte, leidet dieser Vorschlag an den gleichen Problemen, wie sie mit dem Postulat einer vollständigen Monetarisierbarkeit von Nutzenargumenten ("Wie viele Geldeinheiten ist mir eine Zeitersparnis von X Minuten wert?") in der neoklassischen Ökonomie verbunden sind.

In vielen Fällen umweltrelevanten Verhaltens treten nun nicht nur *individuelle* Handlungsfolgen für den Akteur selbst auf, sondern sein Verhalten hat oft auch *externe* Effekte ("Externalitäten"), in Form von Konsequenzen für andere Personen. Zu Problemen führt derartiges Verhalten dann, wenn die *individuellen* Handlungsfolgen vom Akteur positiv bewertet werden, dies Verhalten jedoch zu unbeabsichtigten und unerwünschten *kollektiven* Folgen

---

38 Zur Diskussion um Emotionen und die Möglichkeiten ihrer Erfassung im RC-Ansatz vgl. die Beiträge des Themenheftes "Emotions and Rational Choice" der Zeitschrift "Rationality and Society" (Vol. 5, No. 2, 1993); zur Idee, daß Emotionen durchaus unseren Interessen dienen können, vgl. die Arbeit von Frank 1992.

39 Besonders problematisch erscheint mir eine solche Separierung, wenn die gleichen Items sowohl zur Messung von Bewertungen als auch auch zur Messung der Gefühle verwendet werden wie bei Ajzen/Driver 1991, S. 198.

40 Hier ergeben sich Parallelen zur Heuristik sozialer Produktionsfunktionen von Lindenberg (1984, 1989, 1990), die ebenfalls universelle Präferenzen unterstellt; zur Kritik dieses Ansatzes vgl. Abschnitt VII.3.2 sowie Kelle/Lüdemann 1995, 1996; Opp/Friedrichs 1996.

56

(Umweltverschmutzung, Verkehrsstau, Müllberg) führt. Bei diesen *kollektiven* Folgen handelt es sich oft um *kollektive Güter* bzw. kollektive "Übel".[41]

Eine weitere Streitfrage bezieht sich darauf, ob neben der subjektiven Wahrscheinlichkeit und dem Nutzen der Handlungsfolge nicht auch die subjektive *Wichtigkeit* einer Konsequenz von Bedeutung ist.

So wird in einigen Studien *statt* des Nutzen die subjektive Wichtigkeit von Handlungsfolgen erhoben (Manstead et al. 1983; Bardeleben et al. 1989; Bamberg/Schmidt 1993, 1994). Die diesem Vorgehen zugrundeliegende implizite Meßtheorie lautet also: Je wichtiger eine Folge ist, desto positiver wird diese Folge bewertet. Eine solche Meßtheorie ist jedoch nicht unproblematisch, da wichtige Folgen *sowohl* angenehm *als auch* unangenehm sein können und daher die Wichtigkeit nicht immer ein valider Indikator für das Ausmaß des Nutzen sein muß (vgl. hierzu Ajzen/Fishbein 1980, S. 68).

Oft dürften jedoch *sehr* angenehme sowie *sehr* unangenehme Handlungskonsequenzen auch als sehr wichtig perzipiert werden, ebenso wie Folgen, die mit einer *sehr hohen* subjektiven Wahrscheinlichkeit erwartet werden (vgl. Fishbein/Ajzen 1975, S. 221; Ajzen/Fishbein 1980, S. 67 f.). Fishbein und Ajzen halten daher eine zusätzliche Erhebung der Wichtigkeit von Folgen für überflüssig, da *fokale* Handlungsfolgen auch immer wichtig seien (Ajzen/Fishbein 1980, S. 68).[42]

Ein weiteres Problem ergibt sich, wenn man davon ausgeht, daß Handlungsfolgen mit *verschiedener zeitlicher Verzögerung*, d.h. kurz- oder langfristig auftreten können (zur Zeitverzögerung von Handlungsfolgen vgl. Westhoff 1985, S. 27 ff.; Eisenführ/Weber 1994, Kap. 12).

So treten z.B. die Kosten für die private Nutzung eines PKWs (Benzin, Öl, Wartung, Reparaturen, Steuer, Versicherung) nur in größeren Abständen und damit *zeitverzögert* zur jeweiligen Nutzung auf. Im Gegensatz hierzu treten jedoch Kosten für die Nutzung des öffentlichen Personennahverkehrs (ÖPNV), bis auf Monats- oder Jahreskarten, *sofort* auf, d.h. zu genau jenem Zeitpunkt, zu dem ein öffentliches Verkehrsmittel auch genutzt wird.

---

41 Die Bereitstellung und Nutzung kollektiver Güter in großen Gruppen und Gesellschaften ist oft mit dem Free-Rider-Problem verbunden, das darin besteht, daß Personen, die sich durch ihr Verhalten nicht an den Kosten der Bereitstellung eines kollektiven Gutes beteiligt haben, das Gut trotzdem konsumieren können und dies faktisch auch häufig tun. Zum Free-Rider-Problem vgl. die Theorie kollektiven Handelns von Olson 1968. Für einen ausgezeichneten Überblick über Arbeiten, die in der Folge von Olsons "Logic of Collective Action" entstanden sind und zu den Problemen dieser Theorie vgl. Udéhn 1993; vgl. zu dieser Theorie auch Marwell/Oliver 1993, Kap. 1 sowie Sandler 1992.

42 Die zusätzliche Berücksichtigung der Wichtigkeit von Folgen kann sogar zur Verminderung der Erklärungskraft des Modells führen; vgl. Cohen et al. 1972; Ajzen/Fishbein 1980, S. 155.

Konsequenzen können natürlich nicht nur zum Zeitpunkt ihres Auftretens, sondern auch in der Vergangenheit und Zukunft einen subjektiven Wert besitzen. So kann, wie wir alle wissen, eine in der Zukunft liegende Folge bereits heute Angst oder Vorfreude auslösen. Andererseits kann eine bereits aufgetretene Konsequenz auch in die Zukunft wirken, indem sie gewissermaßen zu "Nachleid" oder "Nachfreude" führt (vgl. hierzu Elster/Loewenstein 1992, S. 213 ff.).

Positiv bewertete Handlungsfolgen einer PKW-Nutzung wie Privatheit, Bequemlichkeit oder Flexibilität treten wiederum *sofort* auf, während kollektive positive Konsequenzen der Nutzung des ÖPNV wie eine geringere Belastung der Luft oder eine Schonung natürlicher Ressourcen *zeitverzögert* auftreten und unter anderem auch deshalb nur schwer einem individuellen Verhalten *kausal zuzuordnen* sind (vgl. hierzu Geller et al. 1982, S. 220 f.). Bei der subjektiven Repräsentation von Handlungsfolgen dürften deren Zeitverzögerung und deren kausale Zuordnung also eine erhebliche Rolle spielen.[43]

Die Hauptursache vieler Umweltprobleme kann nun darin gesehen werden, daß Akteure bei ihren individuellen Entscheidungen *kurzfristige individuelle* Kosten und Nutzen gegenüber *langfristigen kollektiven* Kosten und Nutzen überbewerten, d.h. Meta-Präferenzen für das Auftreten kurzfristiger und individueller Folgen besitzen.

Schließlich muß in diesem Zusammenhang das Problem der empirischen Erfassung und Messung *unbewußter*, aber gleichwohl wirksamer Handlungsfolgen erwähnt werden, die jedoch kaum den Regelfall von Entscheidungen darstellen dürften, für die sich Soziologen interessieren.[44]

6. Die Ermittlung handlungsrelevanter Konsequenzen durch eine explorative Vorstudie

Aufgrund von Forschungsergebnissen, die sich auf die beschränkte kognitive Kapazität beziehen, verschiedene Informationen gleichzeitig zu verarbeiten, gehen Fishbein und Ajzen davon aus, daß fünf bis neun[45] verschiedene Handlungskonsequenzen *individuell bedeutsam* und

---

43 Die Bewertung, die subjektive Wahrscheinlichkeit, die Wichtigkeit, die zeitliche Nähe und die Dauer erwarteter Ereignisse bezeichnet Westhoff (1985) auch als Facetten, d.h. als verschiedene Aspekte von Erwartungen; vgl. Westhoff 1985, S. 17 ff.; zur Facettentheorie vgl. Borg 1992.

44 Zur Bedeutung unbewußter Handlungsfolgen vgl. Oeter 1984, S. 67; Bardeleben et al. 1989, S. 122. Daß auch als psychopathologisch eingestufte Handlungen wie Neurosen oder Zwangshandlungen durchaus funktional und deshalb "sinnvoll" sein können, zeigen die z.T. auf Freud zurückgehenden Beispiele bei Oeter 1984, S. 33 f., 77 f., die mit den Freudschen Konzepten des "primären" sowie "sekundären Krankheitsgewinns" arbeiten; vgl. zu diesem Konzept Freud 1969, S. 371 ff.

45 Vgl. Millers bekannten Aufsatz aus dem Jahr 1956 mit dem Titel "The Magical Number Seven, Plus or Minus Two: Some Limits on our Capacity for Processing Information".

damit handlungsrelevant sind. Ajzen und Fishbein (1980, S. 63 f.) sprechen auch von "salienten", Opp (1978, S. 51) von "fokalen" und Kühnel (1993, S. 47.) von "bedeutsamen" Handlungskonsequenzen.

Die Bedeutsamkeit von Handlungsfolgen wird in der strukturalistischen Rekonstruktion der TORA und TOPB durch Kühnel (1993) explizit durch einen *zusätzlichen* multiplikativen Term in der Produktsumme berücksichtigt, so daß die einzelnen Produkt-Terme folgendermaßen lauten:

$$(\text{Erwartung } K_i \times \text{Nutzen } K_i \times \text{Salienz } K_i)$$

Die Salienz einer Folge K_i hat dabei den Wert 1, wenn die Folge bedeutsam ist, und den Wert 0, wenn diese Folge nicht bedeutsam ist. Die rechnerischen Implikationen, die sich damit für nichtbedeutsame Folgen ergeben, liegen auf der Hand, da der gesamte Produkt-Term dann den Wert 0 annimmt (vgl. Kühnel 1993, S. 50, 55 f., 80 ff).

Zur Ermittlung dieser bedeutsamen Folgen lassen sich zwei verschiedene Verfahren anwenden.[46] So kann man zum einen die jeweils erwarteten Konsequenzen mit Hilfe *offener* Fragen direkt in der *Hauptstudie* erheben, indem man nach den subjektiv jeweils *wichtigsten* Konsequenzen der Handlungsalternativen fragt, wenn man unterstellt, daß es sich bei den spontan zuerst genannten Folgen um bedeutsame Konsequenzen handelt (vgl. Fishbein/Ajzen 1975, S. 218 f.; Opp 1984, S. 10). Da die jeweils genannten Konsequenzen von Person zu Person variieren können, werden sie auch als *bedeutsame personenspezifische* oder "idiosynkratische" Folgen bezeichnet (vgl. Thomas/Tuck 1975; Thomas 1976). Für die statistische Auswertung werden dann verschieden formulierte, jedoch semantisch äquivalente, Folgen zusammengefaßt (vgl. Lüdemann 1992).

Zum anderen kann man Personen in einer *explorativen Vorstudie* nach *Vorteilen, Nachteilen* sowie *weiteren Sachverhalten* fragen, die sie subjektiv mit bestimmten Handlungen verbinden (vgl. Ajzen/Fishbein 1980, S. 262; Friedrichs et al. 1993). Eine solche Vorstudie sollte an einer repräsentativen Stichprobe der Population durchgeführt werden, aus der auch die Stichprobe für die spätere Haupterhebung gezogen wird.

Analog wird bei der Ermittlung bedeutsamer *Bezugspersonen* oder *Bezugsgruppen* vorgegangen. So sollte im Pretest zunächst nach Personen gefragt werden, die auf das entsprechende Verhalten positiv reagieren, dann nach Personen, die auf das Verhalten negativ reagieren, und schließlich sollte nach weiteren Personen gefragt werden, die einem in den Sinn kommen, wenn man an die Ausführung eines bestimmten Verhaltens denkt (vgl. Ajzen/Fishbein 1980, S. 262).

---

46 Auch Gruppendiskussionen, Tiefeninterviews oder Inhaltsanalysen eignen sich zur Ermittlung bedeutsamer Handlungsfolgen; vgl. Opp et al. 1984, S. 37 f. Für eine ausführliche Diskussion verschiedener Verfahren der Gewinnung von Brückentheorien im RC-Ansatz vgl. Kelle/Lüdemann 1994, 1995, 1996.

Entsprechend kann im Rahmen eines Pretests danach gefragt werden, welche spezifischen "inneren" und "äußeren" *Umstände* die Ausführung eines Verhaltens *erleichtern* oder *erschweren* (vgl. Ajzen 1988, S. 135). Unsere Studie enthielt demgegenüber eine offene Frage nach jeweils bedeutsamen Bezugspersonen. Die Entscheidungen darüber, welche Handlungserleichterungen und welche Handlungserschwerungen in der Hauptstudie erhoben werden sollten, wurden nach ausführlicher Diskussion in der Lehrveranstaltung getroffen.

Die 10 oder 12 am *häufigsten* in einer derartigen Vorstudie genannten Handlungsfolgen werden auch als *modale* bedeutsame Folgen bezeichnet.[47] Zu unterscheiden ist also zwischen den n zuerst von einer *Person* genannten bedeutsamen ("idiosynkratischen") Konsequenzen und den m am häufigsten in dieser *Stichprobe* genannten modalen bedeutsamen Folgen.

Um eine begrenzte Zahl bedeutsamer Handlungsfolgen für die standardisierten Interviews in der Haupterhebung zu ermitteln, wurde eine *explorative Vorstudie* (N = 36) durchgeführt, in der Studentinnen und Studenten der Soziologie folgende Fragen schriftlich beantworten sollten:

1. Was glauben Sie, an welche *Vorteile* Leute denken, wenn sie ihr Altglas in den eigenen *Hausmüll* werfen?

2. Was glauben Sie, welche *Nachteile* Leute damit verbinden, ihr Altglas in den *Hausmüll* zu tun?

3. Was glauben Sie, an welche *Vorteile* Leute denken, wenn sie ihr Altglas in einen öffentlichen *Container* werfen?

4. Was glauben Sie, welche *Nachteile* Leute damit verbinden, ihr Altglas in einen öffentlichen *Container* zu tun?

Die Fragen waren bewußt *projektiv* formuliert ("Leute"), da in der Hauptstudie nicht nur Studenten und Studentinnen befragt werden sollten. Zu jeder dieser vier Fragen konnten maximal 5 Handlungsfolgen aufgeschrieben werden. Bei den *ersten* 5 Folgen, die eine Person auf jede Frage nennt, handelt es sich also um die individuell *bedeutsamen* Konsequenzen, während die am *häufigsten* in dieser Vorstudie genannten Folgen die *modalen bedeutsamen* Konsequenzen darstellen (Fishbein/Ajzen 1975, S. 219).

Aus den *individuell* bedeutsamen ("idiosynkratischen") Folgen müssen die *modalen* bedeutsamen ausgewählt werden, die dann für die Haupterhebung verwendet werden. Dazu wurde zunächst die Häufigkeit ermittelt, mit der verschiedene Folgen zu den vier Fragen genannt

---

47 Alternative Möglichkeiten der Auswahl bestünden darin, jene Folgen auszuwählen, die von mindestens 20% der Preteststichprobe genannt werden oder 75% aller in der Vorstudie genannten Folgen als modale bedeutsame Folgen auszuwählen; vgl. Fishbein/Ajzen 1975, S. 219.

wurden. Dann wurden pro Frage die fünf am *häufigsten* (vgl. Fishbein/Ajzen 1975, S. 219; Ajzen/Fishbein 1980, S. 70 f.) genannten Folgen, also insgesamt 20 Folgen, ausgewählt.

Durch semantische Zusammenfassungen wurden diese 20 Folgen anschließend auf 12 reduziert. So wurden Formulierungen wie "gutes Gewissen" und "schlechtes Gewissen" zu einer Folge "gutes Gewissen" zusammengefaßt oder "Verschwendung von Ressourcen" und "Glas wird recycelt" wurden zur Konsequenz "Wiederverwertung von Rohstoffen" zusammengefaßt. Um einen Response Set zu vermeiden, wurden positive (+) und negative (-) Folgen "gemischt" vorgegeben. Auf diese Weise ergaben sich die folgenden 12 Konsequenzen für die standardisierten Interviews der Hauptstudie:

Tabelle 2
In der Vorstudie ermittelte Handlungsfolgen

Handlungsfolgen einer Altglasentsorgung
(1) Lagerung von Altglas im Haushalt (-)
(2) ein gutes Gewissen (+)
(3) Mülltonne wird schneller voll (-)
(4) Säuberung des Altglases (-)
(5) bequeme Entsorgung (+)
(6) Ersparnis von Zeit (+)
(7) Umweltbelastung durch Verbrennung (-)
(8) Wiederverwertung von Rohstoffen (+)
(9) mühsamer Transport (-)
(10) Abnahme des Müllbergs (+)
(11) Mülltonne wird schwerer (-)
(12) geringere Gebühren für codierte Tonne (+)

Bei der Auswertung wurde die Folge 12 jedoch nicht mehr berücksichtigt, da die Variablen Erwartung und Nutzen für diese Konsequenz zu viele missing values aufwiesen, was damit zusammenhängen kann, daß zum Erhebungszeitpunkt die "codierte" Tonne (deren Kosten sich nach der individuell bestimmbaren Leerungshäufikeit richten) noch nicht im gesamten Stadtgebiet Bremens eingeführt worden war.

7. Pretest und Haupterhebung

Im Rahmen eines Pretests wurden 40 Interviews mit Personen durchgeführt, die die Lehrveranstaltung, die Theorie sowie den Fragebogen nicht kannten. Dabei sollten pretestrelevante Informationen gesammelt werden, die Hinweise auf Probleme und Konstruktionsmängel des Pretest-Fragebogens geben (vgl. hierzu Kreiselmaier et al. 1989).

Informationen waren pretestrelevant, wenn Befragte nicht spontan anworteten, Fragen oder Antwortkategorien nicht verstanden oder nachfragten und um Erläuterungen baten. Welche Fragen bereiten den Befragten Schwierigkeiten? Welche Fragen mußten wiederholt werden? Welche Fragen wurden falsch interpretiert? Welche Fragen waren für den Interviewer am schwierigsten zu stellen? Welche Fragen mochte der Interviewer nicht? Bei welchen Fragen hätten Befragte gerne mehr gesagt? Bei welchen Fragen gab es non-verbale Hinweise (Stirnrunzeln, seufzen, gähnen) auf Probleme des Fragebogens? Auch die Interviewer sollten ihre eigenen Einschätzungen des Pretest-Fragebogens geben und diese schriftlich festhalten (bezüglich Layout, Reihenfolge, Formulierung und Länge der Fragen, Praktikabilität, Interviewer-Anweisungen, Skalen, Kärtchen, Übergänge sowie logischer Brüche). Nach Berücksichtigung aller relevanten Hinweise und Erfahrungen des Pretests wurde dann die endgültige Fragebogenversion für die Interviews der Hauptstudie erstellt.

Aufgrund der Erfahrungen im Pretest wurde der standardisierte Fragebogen für die Interviews modifiziert und überarbeitet und eine endgültige Version für die Haupterhebung erstellt. Für die Haupterhebung (N = 247), die von Juli bis Oktober 1994 von 40 Studentinnen und Studenten eines Methoden-Kurses im Fach Soziologie an der Universität Bremen durchgeführt wurde, galten folgende Quotenvorgaben. Jede(r) sollte mindestens 6 Personen befragen. Dabei sollten folgende Quoten bei den *Quotierungsmerkmalen* (1) Geschlecht, (2) Entsorgungsverhalten und (3) Alter realisiert werden:

(1) Geschlecht: Es sollten drei Männer und drei Frauen interviewt werden.

(2) Entsorgungsverhalten: drei Personen sollten (überwiegend) Hausmüll-Entsorger und drei (überwiegend) Container-Entsorger sein.

(3) Alter: zwei Personen sollten 30 Jahre alt und jünger sein, zwei Personen zwischen 31 und 50 Jahre alt sein, und zwei Personen sollten 51 Jahre und älter sein.

Den Befragten wurde gesagt, es gehe in dieser Studie, die im Rahmen einer soziologischen Lehrveranstaltung an der Universität Bremen durchgeführt werde, um persönliche Meinungen und Umweltverhalten. Weiter wurde darauf hingewiesen, daß es keine "richtigen" oder "falschen" Antworten gäbe; es interessiere nur die eigene persönliche Meinung. Es wurde weiter betont, daß die Befragung anonym sei, also keine Namen, Adressen oder Telefon-Nummern erfragt und gespeichert würden. Den Befragten wurde erklärt, daß die statistische Auswertung z.B. mit Prozentzahlen arbeite, aus denen man keine Rückschlüsse auf eine einzelne Person ziehen könne. Schließlich wurde den Interviewten angeboten, ihnen nach Abschluß der Studie eine kurze Zusammenfassung der Ergebnisse zukommen zu lassen.

Da unser Auswahlverfahren nicht zum Ziel hatte, eine repräsentative Stichprobe (z.B. der Bremer Bevölkerung) zu ziehen, sondern lediglich, eine gewisse Varianz in theoretisch relevanten Variablen zu erzeugen, haben wir im folgenden auch auf inferenzstatistische Tests verzichtet, da diese bekanntlich echte Zufallsstichproben voraussetzen. Auf solche Tests haben wir aber auch deshalb verzichtet, da beim Test einer *allgemeinen* Theorie wie der TOPB, echte Zufallsstichproben prinzipiell *unmöglich* sind.

Da es sich bei allgemeinen Theorien nämlich um raum-zeitlich uneingeschränkte All-Aussagen handelt, die für alle Personen, zu allen Zeitpunkten und an allen Orten Geltungsanspruch erheben, sind Zufallsstichproben aus derartig *offenen* Populationen (d.h. prinzipiell unendlichen Grundgesamtheiten) und damit inferenzstatistische Schlüsse unmöglich. Da sich allgemeine Theorien nämlich auf Personen beziehen, die zum Zeitpunkt der Auswahl nicht mehr bzw. noch nicht leben, haben solche Personen keine Chance, in die Stichprobe zu gelangen (vgl. hierzu Gadenne 1976, S. 38 f., 1984, S. 113 f.; Opp/Schmidt 1976, S. 12; Henkel 1976, S. 84; Glaser 1979).

8. Deskriptive Merkmale der Stichprobe

Einen Überblick über die Verteilung demographischer Merkmale innerhalb unserer Stichprobe (N = 247) gibt die folgende Tabelle 3. Zur Erhebung des Bildungsniveaus wurde nach dem höchsten erreichten Bildungsabschluß gefragt (Hauptschulabschluß = 1; Realschulabschluß/mittlere Reife = 2; Fachabitur/Abitur = 3; Universitäts-/Hochschulstudium mit Abschluß = 4).

63

Tabelle 3
Demographische Merkmale der Stichprobe

Befragte Personen	247
Frauen	119
Männer	126
Alter in Jahren (Mittelwert)	37.82
Bildungsniveau (Mittelwert)	2.52
Zahl der Personen im Haushalt (Mittelwert)	2.29
Interviewdauer in Minuten (Mittelwert)	33.18

9. Ergebnisse des Tests der Theory of Planned Behavior

9.1 Die Variablen der TOPB und ihre Messung

Da die Formulierung der Hypothesen der TOPB unter Verwendung von Differenz-Werten relativ unanschaulich ist, solange diese Variablen noch nicht definiert und operationalisiert sind, sollen zunächst die Variablen der TOPB, ihre Messung sowie die Bildung von Differenz-Variablen erläutert und erst dann die entsprechenden Hypothesen der TOPB in Form linearer Gleichungen formuliert werden.

Unser Modell enthält *Differenz-Maße* (vgl. hierzu Fishbein 1980; Ajzen/Fishbein 1980, S. 113 ff., 173 ff.; Manstead et al. 1983; Davidson/Morrison 1983; Jaccard/Becker 1985; Lane et al. 1988; Sutton et al. 1990; van den Putte et al. 1991) für alle Variablen der TOPB, da es nur um *zwei* verschiedene Verhaltensalternativen ging. Die Berücksichtigung von Differenz-Werten innerhalb *eines* Modells ermöglicht eine angemessenere Modellierung kognitiver Prozesse der *Abwägung* von Handlungsalternativen, als es die übliche Berechnung *separater* Regressionsmodelle (vgl. etwa Ajzen/Fishbein 1980, S. 141, 170; Budd/Spencer 1985; Krämer/Hofmann 1990; Ajzen/Driver 1991; Madden et al. 1992; Bamberg/Schmidt 1993) für jeweils nur *eine* Handlungsalternative erlaubt. So wurden für unser Modell folgende Differenz-Variablen gebildet, wobei gilt:

H_1: Altglas in den Hausmüll werfen

H_2: Altglas in den öffentlichen Container werfen

Da sich der Minuend bei allen Differenz-Variablen auf H_1 und der Subtrahend immer auf H_2 bezieht, bedeuten positive Werte einer Differenz-Variable stets, daß der Wert der betreffenden Variable für H_1 größer ist als der Wert für H_2. Negative Werte bedeuten das Gegenteil.

Verhalten wurde zum einen durch die dichotome Frage erhoben, wie das Altglas das letzte Mal entsorgt wurde. Zum anderen wurde nach der jeweiligen Häufigkeit gefragt, mit der Altglas in den Hausmüll bzw. Container getan wird (siebenstufige Skala von "immer" 6 bis "nie" 0). Die entsprechende Differenz-Variable wurde folgendermaßen konstruiert:

Handlungs-Differential ≡ Häufigkeit, mit der die Handlung H_1 ausgeführt wird - Häufigkeit, mit der die Handlung H_2 ausgeführt wird

Positive Werte bedeuten, daß Altglas häufiger in den Hausmüll getan wird, negative Werte, daß Altglas häufiger in den Container getan wird.

Verhaltens-Intention: Hier wurde danach gefragt, für wie wahrscheinlich eine Person es hält, ihr Altglas das nächste Mal in den Hausmüll bzw. Container zu tun (siebenstufige Skala von "sehr wahrscheinlich" 6 bis "sehr unwahrscheinlich" 0). Es wurde folgende Differenz-Variable gebildet:

Intentions-Differential ≡ Intention, die Handlung H_1 auszuführen - Intention, die Handlung H_2 auszuführen

Positive Werte indizieren, daß Altglas das nächste Mal eher in den Hausmüll getan wird, negative Werte, daß Altglas das nächste Mal eher in den Container getan wird.

Einstellung: Es wurde gefragt, wie gut oder schlecht eine Person es findet, wenn sie ihr Altglas in den Hausmüll oder in den Container wirft (siebenstufige Skala von "sehr gut" +3 bis "sehr schlecht" -3). Die entsprechende Differenz-Variable hieß:

Einstellungs-Differential ≡ Bewertung der Handlung H_1 - Bewertung der Handlung H_2

Positive Werte bedeuten, daß eine Hausmüll-Entsorgung besser gefunden wird, negative Werte, daß eine Container-Entsorgung besser gefunden wird.

Subjektive Norm: Personen wurden gefragt, wie gut oder schlecht es die meisten Menschen, die ihnen wichtig sind, finden, wenn die Person ihr Altglas in den Hausmüll bzw. Container wirft (siebenstufige Skala von "sehr gut" +3 bis "sehr schlecht" -3). Auf dieser Grundlage wurde die folgende Differenz-Variable gebildet:

Subjektive-Norm-Differential ≡ subjektive Norm bezüglich Handlung H_1 - subjektive Norm bezüglich Handlung H_2

Positive Werte indizieren, daß eine Hausmüll-Entsorgung von anderen besser gefunden wird, negative Werte, daß eine Container-Entsorgung von anderen besser gefunden wird.

Globale Verhaltenskontrolle: Personen wurden gefragt, wie leicht oder wie schwierig es für sie ist, Altglas in einen Container zu tun (siebenstufige Skala von "sehr leicht" +3 bis "sehr schwierig" -3).

Auf die Erhebung der globalen Verhaltenskontrolle im Hinblick auf eine Hausmüll-Entsorgung (H_1) wurde verzichtet, da eine derartige Entsorgung für alle Befragten "sehr leicht" gewesen sein dürfte. Um jedoch eine sinnvolle Skalierung der Variable Kontroll-Differential zu erhalten, wurde der Wertebereich für die erhobene Variable invertiert. Die Variable nennen wir Kontroll-Differential:

Kontroll-Differential ≡ globale Verhaltenskontrolle der Handlung H_2

Erwartung: Es wurde nach der subjektiven Wahrscheinlichkeit gefragt, mit der das Auftreten bestimmter Konsequenzen $K_1...K_n$ bei einer Hausmüll- bzw. Container-Entsorgung erwartet wird (siebenstufige Skala von "sehr wahrscheinlich" +3 bis "sehr unwahrscheinlich" -3).

Nutzen: Die Person wurde gefragt, für wie gut oder wie schlecht sie das Auftreten bestimmter Konsequenzen $K_1...K_n$ hält (siebenstufige Skala von "sehr gut" +3 bis "sehr schlecht" -3).

Eine bipolare Codierung beider Variablen impliziert, daß das Nichtauftreten (-3) einer negativ (-3) bewerteten Folge in demselben Maße zu einem positiven Nettonutzen beiträgt (-3 × -3 = +9) wie das Auftreten (+3) einer positiv (+3) bewerteten Folge (+3 × +3 = +9).

Eine unipolare Codierung der subjektiven Wahrscheinlichkeit und eine bipolare Codierung des Nutzen impliziert dagegen, daß das Nichtauftreten (0) einer negativ (-3) bewerteten Folge keinen Einfluß (0 × -3 = 0) auf den Nettonutzen hat. Das Auftreten (+3) einer positiv bewerteten Folge (+3) führt dagegen zu einem positiven Nettonutzen (+3 × +3 = +9).

Da wir die Logik "of the double negative" im Sinne Heiders (1958) für psychologisch sinnvoll und intuitiv einleuchtend halten, haben wir beide Variablen bipolar codiert (zur Diskussion darüber, ob Erwartungen und Nutzen von Folgen uni- oder bipolar codiert werden sollten, und den entsprechenden Konsequenzen für Produktsummenmodelle vgl. Fishbein/Ajzen 1975, S. 82 ff.; Dohmen 1985; Dohmen et al. 1986; Ajzen 1991; Doll et al. 1991).

Aus *Nutzen* und *Erwartungen* wurde für jede der beiden Handlungsalternativen eine Produktsumme gebildet, auf deren Grundlage eine Differenz-Variable gebildet wurde, die wir als *Nettonutzen-Differential* bezeichnen:

Nettonutzen-Differential ≡ ($\sum$ Erwartung der Handlungsfolge K_i bei Ausführung der Handlung H_1 × Nutzen dieser Handlungsfolge K_i) - ($\sum$ Erwartung der Handlungsfolge K_i bei Ausführung der Handlung H_2 × Nutzen dieser Handlungsfolge K_i)

Positive Werte indizieren, daß eine Hausmüll-Entsorgung mehr Vorteile und/oder weniger Nachteile als eine Container-Entsorgung besitzt. *Negative* Werte indizieren, daß eine Container-Entsorgung mehr Vorteile und/oder weniger Nachteile als eine Hausmüll-Entsorgung hat.

Der Laufindex i bezieht sich auf die 11 modalen bedeutsamen Handlungsfolgen, die mit Hilfe einer explorativen Vorstudie an einer separaten Stichprobe (N = 36) ermittelt wurden (vgl. Tabelle 2).

Wenn wir versuchen, diese 11 Handlungsfolgen zu klassifizieren, so ergibt sich folgende Zuordnung. Bei den folgenden Konsequenzen handelt es sich um *individuelle* und eher *kurzfristige* Folgen:

K_1: Lagerung von Altglas im Haushalt

K_2: Gutes Gewissen

K_3: Mülltonne ist schneller voll

K_4: Säubern des Altglases

K_5: Bequeme Entsorgung

K_6: Ersparnis von Zeit

K_9: Mühsamer Transport

K_{11}: Mülltonne wird schwerer

Beim "guten Gewissen" handelt es sich darüberhinaus um eine *intrinsische* Folge. Dagegen haben die folgenden Konsequenzen eher *kollektiven* und *langfristigen* Charakter:

K_7: Belastung der Umwelt durch Verbrennung

K_8: Wiederverwertung von Rohstoffen

K_{10}: Abnahme des Müllberges

Umwelterwartung: Es wurde danach gefragt, wie gut bzw. schlecht es zwei von der befragten Person frei zu nennende Bezugspersonen B_1 und B_2[48] finden, wenn die befragte Person ihr Altglas in den Hausmüll bzw. Container wirft (siebenstufige Skala von "sehr gut" +3 bis "sehr schlecht" -3).

---

48   Es kann sich hier natürlich auch um soziale Kollektive, d.h. Bezugsgruppen handeln. Welche Bezugspersonen oder Bezugsgruppen jeweils von subjektiver Bedeutung sind, dürfte von Verhalten zu Verhalten, von Person zu Person sowie von Situation zu Situation variieren und muß jeweils aufgrund einer explorativen Vorstudie oder, wie in unserem Fall, durch offene Fragen ermittelt werden.

Konformitätsmotivation: Gefragt wurde nach der subjektiven Wahrscheinlichkeit, mit der eine Person das, was die zwei von ihr genannten Bezugspersonen von ihr jeweils erwarten, auch tatsächlich tut (siebenstufige Skala von "sehr wahrscheinlich" 6 bis "sehr unwahrscheinlich" 0).

Die *Umwelterwartung* und die *Konformitätsmotivation* für jede der beiden Handlungen sowie für jede der beiden Bezugspersonen (B_1, B_2) wurden zu je einer Produktsumme verrechnet, die Basis des *Norm-Differentials* wurden:

Norm-Differential ≡ ($\sum$ Bewertung der Handlung H_1 durch Bezugsperson j × Motivation, die Erwartungen der Bezugsperson j zu erfüllen) - ($\sum$ Bewertung der Handlung H_2 durch die Bezugsperson j × Motivation, die Erwartungen der Bezugsperson j zu erfüllen)

Der Laufindex j, über den hier aufsummiert wird, bezieht sich auf die zwei subjektiv bedeutsamen Bezugspersonen (B_1, B_2), die die Befragten im Interview nennen konnten.

Positive Werte indizieren, daß der perzipierte soziale Druck, Altglas in den Hausmüll zu tun, größer ist, negative Werte, daß der perzipierte soziale Druck, Altglas in den Container zu tun, größer ist.

Wie bereits zu Beginn dieser Arbeit angedeutet wurde, könnte man behaupten, daß es sich bei den beiden Variablen Umwelterwartung und Konformitätsmotivation um eine Präzisierung des Modells des bekannten *"Homo Sociologicus"* handelt, der sich gemäß der *Rollentheorie* (vgl. Dahrendorf 1958; Wiswede 1977) an den perzipierten Rollenerwartungen oder Normen seiner sozialen Umwelt orientiert und den Sanktionen seiner Umwelt entsprechend handelt (ähnlich auch Krampen 1982, S. 32), wobei sich die Konformitätsmotivation in der TOPB auf die Motivation bezieht, sich normkonform zu verhalten.

Die Rollentheorie wiederum kann man als rudimentäre RC-Theorie betrachten, da sie eine bestimmte Klasse von Handlungsfolgen, nämlich positive oder negative Sanktionen durch die soziale Umwelt für verhaltenswirksam hält. Allerdings ignoriert sie damit solche Folgen, die nicht aus der sozialen Umwelt des Akteurs stammen, jedoch durchaus verhaltenswirksam sein können (zur Analyse und Kritik dieser und weiterer restriktiver Annahmen der Rollentheorie vgl. Opp 1973, 1986).

Kontrollüberzeugung: Es wurde gefragt, für wie wahrscheinlich es eine Person hält, daß bestimmte Umstände vorliegen, die eine Container-Entsorgung erleichtern bzw. erschweren (siebenstufige Skala von "sehr wahrscheinlich" +3 bis "sehr unwahrscheinlich" -3).

Handlungserleichterung: Die Person wurde gefragt, wie sehr bestimmte Umstände es ihr erleichtern bzw. erschweren würden, Altglas in den Container zu tun (siebenstufige Skala von "sehr erleichtern" +3 bis "sehr erschweren" -3).

Hier wurde ebenfalls auf die Erhebung von Kontrollüberzeugungen und Handlungserleichterungen im Hinblick auf eine Hausmüll-Entsorgung (H_1) verzichtet, da es für alle Befragten "sehr wahrscheinlich" gewesen sein dürfte, daß handlungserleichternde Umstände für die Ausführung dieser Handlung vorlagen. Um trotzdem eine sinnvolle Skalierung der Variable Möglichkeiten-Differential zu erhalten, wurde auch hier der Wertebereich für die erhobene Variable invertiert.

Anschließend wurde eine Produktsumme aus *Kontrollüberzeugungen* und *Handlungserleichterungen* gebildet. Diese Produktsumme nennen wir *Möglichkeiten-Differential*:

Möglichkeiten-Differential $\equiv \sum$ subjektive Wahrscheinlichkeit des Vorliegens eines die Handlung H_2 erleichternden bzw. erschwerenden Umstandes U_k × Einschätzung des Ausmaßes der Handlungserleichterung bzw. -erschwerung der Handlung H_2 durch den Umstand U_k

Positive Werte indizieren ein Überwiegen erleichternder Umstände, negative Werte ein Überwiegen erschwerender Umstände für eine Container-Entsorgung. Der Laufindex k, über den aufsummiert wird, bezieht sich auf die folgenden vier handlungserleichternden bzw. handlungserschwerenden Umstände:

U_1: Wissen um den Standort des nächsten Containers

U_2: gute körperliche Verfassung

U_3: gute Transportmöglichkeiten

U_4: große Entfernung zum nächsten Container

9.2 Formulierung der Hypothesen der Theory of Planned Behavior auf der Basis von Differenz-Werten

Da es in unserer Studie nur um *zwei* erschöpfende Verhaltensalternativen (Hausmüll- vs. Container-Entsorgung) geht, lassen sich die Hypothesen der Theory of Planned Behavior (TOPB) in Form folgender linearer Regressionsgleichungen mit *Differenz*-Variablen (re)formulieren:

H_1: *Handlungs-Differential* = +β Intentions-Differential

H_2: *Intentions-Differential* = +β Einstellungs-Differential
+β Subjektive-Norm-Differential +β Kontroll-Differential

H_3: *Einstellungs-Differential* = +β Nettonutzen-Differential

H_4: *Subjektive-Norm-Differential* = +β Norm-Differential

H_5: *Kontroll-Differential* = +β Möglichkeiten-Differential

Im Gegensatz zur älteren Theory of Reasoned Action (TORA) enthält die TOPB die wahrgenommene *globale Verhaltenskontrolle* sowie deren Determinanten in Form von *Kontrollüberzeugungen* sowie perzipierten *Handlungserleichterungen.*

Außer dem *eigenständigen* Effekt der globalen Verhaltenskontrolle auf die Intention (vgl.
Hypothese H_2) postuliert Ajzen (vgl. Ajzen 1988, S. 134; Ajzen 1991) folgende *alternative*
Effekte der globalen Verhaltenskontrolle.

Sofern die subjektiven den objektiven Handlungsmöglichkeiten entsprechen oder eine Teil-
menge der objektiven Möglichkeiten darstellen, übt die globale Verhaltenskontrolle (neben
der Intention) einen *direkten* unabhängigen Einfluß auf das *Verhalten* aus:

H_6: *Handlungs-Differential* = $+\beta$ Intentions-Differential $+\beta$ Kontroll-Differential

Die globale Verhaltenskontrolle kann andererseits als *Moderatorvariable* zusammen mit der
Intention auf die Ausführung des Verhaltens wirken, d.h. Intention und globale Verhaltenskontrolle *interagieren* (multiplikativ) miteinander:

H_7: *Handlungs-Differential* = $+\beta$ (Intentions-Differential $\times$ Kontroll-Differential)

9.3 Die TOPB als Verhaltenstheorie: Die Erklärung von Verhalten

Bevor wir nun die Resultate der Tests verschiedener Modelle vorstellen, müssen wir auf
mögliche Probleme hinweisen, die mit der Verwendung von Querschnittdaten, wie auch wir
sie im Rahmen dieser Untersuchung erhoben haben, verknüpft sind.

Erstens überschätzen Querschnittstudien häufig die Effekte von Prädiktoren, da es ein Quer-
schnittdesign nicht ermöglicht zu untersuchen, wie sich *Veränderungen* von Prädiktoren auf
Veränderungen der abhängigen Variablen auswirken (vgl. Davies 1987; Blossfeld/Rohwer
1995, S. 10). *Zweitens* ist es nicht unproblematisch, die Entscheidung für eine bestimmte *kausale Richtung*, mit der eine Variable in einem *rekursiven* Modell (i.e. ein Modell ohne Rück-
koppelungs- oder Feedbackbeziehungen) auf eine andere Variable wirkt, auf der Grundlage
von Querschnittdaten zu treffen (vgl. Davies 1987; Blossfeld/Rohwer 1995, S. 5 ff.). Diese
Entscheidung über die jeweilige Richtung der Kausalpfeile kann daher in unserem Fall nur
aufgrund inhaltlich-theoretischer Überlegungen und nicht auf der Grundlage der erhobenen
Querschnittdaten getroffen werden. *Drittens* ergeben sich *auch* im Falle eines *Gleichgewichts*
der Modellvariablen immer noch Probleme bei der Interpretation von Koeffizienten, die an
Querschnittdaten berechnet wurden, da die Schätzungen dieser Koeffizienten lediglich die
Netto-Differenzen der Effekte der Prädiktoren widerspiegeln (vgl. Blossfeld/Rohwer 1995, S.
5.). *Viertens* ist es ebenfalls nicht unproblematisch, Koeffizienten für Variablenbeziehungen
in *nichtrekursiven* Modellen mit Feedbackbeziehungen allein auf der Grundlage von Quer-

schnittdaten zu berechnen (vgl. Blossfeld/Rohwer 1995, S. 5 ff.). Diese kritischen Punkte sind bei der folgenden Darstellung der Ergebnisse unserer Modelltests zu berücksichtigen.

Ein Test der TOPB als *Verhaltens-Modell* durch eine multiple Regressionsanalyse[49] führte nun zu folgendem Ergebnis:

Modell 1
Die TOPB als Verhaltensmodell

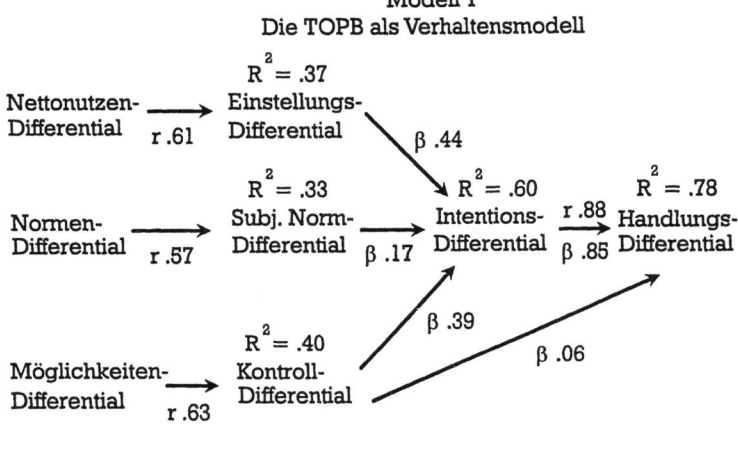

Handlung 1: Altglas in Hausmüll   N = 239
Handlung 2: Altglas in öffentlichen Container

Die Hypothesen H_1 bis H_5 werden durch die Daten stark bestätigt. Die erklärten Varianzen im *Intentions-Differential* (R^2 = .60) und *Handlungs-Differential* (R^2 = .78) sind dabei als hoch zu betrachten. Etwas geringer, jedoch jeweils etwa gleich groß, sind die erklärten Varianzen in den drei intervenierenden Variablen *Einstellungs-Differential* (R^2 = .37), *Subjektive-Norm-Differential* (R^2 = .33) und *Kontroll-Differential* (R^2 = .40). Bei einem Vergleich der partiellen Betagewichte überrascht allerdings der niedrige Wert des Prädiktors *Subjektive-Norm-Differential* von .17.

Die *Hypothese* H_6 wird durch das sehr niedrige partielle Betagewicht von .06 für den Effekt des Kontroll-Differentials auf das Handlungs-Differential widerlegt. Dies ist jedoch plausibel, da die *subjektiven* Ursachen für die Einschätzung der perzipierten Verhaltenskontrolle wie z.B. das Wissen um den Standort des nächsten Containers (U_1) oder eine für den Transport zum Container erforderliche gute körperliche Verfassung (U_2) sowie Transportmöglichkeiten,

---

49   Bis auf das Modell 3 waren bei allen Regressionsmodellen das Ausmaß der Multikollinearität der Prädiktoren sowie die Streuung der Residuen unproblematisch. Eine Ausnahme stellt jedoch das Modell 3 dar, da in diesem Modell zwei Prädiktoren (Intentions-Differential, Handlungs-Differential) mit r = .89 korrelieren. Die Korrelationsmatrix der Modell-Variablen der TOPB findet sich im Anhang.

die einer Person zur Verfügung stehen (U3), relativ *unabhängig* von den *objektiven* Möglich-keiten, d.h. dem Vorhandensein oder Fehlen eines öffentlichen Containers in der Wohnge-gend, sind.

Auch die *Interaktions-Hypothese* H7 wird durch die Daten widerlegt, da die bivariate Korre-lation von -.29 zwischen dem Interaktionsterm (Intentions-Differential × Kontroll-Differential) und dem Handlungs-Differential negativ ist und zusätzlich eine gewisse Höhe hat.

In einem weiteren *Verhaltens-Modell* haben wir in einer logistischen Regressionsanalyse als abhängige Variable die dichotom gemessene Verhaltens-Variable verwendet, die sich darauf bezieht, wie das Altglas das letzte Mal entsorgt wurde (Hausmüll oder Container):[50]

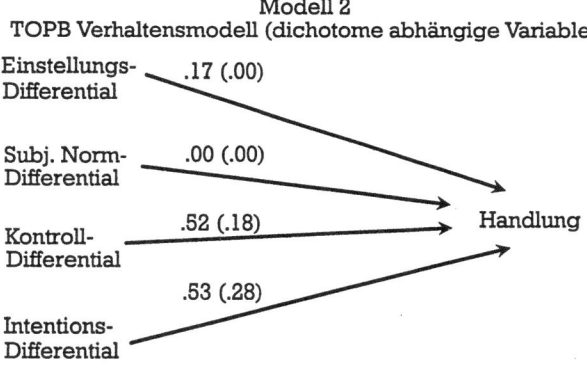

Modell 2
TOPB Verhaltensmodell (dichotome abhängige Variable)

Einstellungs-Differential   .17 (.00)

Subj. Norm-Differential   .00 (.00)

Kontroll-Differential   .52 (.18)   →   Handlung

.53 (.28)

Intentions-Differential

logistische Regressionskoeffizienten b
in Klammern partielle Korrelation R

Handlung 1: Altglas in Hausmüll (1)
Handlung 2: Altglas in Container (0)

Prozentsatz richtiger
Klassifikationen: 88.36 %

N = 232

Bei Betrachtung der logistischen Regressionskoeffizienten in diesem Modell 2 *bestätigen* sich wiederum die von der TOPB postulierten (H6) Effekte des Intentions-Differentials (.53) sowie des Kontroll-Differentials (.52) auf das Verhalten. *Theoriekonform* ist weiter, daß das Subjek-tive-Norm-Differential keinen (.00) Effekt auf das Verhalten hat. Einen theoretisch *nicht po-*

---

50   Es ergaben sich in diesem Modell keine Anzeichen für Multikollinearität wie z.B. sehr große Standard-schätzfehler oder extrem große logistische Regressionskoeffizienten; vgl. hierzu Hosmer/Lemeshow 1989, S. 132 f.

stulierten Effekt (.17) übt jedoch im Modell 2 das Einstellungs-Differential auf das Verhalten aus. Verwendet man jedoch nur die partiellen Korrelationen (in Klammern) in diesem Modell 2, wird die Hypothese H_6 vollauf bestätigt, *ohne daß* theoriediskrepante Zusammenhänge auftreten.[51]

9.4 Habits und ihre Bedeutung für die TOPB

Sarver (1983) kritisiert an der TORA unter anderem, daß sie *kein habituelles* Verhalten erklären könne. Da sich diese Kritik, die auch auf die TOPB zutrifft, auf alle Versionen von RC-Theorien bezieht, werden wir uns im folgenden mit dieser prinzipiellen Kritik an RC-Theorien auseinandersetzen. Schon vor über 30 Jahren hat der Motivationsforscher Atkinson in seiner "Einführung in die Motivationsforschung" dafür plädiert, die Variable "Gewohnheit" in Erwartungs × Wert-Theorien explizit zu berücksichtigen (vgl. Atkinson 1975 [zuerst 1964], S. 448 f.).

Zuvor muß jedoch geklärt werden, was unter "Habits", "Habitualisierungen", "habituellen Handlungen" oder "Gewohnheiten" überhaupt zu verstehen ist.

Dieser Handlungstyp taucht auch bei Max Weber auf, wenn er von "streng traditionalem Handeln" spricht, das "durch eingelebte Gewohnheit" bestimmt wird (Weber 1972, S. 12). Weber übernimmt sogar eine behavioristische Terminologie, wenn er schreibt, daß dieses Handeln

> "oft nur ein dumpfes, in der Richtung der einmal eingelebten Einstellung ablaufendes Reagieren auf gewohnte Reize" sei (Weber 1972, S. 12)

Daß Gewohnheiten sowohl bei Weber als auch in den Schriften Durkheims noch von erheblicher theoretischer Bedeutung waren und dieser Begriff erst später aufgrund von Autonomiebestrebungen sowie Professionalisierungsinteressen innerhalb der Soziologie gegenüber der behavioristischen Psychologie bis hin zu Parsons nicht mehr verwendet und sogar diskreditiert wurde, zeigt Camic (1986) in seiner ideengeschichtlichen Untersuchung der Verwendung des Habitbegriffs.

Der Soziologe Langenheder bezeichnet Handlungen als "habituell",

> "die bei Vorliegen einer bestimmten *Stimulussituation* mehr oder weniger *automatisch* ausgelöst werden und stets nach einem bestimmten, immer wiederkehrenden Schema ablaufen, *ohne daß* bei der Ausführung dieser Handlungen irgend-

---

51 Aufgrund der Probleme, die mit der Konstruktion eines sinnvollen Pseudo-R^2 bei logistischen Regressionsmodellen verbunden sind, verwenden wir als Maß für die Güte des Gesamtmodells lediglich die Ergebnisse einer Klassifikationsanalyse; vgl. hierzu Aldrich/Nelson 1984, S. 56 ff; Hosmer/Lemeshow 1989, S. 145 ff.

welche *(bewußten) Überlegungen* angestellt werden" (Langenheder 1975, S. 40, Hervorh., C.L.)

Der Sozialpsychologe Triandis, der ein Wert × Erwartungs-Modell formuliert hat, in dem Habits eine entscheidende Rolle spielen, versteht unter "Habits"

"situation-specific sequences that are or have become *automatic*, so that they occur *without selfinstruction*" (Triandis 1980, S. 204, Hervorh., C.L.)

Für den Soziologen Esser sind "Habits"

"automatische, unreflektierte Reaktionen *ohne* eigene Ziel-Mittel-*Kalkulationen*" (Esser 1991, S. 65, Hervorh., C.L.)

In Übereinstimmung mit vielen psychologischen Lerntheorien (vgl. Foppa 1975, Kap. 9) beschreibt Langenheder den typischen Zusammenhang zwischen Situationen und Handlungen im Falle von Habits folgendermaßen:

"auf eine bestimmte Stimulussituation erfolgt stets eine bestimmte Reaktion oder anders formuliert, die jeweils ausgeführte *Handlung* wird 'offensichtlich' ausgelöst und determiniert durch die (vorangegangene) *Stimulussituation* und nicht durch irgendwelche (gedanklichen) Vorwegnahmen künftiger Ereignisse." (Langenheder 1975, S. 41, Hervorh., C.L.)

Die Durchsicht der Literatur über Habits ergibt zwei zentrale Definitionsmerkmale, die immer wieder auftauchen und die sich auf eine *Verhaltens-* und eine *kognitive* Dimension beziehen:[52]

1. Habits werden relativ *häufig* ausgeführt

2. Habits sind mit einer *geringen kognitiven Steuerung* verbunden

Handlungen, die *häufig* ausgeführt werden und für deren Ausführung man sich daher "automatisch", d.h. ohne *großen kognitiven Aufwand* entscheidet, kann man also als "Habits" bezeichnen. Für viele Menschen dürfte die immer wieder anstehende Entsorgung von Altglas zu solchen Habits zählen.

So haben von 247 Befragten in unserer Stichprobe 135 (54.7%) Personen ihr Altglas *überwiegend* ("immer", "sehr oft", "oft") in den Container und *kaum* ("nie", "sehr selten", "selten") in den Hausmüll getan. Diese Gruppe wollen wir im folgenden *Habit-Container-Entsorger* nennen. Dagegen haben 66 (26.7%) Personen unseres Samples ihr Altglas *überwiegend*

---

52   Diese beiden grundlegenden Bedeutungungsdimensionen des Habitbegriffs finden sich bei Kannacher 1982, S. 25 ff.; Dieterich 1986; Camic 1986; Mittal 1988; Ronis et al. 1989, S. 218; Kroeber-Riel 1990, S. 391 ff.; Kuss 1991, S. 24 ff., 81 ff.

("immer", "sehr oft", "oft") in den Hausmüll und *kaum* ("nie", "sehr selten", "selten") in den Container getan. Diese Gruppe werden wir im folgenden als *Habit-Hausmüll-Entsorger* bezeichnen. Lediglich 12 Personen (4.9%) warfen ihr Altglas "gelegentlich" in den Hausmüll *und auch* "gelegentlich" in den Container.

Wenn man als weiteres Maß für die Habitualisierung eines Verhaltens den geringen *kognitiven Aufwand* bei der Wahl einer Handlung betrachtet, läßt sich als Indikator für diesen Aufwand das Ausmaß der *Differenzierung* von Nutzen- und Wahrscheinlichkeitsurteilen für Handlungsfolgen verwenden. Je öfter nämlich *Extremwerte* der Skalen zur Messung des Nutzen ("sehr gut", "sehr schlecht") und der subjektiven Wahrscheinlichkeit ("sehr wahrscheinlich", "sehr unwahrscheinlich") gewählt werden, desto geringer dürfte der kognitive Aufwand sein.

Diese Annahme wird durch unsere Daten bestätigt. So ist bei den *Habit-Hausmüll-Entsorgern* (N = 66) der Modalwert in 60% der Nutzen- und Wahrscheinlichkeitsurteile ein Extremwert. Innerhalb der Gruppe der *Habit-Container-Entsorger* (N = 135) ist der Modus sogar in 69% der Urteile ein Extremwert.

Demgegenüber fällt der Modalwert nur bei 23% der Urteile auf einen Extremwert bei Personen (N = 12), die ihr Altglas "gelegentlich" in den Hausmüll *und auch* "gelegentlich" in den Container tun. Aufgrund der geringen Fallzahl dieser letzten Gruppe kann man hier jedoch nicht von einem Test sprechen.

Ein weiterer Grund für die Bevorzugung von *Extremwerten* der *subjektiven Wahrscheinlichkeit* im Falle habitualisierter Handlungen kann darin bestehen, daß die häufige Ausführung von Handlungen zu gleichen oder zumindest sehr ähnlichen Erfahrungen im Hinblick auf Handlungsfolgen führt, da bestimmte Folgen "praktisch" immer ("sehr wahrscheinlich") und andere Folgen "praktisch" nie ("sehr unwahrscheinlich") auftreten.

Da jedoch zur Zeit kaum allgemein akzeptierte und validierte Habit-Maße vorliegen, läßt sich das Handlungs-Differential, das sich ja auf *vergangenes Verhalten* bezieht, versuchsweise als Indikator- oder Proxy-Variable für *Habits* verwenden (vgl. zu dieser Operationalisierung von Habits auch Triandis 1977, 1980; Macey/Brown 1983; Charng et al. 1988). Erweitert man das Modell 2 um den Prädiktor Handlungs-Differential und verwendet diese Variable als Proxy für Habits, ergibt sich folgendes Modell 3:

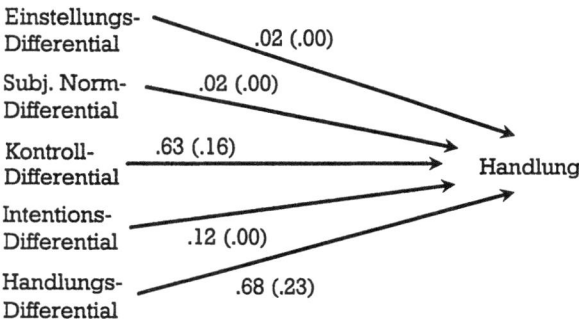

Modell 3
TOPB Verhaltensmodell mit Habit-Prädiktor

logistische Regressionskoeffizienten b
in Klammern partielle Korrelation R

Handlung 1: Altglas in Hausmüll (1)
Handlung 2: Altglas in Container (0)

Prozentsatz richtiger
Klassifikationen: 91.30 %

N = 230

Bei Inspektion der logistischen Regressionskoeffizienten in diesem Modell 3 haben sich die Effekte des Intentions-Differentials (von .53 auf .12) und des Einstellungs-Differentials vermindert (von .17 auf .02). Die drastische Verminderung des Effekts des Intentions-Differentials kann jedoch auch auf *Multikollinearitätsprobleme* zurückzuführen sein, da Intentions- und das Handlungs-Differential mit r = .89 korrelieren (vgl. die Korrelationsmatrix im Anhang). [53] Dagegen ist der Effekt des Kontroll-Differentials etwas angestiegen (von .52 auf .63). Gleichgeblieben ist lediglich der Befund, daß das Subjektive-Norm-Differential nahezu keinen (.02) Effekt hat.

Angesichts der geringen Effekte der beiden Prädiktoren Einstellungs-Differential sowie Subjektive-Norm-Differential sei jedoch daran erinnert, daß diese beiden Variablen bei Container- *und* Hausmüll-Entsorgern[54] *negative* Mittelwerte und damit eine im Vergleich zu den anderen Prädiktoren geringere Varianz besitzen.

---

53   Erstaunlicherweise enthielt das Modell 3 jedoch keine extrem großen Standardschätzfehler oder extrem große logistische Regressionskoeffizienten, die ebenfalls als Indikatoren für Multikollinearität verwendet werden.

54   Entsprechend der Antwort auf die Frage, wie das Altglas das letzte Mal entsorgt wurde (Hausmüll oder Container), wurden zwei Subgruppen gebildet, die wir "Hausmüll-Entsorger" (N = 101) und "Container-Entsorger" (N = 139) nennen wollen.

Bei Betrachtung der partiellen Korrelationen (in Klammern) im Modell 3 zeigen sich jedoch nur Zusammenhänge zwischen den Prädiktoren Kontroll-Differential (.16) sowie dem Habit-Indikator (.23) einerseits und dem Verhalten andererseits.

Triandis (1977, 1980) hat nun in seine Handlungstheorie Habits explizit als Modellvariable aufgenommen. Die Beziehung zwischen der Auftrittswahrscheinlichkeit eines Verhaltens (P_a), Habits (H) und Intentionen (I) formalisiert Triandis (1977, S. 9) folgendermaßen:[55]

$$P_a = (w_h \times H + w_i \times I) \times F$$

F bezieht sich hier auf handlungserleichternde Bedingungen ("facilitating conditions") und w_h, w_i auf Gewichtungsparameter. Triandis' Modell impliziert nun folgenden Zusammenhang zwischen Habits und Intentionen:

"...when a behavior is *new*, untried, and unlearned, the behavioral-*intention* component will be solely responsible for the behavior, while, when the behavior is old, well-learned, or overlearned and has *occurred many times before* in the organism's life span, it is very likely to be under control of the *habit* component...As behavior *repeatedly* takes place, *habit* increases and becomes a *better predictor of behavior than behavioral intentions.*" (Triandis 1977, S. 205; Hervorh., C.L.)

Triandis postuliert also, daß die Auftrittswahrscheinlichkeit eines Verhaltens um so stärker von der Habitualisierung dieses Verhaltens und umso weniger von der Verhaltensintention abhängt ($w_h > w_i$), je *repetitiver* es ist, je häufiger es also ausgeführt wird. Die Entsorgung (genauer: eine spezifische Art der Entsorgung) von Altglas dürfte nun genau so ein repetitives Verhalten darstellen. Umgekehrt postuliert Triandis, daß die Wahrscheinlichkeit eines Verhaltens um so weniger von der Habitualisierung und um so stärker von der Intention abhängt ($w_h < w_i$), je *neuartiger* dieses Verhalten ist (vgl. hierzu auch Macey/Brown 1983; Ronis et al. 1989).

Das Modell 3 bestätigt nun genau diese Annahme von Triandis (1977, 1980), daß die Auftrittswahrscheinlichkeit eines Verhaltens um so stärker von der Habitualisierung dieses Verhaltens und um so weniger von der Verhaltensintention abhängt, je *repetitiver* es ist, je häufiger es also ausgeführt wird.

---

55 Die Intention, eine bestimmte Handlung auszuführen, ist bei Triandis eine Funktion der mit dieser Handlung verbundenen Folgen sowie der Bewertung dieser Folgen, die, der Logik von Erwartungs × Wert-Modellen entsprechend, in Form einer Produktsumme miteinander verrechnet werden; vgl. Triandis 1977, S. 13 ff.

9.5 Die TOPB als Dispositionstheorie: Die Erklärung von Intentionen

An den Modellen 1, 2 und 3 ist nun zu kritisieren, daß sich die abhängige Verhaltens-Variable auf Handlungen bezieht, die zum Erhebungszeitpunkt *bereits ausgeführt* worden sind und zeitlich schon länger zurückliegen können. Dieser Kritik läßt sich jedoch dadurch begegnen, daß die TOPB als reines *Intentions-Modell* getestet wird.[56]

Modell 4
TOPB als Intentionsmodell mit Habit-Prädiktor

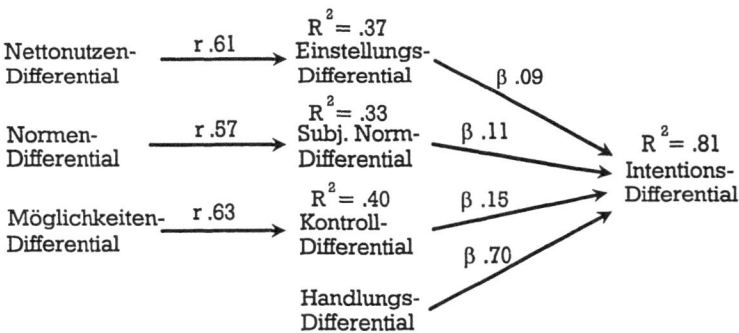

Handlung 1: Altglas in Hausmüll
Handlung 2: Altglas in öffentlichen Container   N = 237

Im Gegensatz zum Modell 1 überraschen in diesem Modell 4 die *geringen* Beta-Gewichte für die Effekte der Prädiktoren der TOPB: Einstellungs-Differential (.09), Subjektive-Norm-Differential (.11) und Kontroll-Differential (.15). Demgegenüber *dominiert* hier eindeutig der Effekt (.70) der als *Habit-Indikator* verwendeten Variable Handlungs-Differential. Dieser Befund deckt sich mit einer Reihe von Studien[57] und ließe sich folgendermaßen erklären.

---

56 Liska (1984, S. 68) hat in seiner Kritik und Modifikation der TORA die Annnahme der Additivität der Effekte von Einstellung und subjektiver Norm auf die Intention in Frage gestellt und einen multiplikativen Interaktionseffekt dieser beiden Prädiktoren postuliert. Wenn man die wahrgenommene Verhaltenskontrolle berücksichtigt und überprüft, ob der Interaktionsterm (Einstellungs-Differential × Subjektive-Norm-Differential × Kontroll-Differential) einen Effekt auf das Intentions-Differential ausübt, ergibt sich ein Zusammenhang von r = .54 und eine erklärte Varianz von .29.

57 Diese Studien belegen, daß frühere Erfahrungen, die eine Person mit dem zu erklärenden Verhalten hat, unabhängig von den Variablen der TORA oder TOPB, einen direkten Einfluß auf die Intention oder das

9.6 Exkurs: Zur Entstehung von Habits - Eine Erklärungsskizze

Da die theoretische Erklärung der Entstehung von Habits eine bestimmte zeitliche Reihenfolge verschiedener Arten von Entscheidungen impliziert, halten wir es zunächst für sinnvoll, "Habitualisierung" nicht als klassifikatorischen, sondern als *komparativen* Begriff und damit als Variable zu betrachten.

Zur Erklärung der Genese von Habits postuliert Howard (1977, S. 3 ff.) folgendes dynamisches *Drei-Phasen-Modell* einer stufenweisen Habitualisierung individuellen Entscheidungsverhaltens:

(1) zuerst finden *extensive*, d.h. wohlüberlegte, Entscheidungen im Hinblick auf verschiedene Verhaltensalternativen und ihre Folgen statt

(2) danach werden *vereinfachte* Entscheidungen aufgrund von Heuristiken, d.h. einfachen "Daumenregeln", gefällt

(3) schließlich werden *habituelle* Entscheidungen getroffen

"Wohldurchdachte" extensive Entscheidungen einerseits und habituelle Entscheidungen andererseits sind also Extrempunkte eines *Kontinuums* (vgl. Howard 1977; Kannacher 1982, S. 49 ff.; Dieterich 1986, S. 27 ff.; Kroeber-Riel 1990, S. 373 ff.; Kuss 1991, S. 24 ff.), so daß man von einer mehr oder weniger starken Habitualisierung eines Verhaltens sprechen kann, je nach dem Grad der kognitiven Kontrolle, die mit der entsprechenden Entscheidung verknüpft ist.

Für die *erste* Phase dieser Typologie ist ein Maximierungsmodell wie die SEU-Theorie mit ihrem Algorithmus geeignet. Die *zweite* Phase ist durch die Anwendung vereinfachter Entscheidungsregeln wie dem bereits in Abschnitt II.2.4 erwähnten Satisfying-Prinzip von H. A. Simon (1957) gekennzeichnet, demgemäß Personen aufgrund kognitiver Restriktionen nicht ihren subjektiven (Netto)Nutzen maximieren, sondern jene Handlungsalternative wählen, die ihr jeweiliges Anspruchsniveau befriedigt. Die *dritte* Phase wird dadurch charakterisiert, daß Handlungen durch die Perzeption bestimmter Situationen einfach "ausgelöst" werden, ohne daß bewußte Kalkulationen oder Abwägungen im Hinblick auf Alternativen und deren Folgen stattfinden.

Eine Erklärungsskizze der Entstehung von Habits könnte nun folgendermaßen lauten. Eine habituelle Handlung war *ursprünglich* eine Handlung, die aufgrund einer bewußt ablaufenden

---

Verhalten ausüben; vgl. Bentler/Speckart 1979, 1981; Bagozzi 1981; Fredricks/Dossett 1983; Macey/Brown 1983; Wittenbraker et al. 1983; Budd et al. 1984; Budd/Spencer 1985; Echebarria Echabe et al. 1988; Mittal 1988; Charng et al. 1988; Bardeleben et al. 1989; Sparks/Shepherd 1992; Bamberg/Schmidt 1993. In seiner Metaanalyse zur TORA und TOPB berichtet van den Putte (1993), daß sich die erklärte Varianz in der Intention bei Hinzunahme vergangenen Verhaltens als Prädiktor im Durchschnitt um 11 Prozentpunkte und die erklärte Varianz im Verhalten um 34 Prozentpunkte erhöht.

extensiven Entscheidung für eine bestimmte Verhaltensalternative ausgeführt wurde. Durch die *häufige Wiederholung* dieses Verhaltens, das immer wieder zu positiv bewerteten Folgen (bzw. einer positiven Nettonutzenbilanz) geführt hat, *entfällt* jedoch in zunehmendem Maße die Notwendigkeit einer stets neuen und damit *bewußten* Abwägung von Handlungsalternativen und den damit verbundenenen Folgen für den Akteur (vgl. hierzu Ronis et al. 1989; ähnlich etwa auch Stegmüller 1969, S. 420). In solchen Fällen wird eine Person diese Abwägung also nicht in jeder entscheidungsrelevanten Situation immer wieder neu durchführen. Die Entscheidung für eine bestimmte Handlung wird nun in solchen häufig wiederkehrenden Situationen aufgrund einer bereits *früher* vorgenommenen Abwägung von Vor- und Nachteilen der Alternativen und der *Speicherung des Ergebnisses* dieser Abwägung im Langzeitgedächtnis vorgenommen. Die Ergebnisse dieser Abwägungen können die Form spezifischer *Einstellungen* gegenüber dem Verhalten annehmen (vgl. Ronis et al. 1989, S. 226; Ajzen 1991, S. 203; Kuss 1991, S. 27), die ja im Rahmen der TOPB eine Funktion der Produktsumme aus den Erwartungen und Bewertungen der Folgen dieses Verhaltens sind.

Für diese Argumentation ist es von Bedeutung, daß es sich dabei um Einstellungen handelt, die sich auf ein *bestimmtes* Verhalten beziehen. Diese Konzeption von Einstellungen als Bewertung eines spezifischen Verhaltens ist grundlegend für die Handlungsmodelle (TORA, TOPB) von Ajzen und Fishbein.

In Situationen, die immer wieder auftreten, werden also *abgespeicherte Ergebnisse* bereits früher vorgenommener Kosten-Nutzen-Abwägungen in Form von Einstellungen abgerufen, so daß *schnelle* Entscheidungen und Handlungen möglich sind. Das Ergebnis (d.h. die Einstellung) einer schon häufiger ausgeführten bewußten Kalkulation wird also in bestimmten Situationen lediglich *aktualisiert* (vgl. hierzu Langenheder 1975, S. 41; Ajzen/Fishbein 1980, S. 245; Ronis et al. 1989, S. 226).[58] Damit trägt habitualisiertes Entscheiden zur *kognitiven Entlastung*[59] der Person bei, indem "vorgefertigte" Entscheidungen umgesetzt werden.

Eine Reihe von Studien zur TORA und TOPB belegt nun, daß *frühere Erfahrungen*, die eine Person mit dem zu erklärenden Verhalten hat, unabhängig von den Modellvariablen der TORA oder TOPB, einen *direkten* Einfluß auf die Intention oder das Verhalten ausüben.[60]

---

58   Ob man hier von unbewußten Entscheidungen oder Prozessen sprechen will, ist eher eine terminologische Frage. Stegmüller spricht in diesem Zusammenhang von "unbewußt-rationalen Erklärungen" von Handlungen; vgl. Stegmüller 1969, S. 420. Zur Analyse von Gewohnheits-, Impuls-, Affekt- und Spontanhandlungen sowie Handlungen in Zwangssituationen mit Hilfe des RC-Ansatzes vgl. Langenheder 1975, S. 40 ff.; Oeter 1984, S. 43 ff.

59   Andere Strategien kognitiver Entlastung sind die Substitution extensiver Entscheidungen durch glaubwürdige Informationen oder durch Empfehlungen Dritter.

60   Vgl. Bentler/Speckart 1979, 1981; Bagozzi 1981; Fredricks/Dossett 1983; Macey/Brown 1983; Wittenbraker et al. 1983; Budd et al. 1984; Budd/Spencer 1985; Mittal 1988; Charng et al. 1988; Echebarria Echabe et al. 1988; Bardeleben et al. 1989; Sparks/Shepherd 1992; van den Putte 1993; Bamberg/Schmidt 1993.

Damit ist allerdings die Annahme von Ajzen und Fishbein in Frage gestellt, daß modellexterne Variablen, wenn überhaupt, nur einen *indirekten* Einfluß über die Prädiktoren der TORA oder TOPB auf Intention und Verhalten ausüben (vgl. zu dieser zentralen Hintergrundannahme der TORA und TOPB Ajzen/Fishbein 1980, S. 82 ff.).

Ajzen scheint Habits zwar für eine potentiell interessante Erweiterung der TOPB zu halten, lehnt jedoch die Operationalisierung von Habits als vergangenes Verhalten ausdrücklich ab (vgl. auch Mittal 1988, S. 997), wenn er schreibt

> "*past behavior*...can usually *not* be considered a *causal factor* in its own right...Nor can we simply assume that past behavior is a *valid measure of habit*...Only when habit is defined *independently* of (past) behavior can it legitimately be added as an *explanatory variable* to the theory of planned behavior" (Ajzen 1991, S. 203, Hervorh., C.L.)

Den Effekt vergangenen Verhaltens betrachtet Ajzen daher offenbar eher als Indikator für einen *Spezifikationsfehler* seines Modells der TOPB, wenn er schreibt:

> "if past behavior is found to have a significant residual effect beyond the predictor variables contained in the model, it would suggest the *presence of other factors* that have not been accounted for" (Ajzen 1991, S. 202, Hervorh., C.L.)

Da jedoch gegenwärtig kaum allgemein akzeptierte und validierte Habit-Maße vorliegen, läßt sich versuchsweise die Häufigkeit *vergangenen Verhaltens* als Indikator- oder Proxy-Variable für *Habits* verwenden. Diese Operationalisierung von Habits schlägt auch Triandis (1977, 1980) für empirische Tests seiner Handlungstheorie vor.

Bezogen auf die TOPB kann man nun annehmen, daß der Einfluß der Prädiktoren der TOPB auf Intention oder Verhalten um so geringer ist, je stärker ein Verhalten habitualisiert ist. Sofern also die Häufigkeit früheren Verhaltens, *unabhängig* von den Variablen der TOPB, einen Einfluß auf Intention oder Verhalten ausübt, könnte dies ein Indikator für habitualisiertes Verhalten sein (vgl. auch Triandis 1977, 1980; anders hierzu jedoch Ajzen 1991).

Die weitere Untersuchung der kausalen Rolle von Habits bei der Erklärung von Intentionen und Verhalten setzt jedoch die Entwicklung direkter und valider Meßinstrumente für dieses theoretische Konstrukt voraus, die jedoch bislang noch nicht vorliegen (so auch Ronis et al. 1989).[61]

---

61   Zur Diskussion der theoretischen Bedeutung sowie der Messung von Habits innerhalb der TOPB vgl. Wittenbraker et al. 1983; Macey/Brown 1983; Charng et al. 1988; Mittal 1988; Ajzen 1991; Sparks/Shepherd 1992; van den Putte 1993.

81

9.7 Modelle mit Feedbackbeziehungen

Da innerhalb der Literatur (vgl. Thomas 1976; Bentler/Speckart 1981; Liska 1984; Liska et al. 1984) zur TORA und TOPB auch *nichtrekursive* Beziehungen (d.h. Feedback- oder Rückkoppelungsbeziehungen) zwischen Modell-Variablen postuliert werden, haben wir verschiedene Modelle mit solchen Feedbackbeziehungen getestet.

Mit Hilfe des Zwei-Stufen-Schätzverfahrens ("Two-Stage-Least Squares")[62] lassen sich die Parameter für die nichtrekursiven Beziehungen schätzen. Um nun *theoretisch sinnvolle* Instrumental-Variablen zu finden, die die jeweiligen Modelle identifizierbar machen und damit Parameterschätzungen für die nichtrekursiven Beziehungen erlauben, wurden nur solche exogenen Variablen als Instrumental-Variablen verwendet, die gemäß der TOPB auf bestimmte endogene Variablen wirken.

Da es sich nun bei Entsorgungsverhalten um *repetitives* Verhalten handelt, das sehr häufig ausgeführt wird, dürfte sich bei den Befragten über längere Zeit hinweg ein relativ stabiles Verhalten herausgebildet haben, das es rechtfertigt, auch von einem *stabilen* Zusammenhang zwischen den Prädiktoren und den abhängigen Variablen auszugehen. Aufgrund dieser Annahme haben wir es gewagt, auch nichtrekursive Modelle zu berechnen.

Zunächst haben wir ein überidentifiziertes nichtrekursives Modell getestet, das eine Feedback-Beziehung zwischen *Verhalten* und *Einstellung* postuliert (zu einem solchen nichtrekursiven Effekt vgl. Thomas 1976; Bentler/Speckart 1981; Liska 1984; Liska et al. 1984; Mummendey 1988). Für eine solche nichtrekursive Beziehung gibt es nun zwei theoretische Argumente. So ist gemäß der *Theorie der Selbstwahrnehmung* von Bem (1972) anzunehmen, daß das *Verhalten* einen Effekt auf die *Einstellung* ausübt (vgl. zu dieser Theorie Grabitz 1978). Greift man die Idee von Bem auf, daß Personen ihre Einstellungen aus der Selbstbeobachtung ihres eigenen Verhaltens erschließen, so liegt es nahe, einen *nichtrekursiven* Effekt zwischen Einstellung und Verhalten zu postulieren. Ein solcher Feedbackeffekt des Verhaltens auf Einstellungen wird auch aufgrund der *Theorie der kognitiven Dissonanz* von Festinger (1957) nahegelegt, die postuliert, daß wir unsere Einstellungen unserem Verhalten entsprechend bilden (zur Dissonanztheorie vgl. Frey 1978).

---

62 Zur Identifizierbarkeit nichtrekursiver Modelle und deren empirischer Prüfung vgl. Heise 1975, Kap. 6; Duncan 1975, Kap. 5 - 7; Opp/Schmidt 1976, S. 253 - 310; Berry 1984.

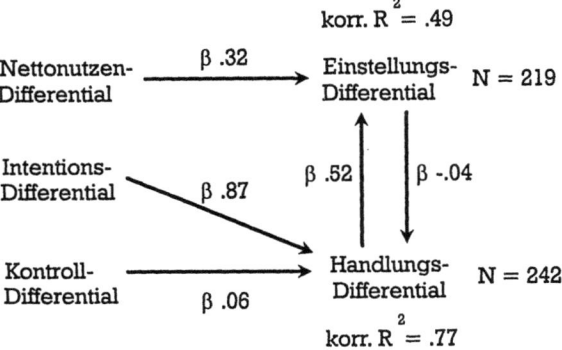

Modell 5
Nichtrekursives Modell: Einstellung und Handlung
korr. $R^2 = .49$

Nettonutzen-Differential $\xrightarrow{\beta\ .32}$ Einstellungs-Differential $N = 219$

Intentions-Differential $\beta\ .87$ $\beta\ .52$ $\beta\ -.04$

Kontroll-Differential $\xrightarrow{}$ Handlungs-Differential $N = 242$
$\beta\ .06$
korr. $R^2 = .77$

Dieses Modell 5 bestätigt die innerhalb der Literatur zur TORA und TOPB formulierte Annahme über einen Feedback-Effekt von Verhalten auf Einstellungen. Dieser Feedback-Effekt des Handlungs-Differentials auf das Einstellungs-Differential ist mit einem Beta-Wert von .52 relativ stark. Andererseits überrascht der nahezu nicht vorhandene Effekt ($\beta = -.04$) des Einstellungs-Differentials auf das Handlungs-Differential. Die Parameter des Modells 5 bestätigen weiter die Annahme der TOPB, daß *nur Intentionen*, jedoch *keine Einstellungen* einen direkten Effekt auf das Verhalten ausüben. Die restlichen Effekte dieses nichtrekursiven Modells 5 entsprechen weitgehend den Effekten in unserem rekursiven Modell 1.

Weiter wurde ein überidentifiziertes Modell getestet, das eine nichtrekursive Beziehung zwischen *Intentionen* und *Einstellungen* postuliert:

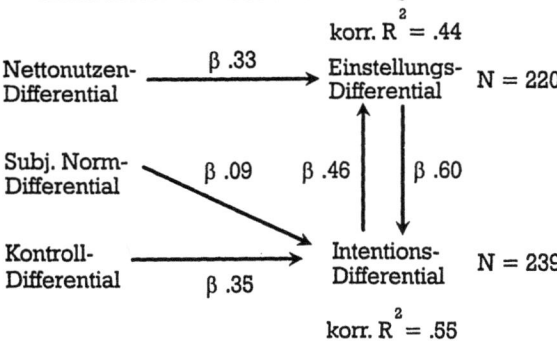

Modell 6
Nichtrekursives Modell: Einstellung und Intention
korr. $R^2 = .44$

Nettonutzen-Differential $\xrightarrow{\beta\ .33}$ Einstellungs-Differential $N = 220$

Subj. Norm-Differential $\beta\ .09$ $\beta\ .46$ $\beta\ .60$

Kontroll-Differential $\xrightarrow{}$ Intentions-Differential $N = 239$
$\beta\ .35$
korr. $R^2 = .55$

In diesem Modell 6 ist der Effekt des Einstellungs-Differentials auf das Intentions-Differential größer ($\beta = .60$) als der umgekehrte Rückkoppelungs-Effekt ($\beta = .46$). Auch in diesem Modell

6 entsprechen die restlichen Effekte wiederum weitgehend den Effekten in unserem rekursiven Modell 1.

Wenn wir die Modelle 5 und 6 betrachten, zeigt sich, daß zwar keine nichtrekursive Beziehung zwischen *Einstellungen* und *Verhalten* (Modell 5) vorliegt, es jedoch einen Effekt des Verhaltens auf Einstellungen gibt, der durch sozialpsychologische Theorien (Bem 1972; Festinger 1957) plausibilisiert werden kann. Zum anderen existiert eine Feedback-Relation zwischen *Einstellungen* und *Intentionen* (Modell 6).[63]

9.8 Determinanten der Einstellung in unterschiedlichen Entsorger-Gruppen

Für die folgenden Analysen haben wir nun verschiedene Subgruppen gebildet. Zum einen haben wir, entsprechend der Antwort auf die dichotome Frage, wie das Altglas das letzte Mal entsorgt wurde (Hausmüll oder Container), zwei Subgruppen gebildet, die wir *Hausmüll-Entsorger* (N = 101) und *Container-Entsorger* (N = 139) nennen wollen.

Tabelle 4

Entsorgungsverhalten in der Stichprobe

Verhalten	Fallzahl	Prozentanteil
letztes Mal Altglas in den Hausmüll getan („Hausmüll-Entsorger")	101	42.1 %
letztes Mal Altglas in den Container getan („Container-Entsorger")	139	57.9 %
Summe	240	100 %

---

63 Zwei weitere Modelle mit einer nichtrekursiven Beziehung zwischen Verhalten und Intention erwiesen sich als instabil, da für die unstandardisierten Koeffizienten der nichtrekursiven Variablenbeziehungen galt: $|b_i \times b_j|$ > 1.00. Zu den Stabilitätsbedingungen für nichtrekursive Modelle vgl. Blalock 1969, S. 81 f.; Heise 1975, S. 217; Diekmann 1980, S. 249. Darüberhinaus waren die Beträge der Beta-Gewichte für die nichtrekursiven Beziehungen größer als 1.00. Dies könnte mit der Multikollinearität zu tun haben, die beim Schätzverfahren nach dem Two-Stage-Least Squares-Algorithmus zwangsläufig auftritt, da die für die Parameterschätzung erforderlichen Instrumental-Variablen Linearkombinationen der exogenen Variablen darstellen.

84

Die durchschnittliche Häufigkeit, mit der diese beiden Gruppen ihr Altglas in den Hausmüll und den Container tun, läßt sich der folgenden Tabelle 5 entnehmen (6 = "immer"; 0 = "nie"):

Tabelle 5
Entsorgungshäufigkeit in verschiedenen Gruppen

Variablen	Hausmüll-Entsorger	Container-Entsorger
Häufigkeit der Hausmüll-Entsorgung	4.34	.98
Häufigkeit der Container-Entsorgung	1.84	5.22

Zum anderen haben wir zwei Subgruppen gebildet, indem wir Personen, die ihr Altglas "immer", "sehr oft" oder "oft", also *habituell* in den Hausmüll und "nie", "sehr selten" oder "selten" in den Container tun, zu einer Gruppe zusammengefaßt haben, die wir *Habit-Hausmüll-Entsorger* (N = 66) nennen. Analog hierzu wurde eine zweite Gruppe von *Habit-Container-Entsorgern* (N = 135) konstruiert, die aus solchen Personen bestand, die ihr Altglas "immer", "sehr oft" oder "oft", also *habituell* in den Container und "nie", "sehr selten" oder "selten" in den Hausmüll tun.

Tabelle 6
Entsorgungsverhalten in der Stichprobe (N = 247)

Verhalten	Fallzahl	Prozent-Anteil
Habit-Hausmüll-Entsorger	66	26.7 %
Habit-Container-Entsorger	135	54.7 %

Die durchschnittliche Häufigkeit, mit der diese beiden Habit-Gruppen ihr Altglas in den Hausmüll bzw. Container tun, läßt sich der folgenden Tabelle 7 entnehmen (6 = "immer" und 0 = "nie"):

85

Tabelle 7
Entsorgungshäufigkeit in verschiedenen Gruppen

Variablen	Hausmüll Habit	Container Habit
Häufigkeit der Hausmüll-Entsorgung	5.21	.76
Häufigkeit der Container-Entsorgung	.85	5.41

Die Mittelwerte für die jeweiligen Entsorgungshäufigkeiten in diesen beiden Habit-Gruppen liegen erwartungsgemäß *weiter* auseinander als bei den Gruppen der Hausmüll- und Container-Entsorger und indizieren damit *stärkere Verhaltensunterschiede* zwischen den beiden Habit-Gruppen.

Betrachten wir nun die Modellvariablen der TOPB. Die folgende Tabelle 8 informiert zunächst über die Mittelwerte aller *Differenz-Variablen* bei *Hausmüll-* und *Container-Entsorgern*:

Tabelle 8
Differenz-Variablen in verschiedenen Gruppen

Differenz-Variablen der TOPB	Hausmüll-Entsorger	Container-Entsorger
Handlungsdifferential	2.56	-4.24
Intentionsdifferential	1.61	-4.56
Einstellungsdifferential	-1.42	-4.33
Subjektive-Norm-Differential	-1.99	-3.55
Kontrolldifferential	.62	-1.51
Nettonutzendifferential	.74	-36.99
Normdifferential	-12.68	-33.51
Möglichkeiten-Differential	.39	-13.42

Für *alle* Differenz-Variablen der TOPB zeigt sich hier *theoriegemäß*, daß die Mittelwerte der Hausmüll-Entsorger *höher* als die der Container-Entsorger sind. Allerdings fällt auf, daß die

Variablen Einstellungs-Differential, Subjektive-Norm-Differential und Norm-Differential in *beiden* Gruppen jeweils *negative* Mittelwerte besitzen und damit anzeigen, daß *auch* bei den *Hausmüll*-Entsorgern eine Container-Entsorgung von den Befragten selbst sowie von ihrer sozialen Umwelt durchaus positiv beurteilt und in dieser Richtung auch sozialer Druck der Umwelt perzipiert wird. Es sei hier jedoch kritisch angemerkt, daß bei den Antworten der Gruppe der Hausmüll-Entsorger Effekte, *sozial erwünscht* zu antworten, nicht ausgeschlossen werden können.

Das gleiche Ergebnis erhalten wir, wenn wir die Mittelwerte der *Habit-Hausmüll-Entsorger* mit denen der *Habit-Container-Entsorger* in der Tabelle 9 vergleichen. Die Mittelwerte für die jeweiligen Differenz-Variablen in diesen beiden Gruppen liegen lediglich weiter auseinander und indizieren damit *stärkere Unterschiede* zwischen den beiden Habit-Gruppen:

Tabelle 9
Differenz-Variablen in verschiedenen Gruppen

Differenz-Variablen der TOPB	Hausmüll Habit	Container Habit
Handlungsdifferential	4.36	-4.65
Intentionsdifferential	3.05	-4.72
Einstellungsdifferential	-.79	-4.50
Subjektive-Norm-Differential	-1.84	-3.70
Kontrolldifferential	.86	-1.44
Nettonutzendifferential	1.58	-38.43
Normdifferential	-9.56	-35.02
Möglichkeiten-Differential	2.75	-14.01

Die folgende Tabelle 10 enthält die Mittelwerte der Determinanten der Einstellungen, nämlich *Erwartungen* und *Nutzen-Einschätzungen* von Handlungsfolgen innerhalb der beiden Subgruppen von Hausmüll- und Container-Entsorgern. Für diese Tabelle 10 haben wir *differentielle Erwartungen* von Handlungsfolgen berechnet, die folgendermaßen konstruiert wurden:

Differentielle Erwartung der Folge $K_i \equiv$ Erwartung der Folge K_i bei einer Hausmüll-Entsorgung - Erwartung der Folge K_i bei einer Container-Entsorgung

Positive Werte einer differentiellen Erwartung indizieren, daß diese Folge in der Perzeption einer Person eher bei einer *Hausmüll-* als bei einer Container-Entsorgung auftritt. *Negative* Werte bedeuten dagegen, daß diese Folge eher bei einer *Container-* als bei einer Hausmüll-

Entsorgung auftritt. Je größer also der Wert ist, desto *wahrscheinlicher* ist die Folge in der Perzeption einer Person bei einer *Hausmüll-* und/oder desto *unwahrscheinlicher* ist diese Folge bei einer *Container*-Entsorgung.

Außer den durchschnittlichen differentiellen Erwartungen enthält die Tabelle 10 die Mittelwerte für die jeweiligen *Nutzen-Einschätzungen* für alle Konsequenzen innerhalb der beiden Subgruppen Hausmüll-Entsorger und Container-Entsorger.

Tabelle 10
Nutzen und differentielle Erwartung von Handlungsfolgen
in verschiedenen Gruppen

Handlungskonsequenzen	Nutzen-Einschätzung		Differentielle Erwartung	
	Hausmüll-Entsorger	Container-Entsorger	Hausmüll-Entsorger	Container-Entsorger
(1) Lagerung im Haushalt	-1.35	-.79	-3.34	-3.43
(2) Gutes Gewissen	1.47	1.93	-2.16	-3.62
(3) Mülltonne schnell voll	-1.38	-2.04	3.47	4.22
(4) Säubern von Altglas	-1.40	-.77	-2.30	-2.65
(5) Bequeme Entsorgung	2.05	1.78	3.91	2.63
(6) Zeitersparnis	1.94	1.45	4.19	3.12
(7) Belastung der Umwelt durch Verbrennung	-1.62	-2.38	2.01	3.22
(8) Wiederverwertung von Rohstoffen	1.82	2.53	-3.15	-4.13
(9) mühsamer Transport	-1.86	-1.47	-3.39	-2.14
(10) Abnahme des Müllberges	1.66	2.45	-3.09	-3.68
(11) Mülltonne schwerer	-1.34	-1.43	3.52	4.28

Nun könnte man zunächst vermuten, daß die *Nutzen-Einschätzungen* der Folgen durch die beiden Gruppen *identisch* und damit *unabhängig* von der zuletzt praktizierten Entsorgungsart sind. Hinsichtlich dieser Nutzeneinschätzungen gibt es jedoch *systematische Unterschiede* zwischen den beiden Gruppen, die mit der zuletzt praktizierten Entsorgungsart zusammenhängen.

Es zeigt sich nämlich, daß Konsequenzen, die von beiden Gruppen *eher* bei einer *Container-Entsorgung* erwartet werden (deren differentielle Erwartungen also negative Werte haben), von *Container*-Entsorgern *weniger negativ* ("Lagerung im Haushalt", "Säubern von Altglas", "mühsamer Transport") oder *stärker positiv* ("gutes Gewissen", "Wiederverwertung von Rohstoffen", "Abnahme des Müllberges") als von Hausmüll-Entsorgern bewertet werden.

Genau das umgekehrte Muster ergibt sich für jene Konsequenzen, die von beiden Gruppen *eher* im Falle einer *Hausmüll*-Entsorgung erwartet werden (deren differentielle Erwartungen also positive Werte aufweisen). Diese Folgen werden von *Hausmüll*-Entsorgern *weniger negativ* ("Mülltonne schnell voll", "Belastung der Umwelt durch Verbrennung", "Mülltonne schwerer") bzw. *stärker positiv* ("bequeme Entsorgung", "Zeitersparnis") als von Container-Entsorgern bewertet.

Weiter zeigt sich, daß sich die drei extremsten Nutzeneinschätzungen von Container-Entsorgern auf *kollektive* und eher *langfristige* ökologische Folgen ("Belastung der Umwelt durch Verbrennung", "Wiederverwertung von Rohstoffen", "Abnahme des Müllberges") beziehen, während sich die drei extremsten Nutzeneinschätzungen der Hausmüll-Entsorger auf *individuelle* und eher *kurzfristige* "egoistische" Konsequenzen ("bequeme Entsorgung", "Zeitersparnis", "mühsamer Transport") beziehen.

Die *negativen* Vorzeichen der differentiellen Erwartungen in *beiden* Gruppen bedeuten, daß *alle* Befragten die Folgen

"Lagerung im Haushalt", "gutes Gewissen", "Säubern von Altglas", "Wiederverwertung von Rohstoffen", "mühsamer Transport", "Abnahme des Müllberges"

eher bei einer *Container*- als bei einer Hausmüll-Entsorgung erwarten.

Demgegenüber indizieren die *positiven* Vorzeichen der differentiellen Erwartungen in *beiden* Gruppen, daß *alle* Befragten die Folgen

"Mülltonne schnell voll", "bequeme Entsorgung", "Zeitersparnis", "Belastung der Umwelt durch Verbrennung", "Mülltonne schwerer"

eher bei einer *Hausmüll*- als bei einer Container-Entsorgung erwarten. Im Hinblick auf die *Vorzeichen* differentieller Erwartungen *unterscheiden* sich also die beiden Gruppen *nicht* voneinander.

Allerdings unterscheiden sich die *numerischen* Werte der differentiellen Erwartungen in den beiden Gruppen. Je *positiver* dieser Wert ist, desto wahrscheinlicher ist die Folge in der Perzeption einer Person bei einer Hausmüll-Entsorgung und/oder desto unwahrscheinlicher ist diese Folge bei einer Container-Entsorgung. Je *negativer* der Wert, desto wahrscheinlicher ist die Folge bei einer Container-Entsorgung und/oder desto unwahrscheinlicher ist diese Folge bei einer Hausmüll-Entsorgung.

Diese unterschiedlichen differentiellen Erwartungen innerhalb der beiden Gruppen sowie die bereits erwähnten unterschiedlichen Nutzen-Einschätzungen führen zu unterschiedlichen Nettonutzen-Werten für die zwei Handlungsalternativen und damit auch zu unterschiedlichen Nettonutzen-Differentialen, die wiederum die Einstellungen gegenüber den Handlungsalternativen determinieren.

Auch hier erhält man die beiden gleichen Muster, wenn man die Mittelwerte der *Habit-Hausmüll-Entsorger* mit denen der *Habit-Container-Entsorger* vergleicht. Auch hier liegen die jeweiligen Mittelwerte oft nur weiter auseinander und indizieren damit, daß sich die beiden Habit-Gruppen *stärker* voneinander *unterscheiden* als die Gruppen der Hausmüll- und Container-Entsorger.

Tabelle 11

Nutzen und differentielle Erwartung von Handlungsfolgen
in verschiedenen Gruppen

Handlungskonsequenzen	Nutzen-Einschätzung		Differentielle Erwartung	
	Hausmüll Habit	Container Habit	Hausmüll Habit	Container Habit
(1) Lagerung im Haushalt	-1.56	-.81	-3.12	-3.38
(2) Gutes Gewissen	1.44	1.95	-2.05	-3.84
(3) Mülltonne schnell voll	-1.49	-2.02	3.51	4.32
(4) Säubern von Altglas	-1.68	-.70	-2.00	-2.84
(5) Bequeme Entsorgung	2.23	1.81	4.29	2.64
(6) Zeitersparnis	2.00	1.53	4.48	3.18
(7) Belastung der Umwelt durch Verbrennung	-1.50	-2.41	1.81	3.40
(8) Wiederverwertung von Rohstoffen	1.74	2.59	-2.86	-4.23
(9) mühsamer Transport	-1.95	-1.46	-3.54	-2.13
(10) Abnahme des Müllberges	1.75	2.44	-2.97	-3.90
(11) Mülltonne schwerer	-1.40	-1.38	3.63	4.41

Auch hier zeigt sich, daß sich die drei extremsten Nutzeneinschätzungen von Habit-Container-Entsorgern auf *kollektive* und eher *langfristige* "ökologische" Folgen wie

"Belastung der Umwelt durch Verbrennung", "Wiederverwertung von Rohstoffen", "Abnahme des Müllberges"

beziehen, während sich die drei extremsten Nutzeneinschätzungen der Habit-Hausmüll-Entsorger auf *individuelle* und eher *kurzfristige* "egoistische" Konsequenzen wie

"bequeme Entsorgung", "Zeitersparnis", "mühsamer Transport"

beziehen. Wenn wir nun das im Abschnitt II.2.2 bereits kurz vorgestellte Konzept der *Meta-Präferenz* verwenden, das sich darauf bezieht, welche Art von Zielen oder Konsequenzen Personen präferieren, besteht also ein interessantes Ergebnis unserer Recycling-Studie darin, daß sich eine verhaltensspezifische Verteilung von Meta-Präferenzen für *kollektive* und *langfristige* Handlungsfolgen (bei Container-Entsorgern und Habit-Container-Entsorgern) einerseits sowie für *individuelle* und *kurzfristige* Handlungskonsequenzen (bei Hausmüll-Entsorgern und Habit-Hausmüll-Entsorgern) andererseits zeigt.

Damit wird unsere Behauptung aus Abschnitt V.5.5 gestützt, daß die Ursache vieler Umweltprobleme darin gesehen werden kann, daß Akteure bei ihren individuellen Entscheidungen kurzfristige individuelle Kosten und Nutzen gegenüber langfristigen kollektiven Kosten und Nutzen überbewerten, d.h. Meta-Präferenzen für das Auftreten kurzfristiger und individueller Folgen besitzen.

9.9 Determinanten der subjektiven Norm in unterschiedlichen Entsorger-Gruppen

Personen in unserer Stichprobe wurden gefragt, welche beiden Menschen ihnen persönlich besonders wichtig sind und auf deren Meinung sie großen Wert legen. Bei der Nennung dieser beiden Bezugspersonen ergab sich folgende Verteilung:

Tabelle 12
Arten von Bezugspersonen

Art der Bezugsperson	Bezugsperson 1	Bezugsperson 2
Lebenspartner	51.0 %	5.9 %
Verwandte	27.5 %	36.4 %
Arbeitskollege	1.6 %	5.0 %
Mitbewohner	4.5 %	4.2 %
Freunde und Bekannte	15.4 %	42.2 %
Nachbar	0 %	6.3 %
Summe	100 %	100 %

Die Verteilung der Kategorien spiegelt die Rangfolge der subjektiven Bedeutung von Bezugsperson wider. So dominierte bei der *zuerst* genannten Person (Bezugsperson 1) mit 51% eindeutig die Kategorie *Lebenspartner*. Demgegenüber wurden bei der an *zweiter* Stelle genannten Person (Bezugsperson 2) am häufigsten (42.2%) *Freunde* und *Bekannte* genannt.

Daß diese spezifische Rangfolge der subjektiven Bedeutung von Bezugspersonen
nicht für jedes Verhalten gilt, dürfte sofort klar werden, wenn man z.B. an das Se-
xualverhalten von Jugendlichen denkt. In diesem Verhaltensbereich dürfte die
Gruppe der "Peers" eindeutig den stärksten Einfluß besitzen. Geht es dagegen z.B.
um Verhalten am Arbeitsplatz, haben sicher Kollegen oder Vorgesetzte den stärksten Einfluß.

Für die folgende Tabelle 13 haben wir für jede dieser beiden genannten Bezugspersonen die
differentielle Bewertung der beiden Verhaltensalternativen durch die jeweilige Bezugsperson
berechnet:

Differentielle Bewertung durch Bezugsperson j ≡ Bewertung der Handlung H_1
durch Bezugsperson j - Bewertung der Handlung H_2 durch Bezugsperson j

Positive Werte zeigen an, daß die Bezugsperson eine Hausmüll-Entsorgung besser findet, negative Werte, daß die Bezugsperson eine Container-Entsorgung besser findet. Je größer der
Wert, desto besser findet die Bezugsperson eine Hausmüll-Entsorgung und/oder desto
schlechter findet sie eine Container-Entsorgung.

Tabelle 13
Konformitätsmotivation und differentielle Bewertung
durch Bezugspersonen in verschiedenen Gruppen

relevante Bezugspersonen	Konformitäts-motivation		Differentielle Bewertung durch Bezugsperson	
	Hausmüll-Entsorger	Container-Entsorger	Hausmüll-Entsorger	Container-Entsorger
Bezugsperson 1	3.43	4.48	-2.03	-3.64
Bezugsperson 2	2.71	4.03	-2.12	-3.32

Die durchweg *negativen* Werte der differentiellen Bewertungen (der zwei Entsorgungsarten)
durch die beiden Bezugspersonen in *beiden* Gruppen zeigen, daß es die Bezugspersonen bei
allen Befragten *besser* finden, Altglas in den Container zu tun. Ein Blick auf die Werte zeigt
allerdings, daß diese negativen Werte bei den Container-Entsorgern stärker als bei den Haus-

müll-Entsorgern ausgeprägt sind. Ein weiterer Unterschied zwischen den beiden Gruppen besteht darin, daß die *Konformitätsmotivationen* bei den *Container*-Entsorgern *stärker* ausgeprägt sind.

Auch in diesem Fall ergibt sich die gleiche Struktur, wenn man die Mittelwerte der *Habit-Hausmüll-Entsorger* mit denen der *Habit-Container-Entsorger* vergleicht. Die jeweiligen Mittelwerte liegen wiederum nur weiter auseinander und indizieren, daß sich die beiden Habit-Gruppen *stärker* voneinander *unterscheiden* als die Gruppen der Hausmüll- und Container-Entsorger.

Tabelle 14
Konformitätsmotivation und differentielle Bewertung
durch Bezugspersonen in verschiedenen Gruppen

relevante Bezugspersonen	Konformitäts-motivation		Differentielle Bewertung durch Bezugsperson	
	Hausmüll Habit	Container Habit	Hausmüll Habit	Container Habit
Bezugsperson 1	3.09	4.51	-1.82	-3.82
Bezugsperson 2	2.40	4.14	-2.00	-3.38

9.10 Determinanten der globalen Verhaltenskontrolle in unterschiedlichen Entsorger-Gruppen

Bei Betrachtung der Mittelwerte der Determinanten der globalen Verhaltenskontrolle, d.h. der *Handlungserleichterungen* und der *Kontrollüberzeugungen*, in der folgenden Tabelle 15 ergeben sich folgende systematischen Unterschiede zwischen Hausmüll- und Container-Entsorgern:

Tabelle 15
Einschätzung der Handlungsumstände in verschiedenen Gruppen

Handlungsumstände	Grad der Erleichterung oder Erschwerung		Erwartung von Umständen	
	Hausmüll Entsorger	Container Entsorger	Hausmüll Entsorger	Container Entsorger
(1) Wissen um einen Containerstandort	.79	1.68	1.20	2.49
(2) gute körperliche Verfassung	1.30	1.93	1.16	2.14
(3) gute Transportmöglichkeit	1.54	2.06	-.14	1.74
(4) große Entfernung zum Container	-1.62	-1.33	.52	-1.19

Erstens halten Hausmüll-Entsorger Umstände, die eine Container-Entsorgung erleichtern ("Wissen um einen Container-Standort", "gute körperliche Verfassung", "gute Transportmöglichkeiten") für *weniger* erleichternd als Container-Entsorger. Dagegen halten Container-Entsorger eine "große Entfernung zum Container", die eine Container-Entsorgung erschwert, für *weniger* handlungserschwerend als Hausmüll-Entsorger.

Zweitens zeigen sich auch bei den *Erwartungen* der verschiedenen Umstände Gruppenunterschiede. So erwarten Hausmüll-Entsorger mit *geringerer* Wahrscheinlichkeit, daß die erleichternden Umstände U_1, U_2 und U_3 vorliegen. Demgegenüber erwarten sie jedoch mit einer *größeren* Wahrscheinlichkeit, daß der erschwerende Umstand einer großen Entfernung zum Container vorliegt.

Am *stärksten* unterscheiden sich die Erwartungen der beiden Gruppen im Hinblick auf "gute Transportmöglichkeiten" und "eine große Entfernung zum Container". Bei diesen beiden Umständen unterscheiden sich sogar die Vorzeichen der Mittelwerte. So halten Hausmüll-Entsorger "gute Transportmöglichkeiten"[64] eher für *unwahrscheinlich* (-.14) gegenüber Container-Entsorgern, die diesen Umstand eher für *wahrscheinlich* (1.74) halten. Zum anderen

---

64 Der Einwand, daß die Frage nach dem Vorliegen des Umstandes "gute Transportmöglichkeiten" und die Frage nach dem Auftreten der Handlungsfolge "mühsamer Transport" im Falle einer Container-Entsorgung das gleiche messen, wird durch eine relativ niedrige negative Korrelation von -.45 zwischen diesen beiden Items entkräftet.

halten Hausmüll-Entsorger "eine große Entfernung zum Container" eher für *wahrscheinlich* (.52) gegenüber Container-Entsorgern, die dies eher für *unwahrscheinlich* (-1.19) halten.

Eine identische Struktur ergibt sich wiederum für die Mittelwerte der *Habit-Hausmüll-Entsorger* und der *Habit-Container-Entsorger*. Die Mittelwerte liegen auch hier weiter auseinander und zeigen, daß sich die beiden Habit-Gruppen *stärker* voneinander *unterscheiden* als die Gruppen der Hausmüll- und Container-Entsorger.

Tabelle 16
Einschätzung der Handlungsumstände in verschiedenen Gruppen

Handlungs-Umstände	Grad der Erleichterung oder Erschwerung		Erwartung von Umständen	
	Hausmüll Habit	Container Habit	Hausmüll Habit	Container Habit
(1) Wissen um einen Containerstandort	.69	1.69	.78	2.59
(2) gute körperliche Verfassung	1.35	1.98	1.06	2.17
(3) gute Transport- möglichkeit	1.64	2.11	-.48	1.74
(4) große Entfernung zum Container	-1.73	-1.35	.83	-1.27

10. Diskussion

Ein Ergebnis unserer Recycling-Studie besteht darin, daß sich eine verhaltensspezifische Verteilung von Meta-Präferenzen für kollektive und langfristige Handlungsfolgen (bei Container-Entsorgern und Habit-Container-Entsorgern) einerseits sowie für individuelle und kurzfristige Handlungskonsequenzen (bei Hausmüll-Entsorgern und Habit-Hausmüll-Entsorgern) andererseits zeigt. Damit wird unsere Annahme gestützt, daß die Ursache vieler Umweltprobleme darin gesehen werden kann, daß Akteure bei ihren Entscheidungen kurzfristige individuelle Kosten und Nutzen gegenüber langfristigen kollektiven Kosten und Nutzen überbewerten, d.h. Meta-Präferenzen für das Auftreten kurzfristiger und individueller Folgen besitzen.

Das "reine" Modell der TOPB (ohne einen später hinzugefügten Habit-Prädiktor) auf der Basis von Differenz-Werten hat sich in unserer Recycling-Studie zunächst sowohl als Verhaltens-Modell (Modell 1 und 2) als auch als Intentions-Modell (Modell 1) empirisch in einem

Ausmaß bestätigt, das für den "main stream" der empirischen Sozialforschung ungewöhnlich hoch ist.

Bei Einführung eines Habit-Prädiktors in das "reine" Modell der TOPB zeigt sich jedoch der starke Einfluß, den dieser zusätzliche Prädiktor auf Verhalten (Modell 3) und Intention (Modell 4) ausübt. Die Ergebnisse des Tests der "erweiterten" TOPB bestätigen nun erstens die Handlungstheorie von Triandis, dergemäß die Auftrittswahrscheinlichkeit eines Verhaltens um so stärker von der Habitualisierung dieses Verhaltens und um so weniger von der Intention abhängt, je repetitiver es ist. Zweitens legen unsere Ergebnisse dringend nahe, ein Meßinstrument für Habits zu entwickeln, das nicht mit der Häufigkeit vergangenen Verhaltens identisch ist. Drittens sollten unsere Ergebnisse Anlaß dafür sein, sich verstärkt Gedanken über eine theoretische Integration von Habits in die TOPB (und andere RC-Theorien) zu machen.

VI. Ein Test der SEU-Theorie sowie von Hypothesen über Schwellenwerte

1. Ein empirischer Test der SEU-Theorie

Die SEU-Theorie[65] postuliert nun, daß diejenige Handlungsalternative ausgeführt wird, die einen *maximalen* SEU-Wert oder Nettonutzen besitzt. Der Nettonutzen (NN) einer bestimmten Entsorgungsalternative H_i war nun folgendermaßen definiert:

Nettonutzen der Handlungsalternative $H_i \equiv \Sigma$ (Erwartung der Handlungsfolge K_j bei Ausführung der Handlung H_i × Nutzen dieser Handlungsfolge K_j) für die Handlungsfolgen $K_1...K_{11}$

Für zwei Handlungsalternativen H_1 und H_2 lautet eine Version der SEU-Theorie auf einer *Aggregat-Ebene* folgendermaßen:

SEU-Version 1: Personen, die H_1 (H_2) ausführen, perzipieren im Durchschnitt einen höheren Nettonutzen für H_1 (H_2) als für die Alternative H_2 (H_1)

Setzt man für H_1 "Hausmüll-Entsorgung" und für H_2 "Container-Entsorgung" ein, ergibt sich für unseren Anwendungsfall folgende Hypothese:

Hausmüll-Entsorger (Container-Entsorger) perzipieren im Durchschnitt einen höheren Nettonutzen für eine Hausmüll-Entsorgung (Container-Entsorgung) als für eine Container-Entsorgung (Hausmüll-Entsorgung)

Wenn man nun die *durchschnittlichen* Nettonutzenwerte für die beiden Entsorgungsarten *innerhalb* jeweils einer der beiden Entsorger-Gruppen miteinander vergleicht, bestätigt sich diese Hypothese. Die für diesen Test der SEU-Theorie auf einer *Aggregat-Ebene* erforderlichen Informationen über die Mittelwerte und die jeweils ausgeführten Handlungsalternativen enthält die folgende Tabelle 17:

---

65 "SEU" steht für "Subjective Expected Utility", eine andere Bezeichnung für den Nettonutzen einer Handlung. Andere Namen für diese gängige RC-Theorie sind auch "Erwartungsnutzentheorie", "Nutzentheorie" oder "Wert-Erwartungstheorie". Zur ursprünglichen Formulierung der SEU-Theorie vgl. Savage 1954; Edwards 1954, 1961. Die SEU-Theorie entspricht dem bekannten Kriterium von Bayes; vgl. hierzu Nida-Rümelin 1993, Kap. 3. Einen kurzen Überblick zur SEU-Theorie sowie über verschiedene Formulierungen dieser Theorie gibt Opp 1983, S. 41 - 49. Zu Problemen von SEU-Modellen vgl. Simon 1957, S. 196 ff., 1988; Elster 1979; Schoemaker 1982; Kahneman/Tversky 1984; Frey/Eichenberger 1989; Frey 1990, Kap. 11.

98

Tabelle 17
Durchschnittliche Nettonutzenwerte
bei Hausmüll- und Container-Entsorgern

Variablen	Hausmüll-Entsorger	Container-Entsorger
Nettonutzen einer Hausmüll-Entsorgung	4.29	-15.71
Nettonutzen einer Container-Entsorgung	3.60	21.28

Die SEU-Theorie bestätigt sich auf dieser Aggregat-Ebene, da in der Gruppe der Hausmüll-Entsorger eine *Hausmüll*-Entsorgung den *größten* Nettonutzen (4.29) und in der Gruppe der Container-Entsorger eine *Container*-Entsorgung den *größten* Nettonutzen (21.28) besitzt.

Diese erfreuliche Situation ändert sich jedoch ein wenig beim Wechsel von der *Aggregat*- zur *Individual-Ebene*. Die SEU-Hypothese lautet auf der *Individual-Ebene*:

SEU-Version 2: Eine Person führt diejenige Verhaltensalternative aus, für die sie einen maximalen Nettonutzen (NN) perzipiert

Für unseren Fall lautet diese Hypothese also:

Für jeden Hausmüll-Entsorger gilt:
NN Hausmüll-Entsorgung > NN Container-Entsorgung

Für jeden Container-Entsorger gilt:
NN Container-Entsorgung > NN Hausmüll-Entsorgung

Hier handelt es sich also um eine *intraindividuelle* Analyse ("within subject analysis"), da die Nettonutzen-Werte für ein und dieselbe Person miteinander verglichen werden und auf dieser Grundlage eine Individualprognose des Verhaltens formuliert wird. Anzumerken ist hier, daß es in unserer Stichprobe keine Person gab, für die der Nettonutzen einer Hausmüll-Entsorgung gleich dem Nettonutzen einer Container-Entsorgung war.

Wie die folgende Tabelle 18 zeigt, sind die Prognosen für das tatsächlich ausgeführte *individuelle* Verhalten aber immer noch in 73% aller Fälle (N = 215) zutreffend. Für den Zusammenhang in dieser Vierfeldertafel ergibt sich nun ein Phi von .42 und ein Kontingenzkoeffizient von .39.

Tabelle 18
Test der SEU-Theorie

Relationen zwischen Nettonutzen-Werten der Handlungen	Letztes Mal in den Hausmüll geworfen	Letztes Mal in den Container geworfen	
Nettonutzen Hausmüll größer als Nettonutzen Container	47	18	65
Nettonutzen Hausmüll kleiner als Nettonutzen Container	41	109	150
	88	127	215

Richtige Prognosen: 72.55%
Phi: .42
Kontingenz-Koeffizient: .39

Dabei ergeben sich jedoch deutliche *Unterschiede* bei der Prognosequalität hinsichtlich der beiden Verhaltensalternativen. So wird eine Hausmüll-Entsorgung nur zu 53.40% korrekt vorhergesagt, eine Container-Entsorgung dagegen zu 85.83%. Der geringere Prozentsatz zutreffender Prognosen für Hausmüll-Entsorger läßt sich durch die relativ *kleine Differenz* zwischen den Nettonutzen-Mittelwerten (4.29 vs. 3.60) für die beiden Handlungsalternativen innerhalb dieser Gruppe erklären (vgl. Tabelle 17). Aufgrund dieser geringen Differenz der Mittelwerte dürfte nämlich in einer Reihe von *individuellen* Fällen (genauer: bei 41 Fällen) die folgende Ungleichung eher erfüllt sein und damit zu falschen Individualprognosen führen:

NN Hausmüll-Entsorgung < NN Container-Entsorgung

Eine dritte mögliche Version der SEU-Theorie lautet in unserem Fall:

SEU-Version 3: Je größer das Nettonutzen-Differential ist, desto größer ist auch das Handlungs-Differential

Hier findet ein *interindividueller* Vergleich von Nettonutzen-Werten einerseits und Handlungshäufigkeiten andererseits statt. Interindividuelle Analysen beruhen oft auf korrelations-

oder regressionsanalytischen Analysen von Nettonutzen-Werten und Handlungshäufigkeiten *verschiedener* Personen innerhalb einer Stichprobe ("across subject analysis").[66]

Diese Hypothese läßt sich durch die einfache Korrelation zwischen den beiden Variablen überprüfen. Der relativ niedrige Korrelationskoeffizient von r = .57 enttäuscht jedoch ein wenig und ist möglicherweise als Hinweis darauf zu deuten, daß *kein direkter* Zusammenhang zwischen dem Nettonutzen eines Verhaltens und der Ausführung dieses Verhaltens existiert.

2. Schwellenwerte für eine Container-Entsorgung in unterschiedlichen Entsorger-Gruppen

Der Einfluß der sozialen Umwelt auf die Entscheidung einer Person wird im Rahmen der TOPB durch die beiden Variablen Umwelterwartung und Konformitätsmotivation erhoben. Eine andere Möglichkeit, den Einfluß der sozialen Umwelt auf binäre individuelle Verhaltensentscheidungen zu messen, besteht darin, nach den subjektiven *Schwellenwerten* für ein bestimmtes Verhalten zu fragen. So haben wir Personen, die ihr Altglas überwiegend ("immer", "sehr oft", "oft") in den *Hausmüll* tun, folgende Frage gestellt:

"Mindestens wieviel Prozent der anderen in Ihrer Stadt- oder Landgemeinde müßten ihr Altglas in einen öffentlichen Container tun, damit Sie dies *auch täten*?"

Personen, die ihr Altglas überwiegend ("immer", "sehr oft", "oft") in den *Container* tun, wurde dagegen die Frage gestellt:

"Mindestens wieviel Prozent der anderen in Ihrer Stadt- oder Landgemeinde müßten ihr Altglas in öffentliche Container tun, damit Sie dies auch *weiterhin täten*?"

Die Grundidee eines *Schwellenwertmodells*[67] besteht darin, daß Akteure erst dann eine bestimmte Handlung (Container-Entsorgung) ausführen, wenn eine bestimmte *Anzahl* oder ein

---

66   Einige Vertreter des RC-Ansatzes aus der Ökonomie bestreiten jedoch die Möglichkeit eines interpersonellen Vergleichs von (Netto-)Nutzen-Werten; vgl. z.B. Harsanyi 1977, S. 192 ff.

67   Zu Schwellenwertmodellen vgl. Granovetter 1978; Granovetter/Soong 1983, 1986, 1988; Braun 1994, 1995. Schelling 1978 und Marwell/Oliver 1993 sprechen auch in Anlehnung an Prozesse der Kern- und Atomphysik von einer "critical mass", die erreicht werden muß, um Prozesse in Gang zu setzen. Ein ähnliches, jedoch nicht vergleichbar elaboriertes, Modell stellt die Theorie der Schweigespirale von Noelle-Neumann (1980) dar, die die Äußerung der eigenen politischen Meinung als Funktion des perzipierten Anteils anderer Personen betrachtet, die diese Meinung teilen. Eine kurze Einführung in die Logik von Schwellenwertmodellen geben Raub/Voss 1981, S. 123 - 128. Eine Anwendung eines solchen Modells zur Erklärung der Revolution in der ehemaligen DDR findet sich bei Prosch/Abraham 1991. Zu Schwellenwertmodellen des Verfalls und Aufbaus von Kooperation vgl. Diekmann 1993. Zur Anwendung von

bestimmter *Anteil* bzw. Prozentsatz anderer Personen diese Handlung (Container-Entsorgung) *bereits ausführt* oder ausgeführt hat.

Dabei kann es von Bedeutung sein, ob die bereits handelnden Personen zur eigenen Bezugsgruppe gehören oder nicht. Wenn z.B. drei Freunde eine Handlung bereits ausgeführt haben, so kann dies auf den potentiellen Akteur einen anderen Effekt haben, als wenn dies drei unbekannte Personen tun. So entscheidet sich der potentielle Akteur im ersten Fall eher dafür, diese Handlung ebenfalls auszuführen als im zweiten Fall. Bei unseren Meßvorschlägen haben wir uns jedoch aus Gründen der Einfachheit dafür entschieden, "thresholds" nicht unter Bezugnahme auf die eigene Bezugsgruppe der potentiellen Akteure zu operationalisieren und auf eine subjektive Gewichtung des Verhaltens von Personen, die zur eigenen Bezugsgruppe gehören, zu verzichten.[68]

"Zögerer" haben demnach sehr *hohe* Schwellenwerte, "Mitläufer" besitzen dagegen *mittlere* Schwellenwerte, und "Umweltmoralisten", die diese Handlung völlig unabhängig vom Verhalten anderer Personen ausführen, haben Schwellenwerte von *Null*. Ein individueller Schwellenwert hat nicht den Charakter eines konstanten Persönlichkeitsmerkmals, sondern kann bei einer Person situationsspezifisch variieren.

Mark Granovetter (1978) hat nun gezeigt, daß sich das Konzept des Schwellenwerts mit dem Modell Rationalen Handelns in Form des SEU-Modells ebenso elegant wie plausibel verbinden läßt. Erst wenn ein bestimmter *subjektiver Schwellenwert* S_i erreicht wird, ist der perzipierte Nettonutzen einer Container-Entsorgung *größer* als der einer Hausmüll-Entsorgung. Ab einem Schwellenwert S_i gilt also die folgende Präferenzstruktur im Hinblick auf die Nettonutzenwerte (NN) der beiden Handlungsalternativen Container-Entsorgung und Hausmüll-Entsorgung (vgl. Granovetter 1978, S. 1420, 1435):

NN (Container-Entsorgung) > NN (Hausmüll-Entsorgung) d.h. NN-Differenz > 0

Da der Nettonutzen einer Container-Entsorgung *größer* als der Nettonutzen einer Hausmüll-Entsorgung ist, ist die Differenz zwischen diesen beiden Werten *positiv*.[69] Aufgrund dieser Relation postuliert das Modell rationalen Handelns eine Container-Entsorgung. *Unterhalb* dieses Schwellenwertes S_i gilt dagegen die Präferenzstruktur:

NN (Container-Entsorgung) < NN (Hausmüll-Entsorgung) d.h. NN-Differenz < 0

Schwellenwertmodellen zur Erklärung der Eskalation fremdenfeindlicher Gewalt vgl. Lüdemann 1992a, 1994, 1995, 1996; Lüdemann/Erzberger 1994.

68   Zur größeren subjektiven Gewichtung des Verhaltens von Personen, die zur eigenen Bezugsgruppe gehören, vgl. Granovetter 1978, S. 1429 f.; Granovetter/Soong 1983, S. 175 f., 1988, S. 95 f.

69   Aus argumentativen sowie Gründen der Darstellung haben wir hier eine andere Reihenfolge der beiden Handlungen als bei der Bildung des Nettonutzen-Differentials im Rahmen des Tests der TOPB gewählt.

102

Da der Nettonutzen einer Container-Entsorgung hier *geringer* als der Nettonutzen einer Hausmüll-Entsorgung ist, ist die Differenz zwischen diesen beiden NN-Werten *negativ*, und das Individuum entscheidet sich für eine Hausmüll-Entsorgung.

Der Nettonutzen einer Container-Entsorgung ist nun eine positive *monotone* Funktion der *perzipierten* Zahl oder des Anteils an Personen, die ihr Altglas bereits in einen Container werfen. Je größer die perzipierte Zahl von Container-Entsorgern, desto höher ist auch der Nettonutzen einer Container-Entsorgung für den einzelnen Akteur. Wir wollen hier offen lassen, ob diese Funktion linear oder nichtlinear ist.

In Anlehnung an nicht-lineare Produktionsfunktionen für den Zusammenhang zwischen der Zahl der Teilnehmer an einer kollektiven Aktion und der objektiven Wahrscheinlichkeit der Erstellung eines Kollektivgutes wie z.B. einer sauberen Umwelt, wäre auch eine logistische S-förmige Funktion plausibel (vgl. hierzu Marwell/Oliver 1993, S. 58 ff.; Oberschall 1994).

Der höhere Nettonutzen einer Container-Entsorgung könnte z.B. dadurch entstehen, daß die subjektive Wahrscheinlichkeit der kollektiven Folgen "Wiederverwertung von Rohstoffen" sowie "Abnahme des Müllberges" steigt und die subjektive Wahrscheinlichkeit der kollektiven Folge "Belastung der Umwelt durch Verbrennung des Mülls" sinkt.

Eine solche *monotone* Beziehung dürfte jedoch nicht für *alle* Verhaltensbereiche gelten. So ist es denkbar, daß diese monotone Beziehung für "umweltmoralisches" Verhalten im *Verkehrsbereich* nicht uneingeschränkt gilt. Je mehr Leute nämlich von ihrem PKW auf Verkehrsmittel des öffentlichen Personennahverkehrs (ÖPNV) umsteigen, desto eher kann es (ab einer bestimmten Zahl von Nutzern) zu Nachteilen bei der Nutzung des ÖPNV kommen. Diese Nachteile wären z.B. die Überfüllung von Bussen und Bahnen, Probleme, einen Sitzplatz zu finden und Gepäck mitzuführen, sowie Wartezeiten wegen der Überfüllung öffentlicher Verkehrsmittel. Der Nettonutzen des umweltmoralischen Verhaltens "Nutzung des ÖPNV" dürfte also eine *nichtlineare* Funktion der Teilnehmerzahl sein, denn ab einer bestimmten Zahl bzw. ab einem bestimmten Anteil von Nutzern des ÖPNV treten unerwünschte Konsequenzen auf.

Diese Nachteile treten jedoch nur dann auf, wenn das Angebot des ÖPNV der verstärkten Nachfrage nicht entsprechend nachkommt. Ob also diese Kosten und Nachteile auch faktisch auftreten, hängt damit von externen Umweltbedingungen ab, die aus politischen Entscheidungen und Maßnahmen zur Verkehrspolitik bestehen. Granovetter und Soong (1988, S. 96 ff.) diskutieren derartige Restriktionen unter dem Begriff der "capacity constraints".

Für die Nutzung des ÖPNV könnte es also *untere* und *obere*[70] Schwellenwerte geben. Bei Überschreiten des *unteren* Schwellenwertes entscheidet sich die Person, ein bestimmtes Verhalten auszuführen. Dieses Verhalten wird dann so lange praktiziert, bis der *obere* Schwellenwert überschritten wird und dieses Verhalten aufgrund zunehmender Nachteile wieder aufgegeben wird.

Die folgende Abbildung 1 enthält die (fiktiven) Verläufe der Nettonutzen-Differenz-Werte für drei Personen in Abhängigkeit vom perzipierten Prozentsatz von Container-Entsorgern. Auf der Ordinate sind die Nettonutzen-Differenz-Werte (NN Container - NN Hausmüll) und auf der Abszisse die perzipierten Anteile von Container-Entsorgern abgetragen. Bei der ersten Person handelt es sich um einen *Container-Entsorger* mit einem Schwellenwert von 0 Prozent. Diese Person wirft ihr Altglas auch dann in den Container, wenn keine andere Person dies tut. Für Personen mit einem Schwellenwert von 0 ist also die Zahl bereits handelnder Personen völlig irrelevant. Die zweite Person hat bereits einen höheren Schwellenwert von 40 Prozent, und die dritte Person repräsentiert einen *Hausmüll-Entsorger* mit einem sehr hohen Schwellenwert von 95 Prozent.

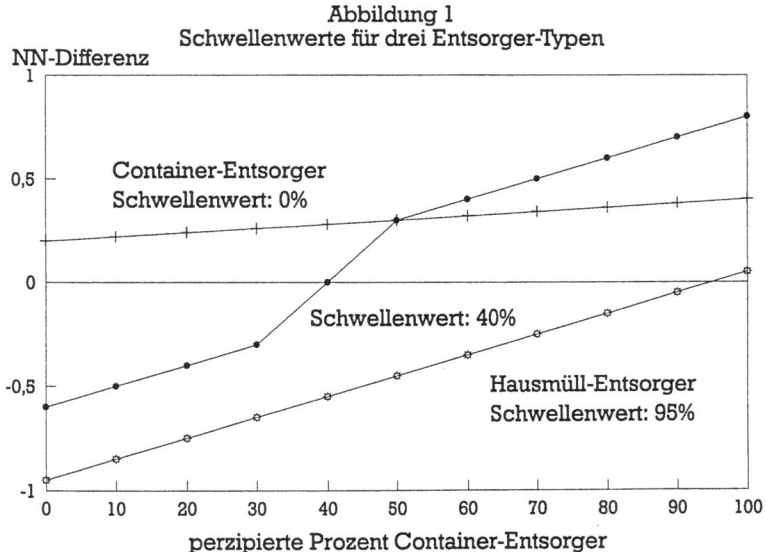

Abbildung 1
Schwellenwerte für drei Entsorger-Typen

---

70   Bei Modeerscheinungen im Bereich des Konsumverhaltens existieren oft obere Schwellenwerte, bei deren Erreichen das Verhalten wieder aufgegeben wird. Zu diesem "Snob Effect" vgl. Granovetter/Soong 1986.

Das Schwellenwertmodell postuliert, daß die erwarteten individuellen Kosten der Teilnahme an einer bestimmten Aktivität (Container-Entsorgung) um so geringer sind und/oder der individuelle Nutzen um so höher ist, je größer die subjektiv erwartete oder perzipierte Anzahl der Teilnehmer ist, die ebenfalls dieses Verhalten (Container-Entsorgung) ausführen.

Je mehr Personen sich "umweltmoralisch" verhalten, desto eher wird das Kollektivgut "saubere Umwelt" hergestellt. Die Umwelt wird also um so eher erhalten und geschont, je größer der vom Einzelnen vermutete oder beobachtete Anteil der Bevölkerung ist, der sich "umweltmoralisch" verhält. Je größer dieser Anteil der Bevölkerung ist, der sich "umweltmoralisch" verhält, desto eher wird der einzelne sein eigenes individuelles "umweltmoralisches" Verhalten als einen sinnvollen Beitrag zur Erstellung des Kollektivgutes "saubere Umwelt" betrachten. Damit stellt das Schwellenwertmodell eine Alternative zur Theorie kollektiven Handelns von Olson (1968) dar, die ja postuliert, daß der Beitrag Egos zu Erstellung eines kollektiven Gutes um so geringer ist, je höher der Beitrag anderer zur Erstellung dieses kollektiven Gutes ist.

Methodologisch läßt sich das Schwellenwert-Modell sehr gut als Individualtheorie in ein *Mikro-Makro-Modell* im Sinne Colemans (1987, 1990, Kap. 1) integrieren.[71] Ein derartiges Zwei-Ebenen-Modell, wie es die folgende Abbildung 2 zeigt, besitzt im oberen Teil eine "Makro-Ebene" mit Merkmalen des sozialen Systems oder des sozialen Kontextes und im unteren Teil eine "Mikro-Ebene" mit den Merkmalen der individuellen Akteure.

Abbildung 2
Mikro-Makro-Modell mit Schwellenwerten

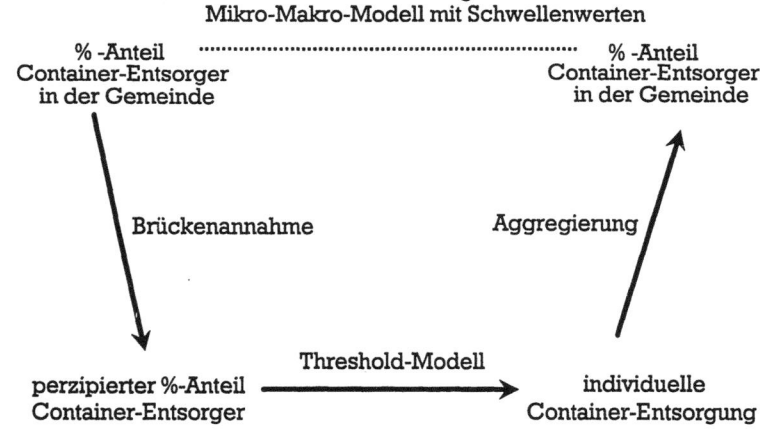

---

71   Zur Modellstruktur vgl. Coleman 1987, 1990, Kap. 1 oder Esser 1993, S. 98 ff. sowie die dort angegebene Literatur. Für Kritik und Modifikationen dieses Schemas vgl. Opp 1992; Abell 1992; Kappelhoff 1992; Esser 1993, S. 112 ff.; Hannan 1992; Blau 1994; Blossfeld 1996. Eine Anwendung dieses Mikro-Makro-Modells zur Erklärung fremdenfeindliche Gewalt findet sich bei Lüdemann/Erzberger 1994; Lüdemann 1995. Für eine kritische Diskussion des Mikro-Makro-Modells vgl. auch Abschnitt VIII.2.

Die *Brückenannahme* in diesem Modell besteht nun darin zu unterstellen, daß ein Kollektiv-Merkmal (Prozent-Anteil Container-Entsorger in einer Gemeinde[72]) von einer Person perzipiert wird und sich diese Person aufgrund des Über- oder Unterschreitens ihres "persönlichen" *Schwellenwertes* für oder gegen eine Container-Entsorgung entscheidet. Durch die *Aggregierung* der individuellen Handlungen kommt es dann auf der Ebene des sozialen Systems wiederum zu einer Veränderung des Prozent-Anteils an Container-Entsorgern in der Gemeinde. Der Aggregierungspfad besitzt also keinen kausalen, sondern lediglich analytisch-definitorischen Charakter. Die Verknüpfung der Individual-Merkmale im unteren Teil der Abbildung 2 wird nun durch das Threshold-Modell geleistet. Die gestrichelte Linie im oberen Teil soll den *indirekten* kausalen Effekt zwischen den Kollektiv-Merkmalen zu zwei verschiedenen Zeitpunkten symbolisieren. Indirekt ist dieser Effekt, da er nur über die mit Pfeilen gekennzeichneten Pfade zustande kommt.

Unsere Hypothesen hinsichtlich der Häufigkeitsverteilung sowie in bezug auf die Mittelwerte von Schwellenwerten bei *Habit-Hausmüll-Entsorgern* (N = 56) und *Habit-Container-Entsorgern* (N = 120) lauten folgendermaßen:

Hypothese 1: Habit-Hausmüll-Entsorger nennen am häufigsten Schwellenwerte von 100 Prozent. Schwellenwerte von 0 Prozent werden in dieser Gruppe nicht genannt.

Hypothese 2: Habit-Container-Entsorger nennen am häufigsten Schwellenwerte von 0 Prozent. Schwellenwerte von 100 Prozent werden in dieser Gruppe nicht genannt.

Hypothese 3: Der mittlere Schwellenwert bei Habit-Hausmüll-Entsorgern ist höher als der mittlere Schwellenwert bei Habit-Container-Entsorgern.

Betrachten wir zunächst die Häufigkeitsverteilung der Schwellenwerte für die Gruppe der *Habit-Hausmüll-Entsorger* (N = 56) in der folgenden Abbildung 3.

---

72 Ob sich dieser Prozent-Anteil auf die Nachbarschaft, die Gemeinde, ein Bundesland, die Bundesrepublik oder Europa bezieht, muß im jeweiligen Anwendungsfall entschieden werden. Worauf es hier ankommt, ist, daß es sich um ein Merkmal des sozialen Kontextes eines Akteurs handelt.

Abbildung 3
Schwellenwerte für Container-Entsorgung

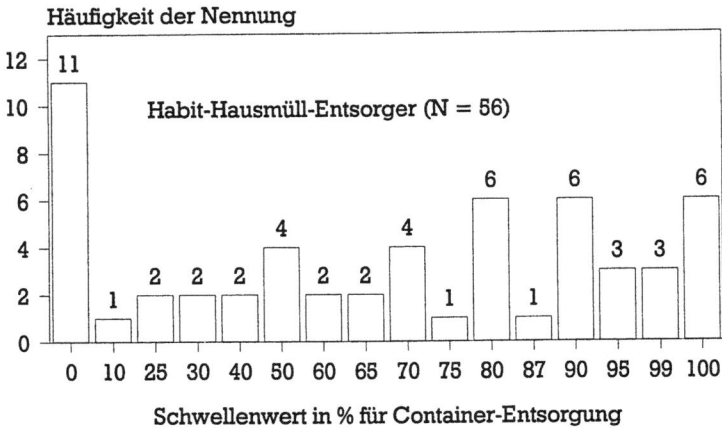

Die Verteilung in Abbildung 3 zeigt, daß 10% der Befragten (6 Personen) einen Schwellenwert von 100 Prozent nennen, was bedeutet, daß diese Personen ihr Altglas erst dann in den
Container werfen, wenn dies auch *alle anderen* tun. Erstaunlicherweise geben jedoch immer
noch "stolze" 20% der Befragten (11 Personen) einen Schwellenwert von 0 Prozent an, d.h.
diese Personen würden ihr Altglas auch dann in den Container tun, wenn *kein anderer* dies
täte. Wie lassen sich nun diese theoriediskrepanten 20% der *Habit-Hausmüll-Entsorger* mit
einem Schwellenwert von 0 Prozent erklären?

Erstens ist es möglich, daß die Schwellenwert-Theorie von Granovetter unzutreffend ist oder
sich zumindest für diesen Anwendungsfall nicht eignet. *Zweitens* ist nicht auszuschließen, daß
auch bei den Habit-Hausmüll-Entsorgern viele Befragte den Wert 0 Prozent angegeben haben,
weil sie sich aus Gründen *sozialer Erwünschtheit* nicht als "Umweltschädiger", sondern als
umweltbewußt darstellen wollten. Für diese Vermutung des Einflusses sozialer Wünschbarkeit spricht die Tatsache, daß *auch* in der Gruppe der *Habit-Hausmüll-Entsorger* eine Container-Entsorgung im Durchschnitt *besser* als eine Hausmüll-Entsorgung gefunden wird; d.h. das
Einstellungs-Differential hat auch in dieser Gruppe einen negativen Wert. *Drittens* wäre es
aber auch möglich, daß diese 20% auf Interviewerfehler und Verständnisprobleme zurückzuführen sind. Wenn Befragte wie z.B. alte und gebrechliche Personen in der Habit-Hausmüll-
Entsorger-Gruppe (das Durchschnittsalter in dieser Gruppe liegt bei 43.29 Jahren und damit
7.86 Jahre über dem Durchschnittsalter der anderen Gruppe) gemeint haben, sie würden auf
keinen Fall ihr Glas in den Container tun, *egal wie viele* andere dies tun, könnte es sein, daß
Interviewer 0 Prozent notiert haben, obwohl 100 Prozent hier angemessener gewesen wären.
Hier wäre auch eine separate Kategorie wie "Ich tue mein Glas auch dann nicht in den Container, wenn alle anderen dies täten" sinnvoll gewesen, die man nachträglich als Schwellen-

wert von 100 Prozent hätte kodieren können. Da wir jedoch nicht entscheiden können, welche dieser drei Erklärungen zutrifft, wollen wir die Hypothese 1 als widerlegt betrachten.

Betrachten wir nun die Häufigkeitsverteilung der Schwellenwerte für die Gruppe der *Habit-Container-Entsorger* (N = 120) in der folgenden Abbildung 4.

Abbildung 4
Schwellenwerte für Container-Entsorgung

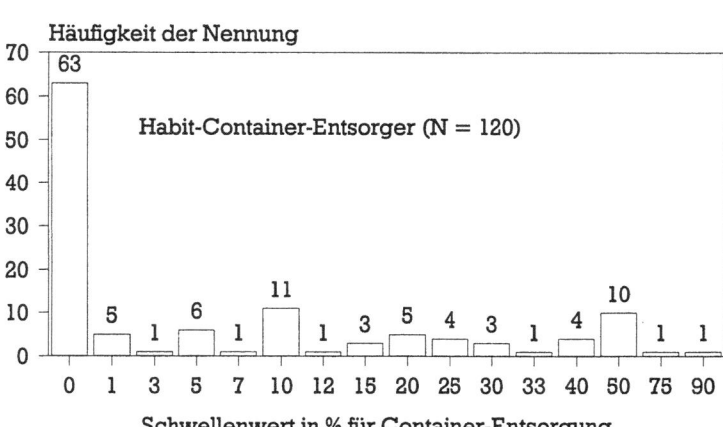

Schwellenwert in % für Container-Entsorgung

Niemand von den *Habit-Container-Entsorgern* (N = 120) gibt einen Schwellenwert von 100 Prozent an, jedoch nennen 53% (63 Personen) einen Schwellenwert von 0 Prozent. Gut die Hälfte dieser Gruppe würde also ihr Altglas auch dann noch in einen Container tun, wenn *keine andere Person* dies täte. Damit wird unsere Hypothese 2 durch die Daten bestätigt.

Vergleicht man schließlich die Mittelwerte für Schwellenwerte in den beiden Gruppen, so haben *Habit-Container-Entsorger* einen Mittelwert von 11.33 Prozent und *Habit-Hausmüll-Entsorger* einen Mittelwert von 58.82 Prozent. Damit bestätigt sich die Hypothese 3.

Da uns nur eine Arbeit bekannt ist, in der Schwellenwerte für Verhalten empirisch erhoben wurden (Taylor 1984), halten wir es für dringend geboten, weiter an einer Operationalisierung dieses vielversprechenden Konzepts zu arbeiten, soll das RC-Forschungsprogramm nicht zu einem "Modell-Platonismus" im Sinne von Hans Albert (1971) degenerieren, der sich nur noch den deduktiven Implikationen einer Menge theoretischer Prämissen widmet (wie z.B. Braun/Franzen 1995).

Damit soll in keiner Weise die Legitimität und Fruchtbarkeit modelltheoretischer Analysen in Frage gestellt werden. Es geht mir lediglich darum, darauf hinzuweisen, daß man auch das "zweite Bein" des Rational-Choice-Ansatzes stärker machen muß, indem man sich intensiver als bisher den Problemen der empirischen Messung, der Operationalisierung und Validierung von Konzepten im Rahmen von RC-Modellen widmet.

VII. Framing

1. Framing-Modelle als Antwort auf die eingeschränkte kognitive Kapazität von Akteuren

Viele Versionen von RC-Theorien wie die SEU-Theorie, die Theory of Planned Behavior (oder ähnlich formulierte Versionen) gehen von der impliziten empirischen Annahme aus, daß Akteure *gleichzeitig mehrere* Handlungsfolgen *verschiedener* Handlungsalternativen im Hinblick auf ihre subjektive Wahrscheinlichkeit und ihren subjektiven Nutzen *einschätzen* sowie diese verschiedenen Handlungsalternativen miteinander *vergleichen* können.

Da sie die Richtigkeit dieser impliziten Annahme über die kognitiven Kapazitäten von Akteuren bezweifeln, haben Siegwart Lindenberg und Hartmut Esser in den letzten Jahren Modelle einer "Bounded Rationality" formuliert. Diese *Framing-Modelle* unterstellen nicht (mehr) diese Annahme und führen zwei Arten der kognitiven Vereinfachung von Handlungssituationen ein: Erstens Vereinfachungen der Zielstruktur durch dominierende Ziele, sogenannte "frames", und zweitens Vereinfachungen der Mittelstruktur durch Routinen.

Im folgenden werden wir nach einer Klärung des Frame-Begriffs und der Darstellung des Diskriminationsmodells der stochastischen Wahl von Lindenberg dieses Framing-Modell einer empirischen Überprüfung in einem weiteren Bereich umweltrelevanten Verhaltens, nämlich dem der Verkehrsmittelwahl, unterziehen.

2. Zur Mehrdeutigkeit des Frame-Begriffs im Modell von Hartmut Esser

Auch Hartmut Esser verwendet in seinem Modell[73], das er in Anlehnung an das Diskriminationsmodell von Lindenberg sowie an die Modelle von Heiner (1983) sowie von Riker und Ordeshook (1973) formuliert, den Begriff des "Frame". Was meint Esser nun damit, wenn er von einem "Frame" spricht? Die folgenden Ausführungen Essers lassen zunächst vermuten, daß er den Begriff "Frame", ebenso wie Goffman (1977), für die *Interpretation* oder Deutung *einer Situation* verwendet:

"Für den *Frame 'Befragter im Interview'* sei die Einhaltung der Regel 'wahre Antwort' ein wichtiger Aspekt" (Esser 1990, S. 240, Hervorh., C.L.)

---

73 Vgl. Esser 1990, 1991, 1991a, 1991b, 1993a, 1993b, 1993c. Das Modell von Esser stellt eine Erweiterung bzw. Modifikation des Modells von Lindenberg dar. Zur Kritik an Essers Modell vgl. Srubar 1992, 1993, 1994; Collins 1993; Prendergast 1993; Witt 1993; Opp 1993; Rothgang/Haug 1993; Lüdemann/Rothgang 1996.

"Selbstverständlich können auch *andere Frames* in Befragungen dominant werden: vermutet man im Interviewer einen *Staubsaugervertreter*, dann ist das dominante Ziel anders, als wenn man in ihm einen *Abgesandten staatlicher Macht* sieht" (Esser 1990, S. 242, Hervorh., C.L.)

"...the emotional *framing* of the relationship in 'codes' of *'love'* or *'comradship'*" (Esser 1993c, S. 263 f., Hervorh., C.L.)

"Frame" bedeutet hier also soviel wie die "Definition der Situation" im Sinne Goffmans (diese Explikation von Formulierungen Essers vertreten auch Rothgang/Haug 1993, S. 23). Die folgenden Formulierungen Essers legen weiter nahe, daß ein solcher "Frame", d.h. die Interpretation einer bestimmten Situation *richtig*, d.h. zutreffend oder *falsch*, d.h. unzutreffend sein kann:

"...subjektive *Erwartung*, daß der jeweilige *Frame* (nach Maßgabe der 'Signale' in der Situation etwa) auch *tatsächlich vorliege.*" (Esser 1991a, S. 441, Hervorh., C.L.; vgl. auch Esser 1991, S. 71)

"...die *Sicherheit*, daß ein anderer *Frame* in der Situation *'gilt'*,..." (Esser 1991, S. 72, Hervorh., C.L.; vgl. auch Esser 1991a, S. 442)

"...die *'richtige'* Wahl des Frames..." (Esser 1991a, S. 442, Hervorh., C.L.)

"...der stetigen Vergewisserung über die *'Geltung'*...eines bestimmten Frames durch Gespräche..." (Esser 1991a, S. 443, Hervorh., C.L.)

"...*Unsicherheit* darüber...welcher Frame gerade *'wirklich' vorliegt.*" (Esser 1991a, S. 443, Hervorh., C.L.)

"...der *Wahrscheinlichkeit*...daß ein bestimmter Frame jeweils *'gilt'.*" (Esser 1991, S. 71, Hervorh., C.L.)

Diese Ausführungen Essers lassen sich auch als Aussagen über *soziale Normen* explizieren, die situationsspezifisch gelten und ein bestimmtes *dominantes Handlungsziel vorschreiben*. In dieser Weise expliziert Lindenberg den Begriff der "sozialen Norm" (Lindenberg 1990, S. 273, 1990a, S. 743). Nach Lindenberg sind nämlich soziale Normen *situational vorgeschriebene Handlungsziele*. Gilt z.B. für eine bestimmte *Situation* üblicherweise eine bestimmte *Norm*, die ein bestimmtes *Handlungziel* vorschreibt, so könnte man von einem "falschen" Frame sprechen, wenn der Akteur fälschlicherweise glaubt, in dieser Situation gelte eine *andere* Norm, die ein *anderes* Handlungziel vorschreibt.

Ein "falscher" Frame bestünde dann z.B. darin, daß ein Akteur bestimmte soziale Ereignisse als "geselliges Zusammensein" deutet, es sich jedoch "in Wirklichkeit" (d.h. nach mehrheitlicher Interpretation der beteiligten Personen) um eine "Trauerfeier" handelt.

Die bisherigen Ausführungen Essers legen also nahe, daß er unter einem "Frame" die *Interpretation* einer Situation versteht, wobei diese Interpretation *richtig* oder *falsch* sein kann. Um so erstaunter ist man jedoch, wenn man die folgenden Formulierungen Essers betrachtet, die den Begriff des "Frames" eher auf die Bedeutung *"dominierendes Handlungsziel"* festlegen:

"Yeah-Sayer haben als *dominierenden Frame* wahrscheinlich die *Minimierung von Verlusten..."* (Esser 1990, S. 242, Hervorh., C.L.)

"*Framing* als...Vereinfachung von Situationen in bezug auf ein *dominantes Ziel*" (Esser 1990, S. 242, Hervorh., C.L.)

Halten wir fest: Der Begriff "Frame" wird einerseits in der Bedeutung "Interpretationen der Situation" verwendet und gibt damit Antwort auf die Goffmansche Frage "Was geht hier eigentlich vor?" (Goffman 1977, S. 16). Andererseits wird der Framebegriff für situativ dominierende Handlungsziele verwendet und gibt in dieser (zweiten) Bedeutung Antwort auf die Frage "Welches ist das 'Leitmotiv' in dieser Situation?"[74]

Beide Bedeutungen ließen sich nun - obwohl Esser dies nicht explizit tut - miteinander *verbinden*, denn es scheint zunächst plausibel zu sein, daß *aufgrund* einer bestimmten "Definition", d.h. Deutung einer Situation, bestimmte Normen und *damit* bestimmte dominante Handlungsziele für den Akteur in Frage kommen.

Probleme dieser Verbindung der zwei Bedeutungen von "Frame" ergeben sich jedoch, wenn *eine* bestimmte Interpretation einer Situation *mehrere* dominierende Handlungsziele (normativ) zuläßt oder wenn trotz *gleicher* Interpretation einer Situation und angesichts faktisch fehlender oder subjektiv unbekannter Normen für diese Situation die Akteure idiosynkratische und damit sehr *unterschiedliche* Handlungsziele verfolgen.

Aus diesen Gründen halte ich es für sinnvoller, die *Interpretation von Situationen* einerseits und *dominierende Handlungsziele* andererseits definitorisch und empirisch voneinander zu trennen und nicht für beide den Framebegriff zu verwenden.

---

74 Für eine weitere Bedeutung des Framebegriffs vgl. Tversky und Kahneman (1981, 1988; Kahneman/Tversky 1984), die in Experimenten gezeigt haben, daß unterschiedliche Darbietungen ("Frames") der gleichen Entscheidungssituation zu unterschiedlichen Entscheidungen führen können. So kann die Wirkung medizinischer Maßnahmen als Prozentsatz der Geretteten oder als Prozentsatz der trotz dieser Maßnahme Gestorbenen dargestellt werden. Im ersten Fall wird die Überlebensrate, d.h. der "Survival Frame" betont, im zweiten Fall wird dagegen die Sterberate, d.h. der "Mortality Frame" betont. Je nachdem, welche Präsentation ("Frame") der Entscheidungssituation man den Versuchspersonen darbot, unterschieden sich deren Entscheidungen für eine der beiden medizinischen Maßnahmen. Logisch äquivalente, jedoch unterschiedlich "gerahmte" Präsentationen der Situation führten also zu unterschiedlichen Entscheidungen (vgl. z.B. McNeil et al. 1988). Mit dieser Bedeutung von "Frame" haben jedoch die Modelle von Lindenberg und Esser nichts zu tun, außer in dem sehr weiten Sinn, daß es um den Effekt unterschiedlich perzipierter Entscheidungs- und Handlungssituationen geht.

Eine andere Stoßrichtung der Kritik an dem von Esser verwendeten Framebegriff verfolgt Srubar (1992, 1993, 1994), wenn er kritisiert, daß Esser (1991, 1991a) seinen Begriff des "Frames" für eine Explikation dessen hält, was Alfred Schütz (1981) mit "Relevanzstrukturen" meinte. Der Begriff der "Relevanzstrukturen" von Alfred Schütz, so kritisiert Srubar, hätte nämlich eine andere Bedeutung als jene, die Esser mit dem Begriff "Frame" verbindet. Leider bleibt jedoch in der Kritik Srubars die genaue Klärung dessen, was Schütz denn nun "wirklich" mit "Relevanzstrukturen" meint, im dunkeln. Auf jeden Fall scheint es aber etwas anderes zu sein, als das, was Esser dabei im Sinn hat.

Der Verdacht ist nun nicht von der Hand zu weisen, daß Lindenberg und Esser als Vertreter eines dezidiert utilitaristischen Ansatzes eine "imperialistische" Strategie (Radnitzky/Bernholz 1987; Engelhardt 1989) verfolgen, indem sie ihre Modelle als Explikationen *anderer* und damit *konkurrierender* theoretischer Konzepte und Theorieansätze bezeichnen und auf diese Weise gewissermaßen semantisch "vereinnahmen".

Gerade bei Esser (1991) finden wir eine Vielzahl von "Indizien" für eine solche "imperialistische" Strategie, da er, ebenso häufig wie undefiniert, Begriffe aus anderen theoretischen Ansätzen wie "Schema", "Skript", "Code", "Definition der Situation" oder "Cue" verwendet. Damit wird unseres Erachtens suggeriert, daß die mit diesen Begriffen verknüpften Bedeutungen alle durch *sein* Modell "eingefangen" oder abgedeckt werden. Damit bleibt natürlich jede Möglichkeit, einen tatsächlichen *Theorienpluralismus* zuzulassen und zu praktizieren, auf der Strecke.

Leider hält nun Esser, im Gegensatz zu Lindenberg, die empirische Überprüfung (s)eines Framing-Modells durch eine Befragung für mehr oder weniger unmöglich, da Esser (1985, 1986, 1986a, 1990) eine Befragung als eine Situation betrachtet, in der die Befragten so antworten, daß sie mit ihren jeweiligen Antworten ihren Nutzen maximieren. Da nun ein derartig strategisches Befragtenverhalten weder valide noch reliable Antworten produziert, läßt sich mit Hilfe der Methode der Befragung keine Theorie mehr verläßlich empirisch überprüfen. In diesem Zusammenhang stellt sich natürlich die Frage, welche anderen *nicht-reaktiven* Erhebungsmethoden wie z.B. Beobachtung oder Inhaltsanalyse als Alternativen zur Verfügung stehen oder wie sinnvoll es ist, eine RC-Theorie durch "objektivere" (z.B. demographische) Daten in Verbindung mit zusätzlichen und äußerst "heroischen", d.h. ungeprüften Brückenannahmen zu testen (vgl. Kopp 1994a; Kalter 1994).[75]

---

75   Für eine ähnliche Kritik an Essers "recht willkürliche(n) Subsumierungen sogenannter herkömmlicher Variablen unter die 'allgemeinen Variablen'" einer Handlungstheorie vgl. Heckmann 1992, S. 195. Ohne hier den Begriff der "Brückenannahme" zu verwenden, problematisiert Heckmann völlig zu Recht die Validität der von Esser (1980) verwendeten Brückenannahmen; zum Problem der Brückenannahmen vgl. Kelle/Lüdemann 1994, 1995, 1996.

3. Framing im Modell von Siegwart Lindenberg: Das Diskriminationsmodell der stochastischen Wahl

Das Diskriminationsmodell der stochastischen Wahl von Siegwart Lindenberg[76] geht von einer "bounded rationality" im Sinne einer begrenzten kognitiven Kapazität aus, die darin besteht, daß sich Akteure lediglich auf ein *einziges* Handlungsziel, einen "frame" oder "Maximanden", *zur Zeit* konzentrieren können:

> "Aber anders als in der SEU-Theorie wird beim Diskriminationsmodell angenommen, daß die kognitiven Beschränkungen des Individuums so stark sind, daß es sich gleichzeitig *nur auf einen Maximanden konzentrieren kann*. Dieser Maximand ist Teil eines 'Rahmens' für die Situation, der die Selektion von Alternativen und Resultaten steuert. Ein Rahmen besteht aus einem situationalen Ziel und den Zielkriterien..." (Lindenberg 1990, S. 268; Hervorh. im Original)[77]

Die Grundidee geht davon aus, daß eine Entscheidungssituation vom Akteur zunächst mit Hilfe eines "Frames" im Sinne eines dominierenden Leitmotivs subjektiv strukturiert werden muß, bevor er eine Entscheidung treffen und entsprechend handeln kann. Ein solcher Frame kann von Situation zu Situation variieren und sorgt für die *situationsspezifische* Auswahl eines *einzigen* dominierenden Handlungsziels.

Sofern ein dominantes Ziel relativ abstrakt formuliert ist, muß vom Akteur noch ein *Zielkriterium* formuliert werden, das gewissermaßen eine "Operationalisierung" dieses dominanten Ziels darstellt. In Fällen, in denen das dominante Ziel jedoch hinreichend klar formuliert ist, scheint ein Zielkriterium überflüssig, bzw. redundant, zu sein.

Im Gegensatz zum deterministischen SEU-Modell, demgemäß *immer* die Handlung mit dem maximalen SEU-Wert gewählt wird, wählt der Akteur im Diskriminationsmodell der stochastischen Wahl aus einer Menge perzipierter Handlungsalternativen jede einzelne dieser Alternativen nur mit einer bestimmten (objektiven) *Wahrscheinlichkeit*, die davon abhängt, wie stark sich die Nutzen-Werte dieser Handlungsalternativen im Hinblick auf einen Maximanden voneinander unterscheiden, d.h. "diskriminieren". Die objektive Wahrscheinlichkeit, eine bestimmte Alternative zu wählen, hängt dabei vom Ausmaß der "Diskrimination" zwischen den Nutzen-Werten dieser Handlungsalternativen ab.

---

76 Vgl. Lindenberg 1986, 1989, 1990, S. 267 - 271, 1991, S. 60 f., 1993; Ligthart/Lindenberg 1994; Braspenning 1992. Zu früheren Versionen des Diskriminationsmodells vgl. Lindenberg 1980, 1981. Zur Kritik an Lindenbergs Modell vgl. Bernholz 1992; Sekulić 1992; Prisching 1993; Tietzel 1993; Kopp 1994; S. 105 f.; Friedrichs et al. 1994; Lüdemann/Rothgang 1996.

77 Lindenbergs Theorie berücksichtigt also zum einen die "anthropologische Konstante" einer eingeschränkten kognitiven Kapazität der Entscheider und zum anderen die Bedeutung von Transaktionskosten bei der Informationsbeschaffung, Informationsverarbeitung und Entscheidungsfindung.

Die Annahme einer situationsspezifischen Auswahl eines einzigen dominierenden Handlungsziels scheint der Realität von Entscheidungssituationen des Alltags sehr oft angemessener zu sein, als die Annahme der traditionellen SEU-Theorie, die ja davon ausgeht, daß eine Person *gleichzeitig mehrere* Handlungskonsequenzen *verschiedener* Handlungsalternativen berücksichtigt. Demgegenüber können Individuen in einer Entscheidungssituation gemäß dem Framing-Modell nur *ein* dominantes Handlungsziel zur Zeit verfolgen.

Als Modellgleichung formuliert lautet das Diskriminationsmodell der stochastischen Wahl folgendermaßen (Lindenberg 1989, S. 74; 1990, S. 269; 1993, S. 21):

$$P_i \quad = \quad \beta \times (g_i - U_0) + 1/n$$

P_i $\equiv$ objektive Wahrscheinlichkeit, mit der die i-te Handlungsalternative gewählt wird (i = 1, 2,...n)

β $\equiv$ Stärke des situationalen Gewichts ("Salienz") des dominanten Ziels ("Frame")

g_i $\equiv$ subjektive Wahrscheinlichkeit, mit der die i-te Handlungsalternative das dominante Ziel realisiert (i = 1, 2,...n)

U_0 $\equiv$ Durchschnittsnutzen aller Handlungsalternativen: $(1/n) \times \sum g_i$ (i = 1, 2,...n)

n $\equiv$ Zahl aller perzipierten Handlungsalternativen

Der Parameter β indiziert dabei das subjektive Gewicht ("Salienz") des dominierenden Zieles und stellt nach Lindenberg (1990, S. 269) eine Art *Grenznutzen* des dominanten Zieles dar. Lautet der Maximand z.B. "Zeit sparen", so fallen kleine Zeitunterschiede zwischen Handlungsalternativen für eine Person, die *viel* Zeit hat, *weniger* ins Gewicht (β = niedrig) als für jemanden, der nur über *knappe* Zeit verfügt (β = hoch). Der Wertebereich aller Modell-Variablen geht von 0 bis 1.00.

3.1 Zur 'Logik' des Diskriminationsmodells

Die Wahrscheinlichkeit P_i, eine Handlungsalternative i auszuführen, hängt, der Modellgleichung entsprechend, von zwei multiplikativ miteinander interagierenden Einflußgrößen ab.

Erstens hängt diese Wahrscheinlichkeit von der Größe der *Differenz* zwischen g_i und U_0 ab. Zweitens hängt P_i von der *subjektiven Gewichtung* dieser *Nutzendifferenz* durch die Salienz β des dominierenden Zieles innerhalb eines Frames ab.

Innerhalb dieses Modells läßt sich "Diskrimination" also als *gewichtete Differenz* zwischen dem Nutzen-Wert g_i einer Alternative i und dem Durchschnittsnutzen U_0 aller Alternativen definieren. Gewichtet wird dieser Nutzenunterschied dabei durch den Parameter β. Je größer also das subjektive Gewicht des dominanten Ziels ist, desto größer ist auch der Effekt von Nutzenunterschieden zwischen den Handlungsalternativen.

Eine relativ hohe Wahrscheinlichkeit, d.h. "Diskriminierung" für die Wahl *einer bestimmten* Handlung i ergibt sich gemäß der Modellgleichung nur dann, wenn eine Differenz zwischen dem Nutzen-Wert g_i für diese Handlung i und dem Durchschnittsnutzen U_0 vorliegt *und* wenn gleichzeitig der Maximand eine gewisse subjektive Bedeutung ($\beta > 0$) hat.

Wenn wir von zwei Handlungsalternativen i und j ausgehen (n = 2), ergibt sich für den Grenzfall, in dem sich g_i *nicht* von U_0 unterscheidet, eine Wahrscheinlichkeit von 1/n = ½ = .50 sowohl für i als auch für j. Beide Handlungen sind also *gleich wahrscheinlich* und damit gewissermaßen "vom Zufall" abhängig. Es wird also keine Handlung durch das Modell bzw. den Frame "diskriminiert". Wenn also die Nutzendifferenz keine Rolle mehr spielt, da sie 0 beträgt, wird *jede* Alternative mit einer *gleich großen* Wahrscheinlichkeit von 1/n gewählt. Kopp (1994, S. 102) nennt 1/n auch die "Grundwahrscheinlichkeit". Die Differenz von 0 zwischen g_i und U_0 führt also in diesem Fall dazu, daß der gesamte Ausdruck

$$\beta \times (g_i - U_0)$$

den Wert 0 annimmt, und zwar völlig *unabhängig* vom Wert β. Es ergibt sich somit für diesen Fall

$$P_i = \beta \times (g_i - U_0) + \tfrac{1}{2}$$

$$P_i = (\beta \times 0) + \tfrac{1}{2}$$

$$P_i = 0 + \tfrac{1}{2}$$

$$P_i = 0 + .50$$

$$P_i = .50; \; P_j = .50$$

Damit besitzt jede der beiden Handlungsalternativen die *gleiche* objektive Auftrittswahrscheinlichkeit von .50, da nur noch der letzte Term in der Modellgleichung, nämlich 1/n (= ½ = .50) die Auftrittswahrscheinlichkeiten von i und j determiniert. Die Wahlwahrscheinlichkeiten sind also *gleichverteilt*.

Das gleiche Resultat einer identischen Wahlwahrscheinlichkeit für die beiden Handlungen i und j ergibt sich, wenn der *Gewichtungsparameter* β den *Wert 0* hat[78], da damit wiederum der gesamte Ausdruck

$$\beta \times (g_i - U_0)$$

den Wert 0 annimmt, und zwar *unabhängig* von der Größe der Differenz zwischen g_i und U_0. Damit ergibt sich für diesen Fall

$$P_i = \beta \times (g_i - U_0) + \tfrac{1}{2}$$

$$P_i = 0 \times (g_i - U_0) + \tfrac{1}{2}$$

$$P_i = 0 + \tfrac{1}{2}$$

$$P_i = 0 + .50$$

$$P_i = .50; \; P_j = .50$$

Generell gilt also für das Diskriminationsmodell folgendes: Je größer die Differenz zwischen dem Nutzen g_i und dem Durchschnittsnutzen U_0 *und*[79] je größer die Salienz β des Maximanden ist, desto stärker unterscheiden sich die objektiven Wahlwahrscheinlichkeiten verschiedener Handlungen, d.h. desto stärker "diskriminiert" das Modell zwischen verschiedenen Handlungen.

Betrachten wir nun im Gegensatz zu der eben vorgestellten "Nicht-Diskrimination" den anderen Grenzfall, nämlich den einer "maximalen Diskrimination". Bei zwei Handlungen i und j ergibt sich eine *maximale* Auftrittswahrscheinlichkeit von 1.00 für die Handlung i und von 0 für j, wenn die Differenz ($g_i - U_0$) *und* die Salienz des Maximanden *maximal* ($\beta = 1.00$) sind. In diesem Fall hat also g_i den maximalen Wert 1.00 und g_j den minimalen Wert 0. Da sich für $g_i = 1.00$ und $g_j = 0$ ein Durchschnittsnutzen U_0 von .50 ergibt, gilt

$$P_i = \beta \times (g_i - U_0) + \tfrac{1}{2}$$

$$P_i = [1.00 \times (1.00 - .50)] + \tfrac{1}{2}$$

$$P_i = (1.00 \times .50) + \tfrac{1}{2}$$

$$P_i = .50 + \tfrac{1}{2}$$

$$P_i = .50 + .50$$

$$P_i = 1.00; \; P_j = 0$$

---

78 Obwohl es natürlich unrealistisch ist, daß der Parameter β in einem konkreten Anwendungsfall den Wert Null besitzt, haben wir ihn hier trotzdem gleich Null gesetzt, da es uns in diesem Zusammenhang lediglich um die Demonstration der Logik des Modells geht.

79 Dieser konjunktiven Verknüpfung der Variablen wird durch die Bildung eines multiplikativen Interaktionsterms Rechnung getragen.

3.2 Probleme des Diskriminationsmodells

Das Modell birgt jedoch auch einige Probleme. So wird *erstens* bei der Bildung von g_i nicht klar, ob, wie im traditionellen SEU-Modell üblich, auch die Erhebung des jeweiligen Nutzen der Zielrealisierung (durch eine bestimmte Handlungsalternative) erforderlich ist oder ob hier nur die subjektive Wahrscheinlichkeit der Zielrealisierung berücksichtigt werden soll. Die folgende Formulierung legt zunächst nahe, daß lediglich die *subjektive Wahrscheinlichkeit* ("Effizienz") und nicht der Nutzen der Zielrealisierung eine Rolle spielt:

"Die Handlungsalternativen in der Situation sind also nach *Güte* geordnete *Instrumente zur Zielerreichung.*" (Lindenberg 1991, S. 60; Hervorh., C.L.)

"Dann sind die Alternativen...subjektiv nach *Effizienzgesichtspunkten*...(und nicht nach *Kostengesichtspunkten*) geordnet. Kosten und Nutzen...werden nicht addiert, wie das bei dem SEU-Modell der Fall ist. Kosten kommen hier vielmehr dadurch ins Spiel, daß sie nur relativ schwach, 'aus dem Hintergrund' heraus, die Dominanz des Ziels...beeinflussen." (Lindenberg 1991, S. 60; Hervorh., C.L.)

Andererseits erlauben frühere Ausführungen Lindenbergs den Schluß, daß *auch* der jeweilige *Nutzen* der Zielrealisierung in die Berechnung des Nutzen-Wertes g_i eingeht. So definiert er g_i als

"the sum of the *utilities* of outcomes of the i th alternative, each weighted by the appropriate *subjective event probability*" (Lindenberg 1989, S. 74; Hervorh., C.L.)

"die Summe der *Nutzenindizes* aller Resultate der i-ten Alternative, jede mit der entsprechenden *Auftrittswahrscheinlichkeit* gewichtet" (Lindenberg 1990, S. 270; Hervorh., C.L.)

Weiter verwundert die Verwendung der Begriffe "Resultate" und "outcomes" im Plural, wenn doch der Maximand definitionsgemäß nur *ein einziges* Ziel darstellt und insofern Handlungsalternativen nur nach dem subjektiven Realisierungsgrad bezüglich dieses einen "Leitmotivs" geordnet werden und nicht, wie in der SEU-Theorie, über *verschiedene* Handlungsfolgen (bzw. Ziele) summiert wird.

Der methodologischen Maxime entsprechend, ein Modell so einfach wie möglich und so komplex wie nötig zu formulieren, habe ich mich hier dafür entschieden, auf die Erhebung des jeweiligen Nutzen der Zielrealisierung zu verzichten und nur die subjektive Wahrscheinlichkeit der Zielrealisierung in das Modell aufzunehmen.

Zweitens wird dem Framing-Modell vorgeworfen, daß es im Gegensatz zur traditionellen SEU-Theorie, die die kognitiven Kapazitäten von Personen *überschätze*, diese Kapazitäten wiederum *unterschätze*, indem dieses Modell nur *ein einziges* Ziel annehme, das von kognitiver Bedeutung für den Entscheider sei (vgl. Prisching 1993).

Drittens wird von Prisching (1993) kritisiert, daß die Verwendung des Begriffs "Frame" im Modell von Lindenberg *nicht* jener Bedeutung entspricht, die dieser Begriff in Erving Goffmans "Rahmen-Analyse" (1977) besitzt. So schreibt Goffman:

> "Ich gehe davon aus, daß wir gemäß gewissen Organisationsprinzipien für Ereignisse - zumindest für soziale...*Definitionen einer Situation* aufstellen; diese Elemente...nenne ich 'Rahmen'. Das ist meine Definition von 'Rahmen'." (Goffman 1977, S. 19; Hervorh., C.L.)

Goffman verwendet also den Begriff "Frame" für Prozesse der *Interpretation*, Deutung oder "Definition" einer Situation, die Antwort auf Fragen wie "Was passiert hier?", "Was geht hier eigentlich vor?" (Goffman 1977, S. 16) oder "Was ist dies für eine Art von Situation?" geben (vgl. Hettlage 1991). Erst wenn diese Fragen der Interpretation der Situation vom Akteur beantwortet worden sind, so Prisching (1993), könne das Modell von Lindenberg zur Anwendung kommen.

Zwar behauptet Lindenberg nicht, sein Framing-Modell stelle eine Explikation oder Präzisierung dessen dar, was Goffman mit "Frame" meint. Lindenberg postuliert jedoch, daß sein Modell eine Explikation dessen sei, was Soziologen üblicherweise mit dem Begriff der *"Definition der Situation"* meinen (vgl. Lindenberg 1990, S. 269, 1990a, S. 743). Da jedoch Goffman die Begriffe "Frame" und "Definition der Situation" synonym verwendet (vgl. Goffman 1977, S. 16 ff.) und diese Begriffe bei ihm *nicht* (wie bei Lindenberg) bedeuten, in einer Situation ein bestimmtes dominierendes *Handlungsziel* zu verfolgen, scheinen Zweifel an der Behauptung Lindenbergs angebracht, sein Modell stelle eine adäquate Explikation dessen dar, was Soziologen, und hier besonders die Vertreter des Symbolischen Interaktionismus wie Goffman, mit dem Begriff der "Definition der Situation" meinen.

Viertens können sich in diesem Modell *negative* und damit unzulässige Werte für die objektiven Wahlwahrscheinlichkeiten der Handlungsalternativen ergeben, wenn man zulässige Werte in die Modellgleichung einsetzt (vgl. hierzu auch Kopp 1994, S. 105). Gegeben seien z.B. vier Handlungsalternativen mit folgenden Nutzenwerten ($0 \leq g_i \leq 1.00$) sowie eine bestimmte situationale Salienz ($0 \leq \beta \leq 1.00$) des Frames:

$$g_1 = .70; g_2 = .50; g_3 = .50; g_4 = .10; \beta = .80$$

Gemäß der Modellgleichung ergeben sich damit folgende Wahlwahrscheinlichkeiten für die vier Handlungsalternativen:

$$P_1 = .45; P_2 = .29; P_3 = .29; P_4 = -.03$$

Für die Handlung 4 ergibt sich also eine *negative* Wahlwahrscheinlichkeit von -.03. Die Summe der Wahlwahrscheinlichkeiten für die vier Handlungsalternativen ist jedoch 1.00. Setzt man diese unzulässige negative Wahrscheinlichkeit jedoch gleich 0, hat die Summe der Wahlwahrscheinlichkeiten für die vier Handlungsalternativen wiederum einen unplausiblen

Wert von 1.03, d.h. *ungleich* 1.00. Lindenberg hat 1993 eine Verbesserung eingeführt, die dieses Problem lösen soll:

> "β also operates as a scales parameter for the scale of g, such that the scale is indicated by β = 1/n U_0." (Lindenberg 1993, S. 22)

Dies bedeutet offenbar, daß die Rohwerte für g_i (0 ≤ g_i ≤ 1.00) mit 1/n gewichtet und dann für alle Handlungsalternativen aufsummiert werden. Diese Summe geteilt durch n ergibt dann den mittleren Nutzen U_0. Berücksichtigt man diesen Vorschlag in unserem Zahlenbeispiel, ergeben sich *keine* negativen Wahlwahrscheinlichkeiten mehr (P_1 = .30; P_2 = .26; P_3 = .26; P_4 = .18) und die Summe der Wahrscheinlichkeiten beträgt 1.00. Allerdings schreibt Lindenberg weiter "P > 1 is considered equal to unity." (Lindenberg 1993, S. 22). Dies verwirrt, da es offenbar trotz der vorgeschlagenen Verbesserung vorkommen kann, daß der berechnete Wert für P_i > 1 ist. Eine befriedigende formale Lösung dieses Problems steht also immer noch aus. In unserer Studie werden wir jedoch prüfen, inwieweit der oben zitierte Vorschlag Lindenbergs, β als Skalierungsparameter zu verwenden, das erwähnte Problem löst.

Ungelöst ist *fünftens* die genaue Spezifikation und Operationalisierung des "Anschlußmodells" von Lindenberg zur Determinierung der situationalen Salienz des Maximanden (dies bemängeln auch Rothgang/Haug 1993, S. 46; Kopp 1994, S. 105 f.). Die *situationale Dominanz des Maximanden* und damit die Größe des Gewichtungsparameters β ist nach Lindenberg eine Funktion der Hintergrundziele X_1, X_2,...X_n. Er gibt hierfür die folgende, nicht näher spezifizierte Funktion an (Lindenberg 1989, S. 74; 1990, S. 270; 1993, S. 22):

$$β = f (Hintergrundziele X_1, X_2,...X_n)$$

Führt ein Frame aufgrund seines geringen Gewichts β zu einer (annähernden) Gleichverteilung der Wahlwahrscheinlichkeiten der Handlungen, "diskriminiert" er also nicht mehr ausreichend zwischen den verschiedenen Handlungsalternativen und führt dadurch zu keiner eindeutigen Entscheidung, so kommen die Hintergrundziele ins Spiel, und es kommt zu einem "frame switch":

> "Wenn sich die Wahlwahrscheinlichkeit der Gleichverteilung nähert, dann wird der größte negative Hintergrundaspekt zur Basis des neuen Rahmens." (Lindenberg 1990, S. 270)

Wie jedoch ein solcher Wechsel des Frames genau funktioniert und auf welche Weise er mit den Variablen seines Modells verknüpft ist, wird leider von Lindenberg nicht näher spezifiziert (zu dieser Kritik vgl. auch Sekulić 1992, S. 167; Tietzel 1993, S. 41; Rothgang/Haug 1993, S. 46; Kopp 1994, S. 105 f.). Tietzel (1993) sieht hierin sogar die Möglichkeit, die Theorie nach Belieben zu immunisieren, da sich durch den Verzicht auf die Angabe spezifischer Bedingungen für einen "frame switch" die Möglichkeit eröffne, jede *beliebige* Verhaltensänderung durch einen "frame switch" zu erklären (Tietzel 1993, S. 41).

120

In diesem Zusammenhang ergibt sich auch das Problem der *Spezifikation dieser Hintergrundziele* X_1, X_2,...X_n. In Anlehnung an Überlegungen von Stigler und Becker (1977) hat Lindenberg einen "Ansatz sozialer Produktionsfunktionen" entwickelt, der davon ausgeht, daß folgende drei allgemeine und *fundamentale* menschliche Ziele, "anthropologische Grundbedürfnisse" (Esser 1995) oder "höchste" Güter existieren:[80]

    (1)   soziale Wertschätzung

    (2)   physisches Wohlbefinden

    (3)   Vermeidung von Verlust[81]

Nach Auffassung Essers (1995) steht jedoch hinter dem Streben nach sozialer Wertschätzung das noch grundlegendere anthropologische Grundbedürfnis nach Aufrechterhaltung eines positiven Selbstbildes. Nach seiner Auffassung ist also soziale Wertschätzung lediglich ein Mittel, um ein positives Selbstbild aufrechtzuerhalten.

Um nun diese "obersten" Ziele (1) bis (3) zu realisieren, verfolgen Akteure weitere *instrumentelle* Ziele oder "Zwischengüter". Um soziale Wertschätzung zu erhalten, versuchen sie, z.B. sozialen Status zu erlangen. Um wiederum den eigenen Status zu maximieren, bemühen sie sich, in den Besitz knapper Güter wie Einkommen, Macht, Prestige oder Wissen zu gelangen. Die verschiedenen Ziele sind also *hierarchisch* strukturiert.

Soziale Produktionsfunktionen verknüpfen nun die jeweiligen sozialen "Güter" (oder Ziele) mit bestimmten "Produktionsfaktoren" oder instrumentellen Zielen. Die drei "obersten" Ziele sind dabei mit instrumentellen Zielen verbunden. Diese instrumentellen Ziele, die aus Handlungen bestehen können, sind wiederum mit weiteren instrumentellen Zielen, die wieder aus Handlungen bestehen können, verknüpft.

So existiere z.B. eine erste Produktionsfunktion (1) für die Relation zwischen sozialer Wertschätzung als "oberstem" Ziel und Status als einem geeigneten Produktionsfaktor:

    (1)   soziale Wertschätzung = f (Status)

---

80   Zur Idee universeller Präferenzen, die über die Zeit stabil sind und für alle Menschen und Kulturen gelten, die jedoch durch die unterschiedlichsten Zwischengüter ("commodities") in Form von Handlungen verwirklicht werden können, vgl. die Arbeit von Stigler/Becker 1977, die diese universellen Präferenzen jedoch nicht inhaltlich spezifizieren.

81   Vgl. Lindenberg 1984, 1989, 1990, 1992a. Die beiden universellen Nutzenargumente physisches Wohlbefinden und soziales Ansehen finden sich bereits bei Adam Smith. Die Minimierung oder Vermeidung von Verlust als drittes "Superziel" hat Lindenberg erst spät und nicht ohne Bedenken hinzugefügt; vgl. Lindenberg 1989, 1990. An unserer Argumentation ändert sich jedoch nichts, wenn man auf das dritte Superziel "Verlustvermeidung" verzichtet. Zur Anwendung sozialer Produktionsfunktionen vgl. Lindenberg 1984; 1991a; Wippler 1990; Wippler/Mühler 1994; Lindemann 1994; van de Goor/Siegers 1994.

Eine zweite Produktionsfunktion (2) verbindet nun Status (als Zwischenziel) mit Einkommen (als Produktionsfaktor):

(2)   Status = f (Einkommen)

Eine dritte Produktionsfunktion (3) verknüpft schließlich das Einkommen (als Zwischenziel) mit einer bestimmten Beschäftigung oder Erwerbstätigkeit (als Produktionsfaktor):

(3)   Einkommen = f (Erwerbstätigkeit)

Es handelt sich damit um eine instrumentelle "Kette" in Form eines *Gleichungssystems* verschachtelter sozialer Produktionsfunktionen, die letztlich der sozialen Produktion oder Maximierung der "obersten" Ziele dienen.

Lindenberg postuliert nun, daß Produktionsfunktionen *nicht idiosynkratisch*, d.h. völlig subjektiv sind und von Person zu Person variieren, sondern daß *typische* soziale Produktionsfunktionen für verschiedene soziale Positionen, soziale Gruppen und Zeiträume in verschiedenen sozialen Situationen existieren und sogar den Status "sozialer Tatsachen" im Sinne Durkheims besitzen (vgl. Lindenberg 1992, S. 291).

So können z.B. Frauen in unserer Gesellschaft soziale Wertschätzung (oberstes Ziel) durch die Partizipation am beruflichen Status (Zwischenziel) des Ehepartners erwerben. Männer können dagegen soziale Wertschätzung innerhalb unserer Gesellschaft nicht oder nur sehr schwer auf diese Weise für sich "produzieren".

Das Problem dieses Ansatzes besteht nun darin, dieses "Gleichungssystem" verschachtelter Produktionsfunktionen für einen bestimmten Anwendungsfall genau und zutreffend zu *rekonstruieren*.[82] Leider gibt Lindenberg hierfür keine informativen Regeln an, die eine derartige Rekonstruktion von Brückenannahmen für den konkreten Fall anleiten können. So hat die von ihm getroffene Annahme der drei (bzw. zwei) "höchsten" Ziele nur *geringen* heuristischen Gehalt, da diese allgemeinen Ziele durch die *verschiedensten* Produktionsfaktoren und instrumentellen "Ketten" erreicht werden können und diese Annahme insofern wenig ausschließt. Die *Heuristik* der sozialen Produktionsfunktionen besagt nämlich lediglich:

"Suche nach den sozialstrukturellen Umständen, unter denen eine Person systematisch physisches Wohlbefinden und soziale Wertschätzung produziert." (Lindenberg 1991, S. 60)

---

82   Esser (1993, S. 94) spricht auch von der "Rekonstruktion der sozialen Situation, der sich die Akteure ausgesetzt sehen". Brückenhypothesen sind für ihn Beschreibungen der Beziehung zwischen einer sozialen Situation und den perzipierten Handlungsalternativen, Erwartungen und Bewertungen von Handlungsfolgen. Diese Art von Beziehung zwischen Merkmalen der Situation und spezifischen Kognitionen des Akteurs nennt er auch "Logik der Situation"; vgl. Esser 1993, S. 120. Zum Konzept der Situationslogik vgl. Popper 1962.

Dies ist nun leichter gesagt als getan. Lindenberg selbst erwähnt eine *Vielzahl* verschiedenster "Produktionsfaktoren". So kann *soziale Wertschätzung* nicht nur durch Status, sondern auch durch die Bestätigung des eigenen Verhaltens durch Dritte oder durch positive Affekte, die einem Dritte entgegenbringen, produziert werden. *Positive Affekte* wiederum können durch Beziehungen zum Lebenspartner, zu Kindern, zu Freunden, zu Haustieren oder durch Kontakte zu anderen Gruppen hergestellt werden (Lindenberg 1984, 1991a). *Status* läßt sich durch Berufstätigkeit, durch einen demonstrativen Lebensstil, Titel, akademische Grade oder durch Bildung produzieren (Lindenberg 1984, 1991a; van de Goor/Siegers 1994). *Physisches Wohlbefinden* läßt sich durch Nahrung, Freizeitaktivitäten, Sport, Sexualität oder Schlafen herstellen (van de Goor/Siegers 1994). Es dürfte nicht schwerfallen, diese Liste möglicher "Produktionsfaktoren" oder "Zwischengüter" nahezu beliebig zu verlängern. So schreibt Esser auch zutreffend:

> "Es gibt dann also so viele und so unterschiedliche...Zwischengüter...Im Prinzip also: unendlich viele." (Esser 1995, S. 31)

Soziale Produktionsfunktionen düften also nicht nur je nach *Kultur*, *Zeit* und sozialer *Situation* variieren, es läßt sich sogar vermuten, daß zahlreiche Akteure über *idiosynkratische* "Produktionsfaktoren" verfügen, mit denen die unterschiedlichsten "Zwischengüter" hergestellt werden können, die dann wiederum der Realisierung weiterer "Zwischengüter" dienen, die dann letztlich zur Produktion der drei allgemeinen Ziele führen.

Lindenbergs Konzept der sozialen Produktionsfunktionen erscheint mir aus folgenden Gründen unzureichend, um zu zutreffenden Brückenannahmen zu gelangen. So nennt er außer einem *argumentum ad auctoritatem* keine weiteren Begründungen dafür, daß ausgerechnet diese zwei (bzw. drei) von ihm genannten "höchsten" Güter generell, d.h. für jeden Menschen (transpersonal), in jeder Situation (transsituational) und immer (transtemporal) die bedeutendsten sind. So schreibt Lindenberg:

> "Wir können aber sowohl bei Adam Smith als auch bei den meisten klassischen Soziologen zu Rate gehen, und dann finden wir, daß es mindestens zwei Güter gibt, die bei jedem Menschen obenan stehen: physisches Wohlbefinden und soziale Wertschätzung." (Lindenberg 1991, S. 58)

In diesem Zusammenhang vermißt man eine Auseinandersetzung mit bekannten Modellen der Motivationspsychologie (vgl. etwa Schönpflug/Schönpflug 1989, S. 365 ff.). So hat die empirisch vorhandene Vielfalt menschlicher Bedürfnisse zu zahlreichen Versuchen geführt, diese Vielfalt auf eine begrenzte Anzahl von Kategorien zurückzuführen. Neben *polythematischen* Klassifikationssystemen, wie sie auch das Modell von Lindenberg darstellt, existieren *monothematische* Motivationstheorien, die jede Handlung auf einen einheitlichen Grundtrieb (z.B. Macht- und Geltungsstreben in der Theorie A. Adlers) zurückführen, oder *bithematische* Theorien, die einen Dualismus zweier konkurrierender Grundstrebungen annehmen (z.B. zwischen Angriffs- und Fluchttendenzen). Polythematische Motivationstheorien umfassen nun oft eine Reihe von Bedürfnissen, die sich nur schwer einem der drei (bzw. zwei) Grundbedürfnisse Lindenbergs zuordnen lassen, etwa das Bedürfnis nach Spiel oder ästhetischem Genuß.

Schließlich ist auch an die von manchen Autoren (vgl. etwa Maslow 1981) betonte Bedeutung von *Bedürfnishierarchien* zu erinnern, dergemäß Menschen erst nach der Befriedigung bestimmter Grundbedürfnisse (wie Nahrung, Schutz vor natürlichen Unbilden wie Nässe oder Kälte) die Befriedigung höherrangiger Bedürfnisse (wie Status oder Selbstverwirklichung) anstreben.

Aber auch wenn es zuträfe, daß physisches Wohlbefinden, soziale Wertschätzung und Verlustvermeidung für alle Menschen die höchsten Güter darstellen, ergäbe sich *zweitens* immer noch das Problem, mit Hilfe *welcher* instrumenteller Ziele (d.h. Handlungen) Personen diese grundlegenden oder andere instrumentelle Ziele zu realisieren versuchen. Eine zutreffende Rekonstruktion sozialer Produktionsfunktionen ist nämlich schon bei sehr kurzen instrumentellen "Ketten" problematisch, da im Falle *heterogener* Populationen sehr unterschiedliche und damit im Prinzip auch *idiosynkratische* Produktionsfaktoren "funktional äquivalent" im Hinblick auf die Realisierung bestimmter (instrumenteller oder grundlegender) Ziele sein können.

Eine angemessene Rekonstruktion sozialer Produktionsfunktionen dürfte damit um so schwieriger sein, je *heterogener* die Gruppe ist, für die eine solche Rekonstruktion geleistet werden soll. In diesem Fall dürften auch die sozialen Produktionsfunktionen *heterogen*, im Extremfall sogar akteursspezifisch und damit idiosynkratisch sein.

Weiter dürfte gelten: je *verschachtelter* Produktionsfunktionen sind, d.h. je *mehr* instrumentelle "Zwischenziele" nötig sind, um die "höchsten" Ziele zu realisieren, d.h. je *länger* also die "Produktionsketten" sind, desto schwieriger dürfte es sein, die "wahren" Produktionsfunktionen zu rekonstruieren.

Schließlich gibt die Heuristik keine Auskunft darüber, welche *spezifischen Eigenschaften* (vgl. Lindenberg 1989, S. 54; Esser 1995) die jeweils relevanten Produktionsfunktionen besitzen (additiv, multiplikativ, Cobb-Douglas). So dürften Produktionsfunktionen zwar in der Regel eine monotone Steigung besitzen, der Grenzertrag dürfte jedoch oft abnehmen und schließlich dürften sie unterschiedlich effizient sein, d.h. das Verhältnis zwischen eingesetztem "input" und produziertem "output" dürfte variieren (vgl. zu diesen Eigenschaften auch Esser 1995).

Daß soziale Produktionsfunktionen zwar monoton, aber nicht linear sein müssen, sondern z.B. eine S-förmige Gestalt haben können, zeigt die Beziehung zwischen Einkommen und sozialem Status. So dürften Veränderungen im Einkommen sowohl bei einem sehr niedrigen als auch bei einem sehr hohen Einkommen einen nur geringen Einfluß auf den Status haben. In einem "mittleren" Einkommensbereich dürften sich jedoch Unterschiede im Einkommen relativ stark auf den Status auswirken.

Informationen über diese Eigenschaften sind im konkreten Fall durchaus von Bedeutung, da bei Vorliegen mehrerer alternativer Produktionsfunktionen immer die effizienteste ausgewählt werden dürfte. Weiter wäre es für Personen, die bereits sehr viel in ein bestimmtes instrumentelles Ziel "investiert" haben, wichtig zu wissen, ob sich eine weitere Investition in dieses Ziel angesichts sinkender Grenzerträge überhaupt noch lohnt. Über diese drei wichtigen Eigenschaften gibt uns die Heuristik jedoch leider keine genaue Auskunft.

Da es also die Heuristik sozialer Produktionsfunktionen nach unserer Einschätzung nicht erlaubt, *spezifische* Produktionsfunktionen für einen bestimmten Untersuchungsbereich *deduktiv abzuleiten* oder zumindest zutreffend zu *rekonstruieren*, tut sich damit auch bei Lindenberg das von ihm so vehement kritisierte "theoretisches Niemandsland" auf,

"in dem sich die Gewohnheitsheuristik als Schattenmethodologie der wissenschaftlichen Auseinandersetzung entzieht." (Lindenberg 1991, S. 57)

3.3 Messung der Variablen des Diskriminationsmodells

Ebenso wie die TOPB, sollte auch das Diskriminationsmodell in einem Bereich umweltrelevanten Verhaltens, nämlich dem der Verkehrsmittelwahl, empirisch getestet werden. Aus ökonomischen Gründen sollte die Erhebung mit Hilfe standardisierter Telefoninterviews durchgeführt werden. Nach Durchführung eines Pretests (N = 20)[83] des Interviewbogens und Modifikationen aufgrund dieses Pretests wurden die Variablen des Diskriminationsmodells in den standardisierten Telefoninterviews der Hauptstudie (N = 369) wie folgt gemessen.[84]

---

83 Informationen des Pretests waren von Bedeutung, wenn Befragte z.B. nicht spontan anworteten, Fragen oder Antwortkategorien nicht verstanden oder nachfragten und um Erläuterungen baten. Weiter ging es um folgende Punkte: Welche Fragen bereiten den Befragten Schwierigkeiten? Welche Fragen mußten wiederholt werden? Welche Fragen wurden falsch interpretiert? Welche Fragen waren für den Interviewer am schwierigsten zu stellen? Welche Fragen mochte der Interviewer nicht? Bei welchen Fragen hätten Befragte gerne mehr gesagt? Wie praktikabel ist die Erfassung von Antworten in einer Matrix aus Zielen und Handlungen? Auch die Interviewer sollten ihre eigenen Einschätzungen des Pretest-Fragebogens geben und diese schriftlich festhalten.

84 Dieser Fragebogen enthielt nun auch Fragen mit denen ursprünglich versucht werden sollte, ein Modell von Esser (1990, 1991, 1993c) zur Erklärung der binären Entscheidung für die Beibehaltung von Habits (1) oder für die Suche nach einer besseren Handlungsalternative (2) zu überprüfen. Allerdings stellte uns die Operationalisierung der Variablen dieses auch von Esser bislang nicht überprüften Modells vor unlösbare praktische Probleme, die sich in der großen Zahl von missing-values ("weiß nicht", "keine Angabe") bei den Befragten widerspiegelten. So enthält dieses Modell von Esser eine Variable, die sich auf den Nutzen einer besseren Handlungsalternative bezieht. Dabei ergibt sich jedoch das Problem, wie der Nutzen einer besseren Handlungsalternative beurteilt werden soll, nach der offenbar erst gesucht werden

Ausgeführte Handlung: Die Person wurde gefragt, wie sie das letzte Mal in die Bremer Innenstadt gekommen ist. Um Erinnerungseffekte kontrollieren zu können, wurde zusätzlich gefragt, wie lange dieser Besuch der Innenstadt etwa her ist (Antwortkategorien: "weniger als eine Woche" oder die Anzahl der vergangenen Wochen).

Handlungsalternativen: Sofern die Person auch an andere Möglichkeiten, in die Stadt zu kommen, gedacht hat, wurde sie durch eine offene Frage nach diesen Handlungsalternativen gefragt. Es konnten maximal vier verschiedene Handlungsalternativen genannt werden.

Wir unterscheiden terminologisch also zwischen der faktisch ausgeführten Handlung ("ausgeführte Handlung") einerseits und maximal vier anderen Handlungsalternativen ("Handlungsalternativen") andererseits, obwohl man die ausgeführte Handlung natürlich auch als (ausgeübte) Handlungsalternative betrachten kann.

Handlungsziele: Mit einer offenen Frage wurde nach Handlungszielen gefragt, die die Person realisieren wollte. Es konnten maximal vier verschiedene Handlungsziele genannt werden. Da zuvor nach dem Grund gefragt wurde, weshalb die Innenstadt das letzte Mal besucht worden war (z.B. Einkauf, Arztbesuch, Verabredung), war den Befragten klar, daß es bei der Frage nach den Handlungszielen nicht um den zuvor erfragten Grund des Besuchs der Innenstadt ging, sondern um Präferenzen wie Bequemlichkeit, Schnelligkeit oder Flexibilität, die für den "Transport" von Bedeutung waren.

Für die Auswertung der offenen Fragen wurden verschieden formulierte, jedoch semantisch äquivalente Handlungsalternativen und Handlungsziele nachträglich jeweils zu Kategorien zusammengefaßt und codiert (vgl. hierzu Lüdemann 1992).

Salienz der Handlungsziele: Auf einer fünfstufigen Skala mit den Endpunkten 1 = "überhaupt nicht wichtig" und 5 = "sehr wichtig" sollte die Bedeutung der zuvor genannten Handlungsziele eingeschätzt werden. Das Ziel mit dem höchsten Score fungierte als dominantes Ziel. Ziele mit geringeren Scores wurden als Hintergrundziele betrachtet.

---

muß. Dieser Nutzen kann nämlich nur dann beurteilt werden, wenn eine bessere Handlungsalternative bereits gefunden wurde und damit die Verhaltensalternative (2) "Suche nach einer besseren Handlungsalternative" bereits realisiert worden ist. Um jedoch wiederum den Nutzen der Verhaltensalternative "Suche nach einer besseren Handlungsalternative" (2) zu berechnen, muß diese Verhaltensalternative bereits ausgeführt worden sein, da in diese Berechnung der Nutzen einer besseren Handlungsalternative eingeht; vgl. zu diesem Problem auch Witt 1993, S. 285. Unseres Erachtens handelt es sich hier jedoch weniger um Operationalisierungsprobleme, als um konzeptionelle und theoretische Probleme des Modells von Esser; vgl. hierzu auch Lüdemann/Rothgang 1996. Weiter wurden die Fragen, die sich auf Informationskosten beziehen, die Autofahrern bei der Suche nach besseren Alternativen (als dem Auto) entstehen, nicht ausgewertet, da die reduzierte Stichprobe von N = 78 lediglich vier Autofahrer enthielt. Aufgrund dieser Probleme haben wir uns daher nur auf das Modell von Lindenberg und dessen Überprüfung konzentriert.

126

Subjektive Wahrscheinlichkeit der Realisierung des dominanten Ziels durch Handlungsalternativen: Es wurde gefragt, für wie geeignet die ausgeführte Handlung und die Handlungsalternativen gehalten wurden, um das dominante Ziel sowie die Hintergrundziele zu realisieren (fünfstufige Skala mit den Endpunkten 1 = "völlig ungeeignet" und 5 = "sehr gut geeignet").

Sofern keine offenen oder dichotomen Fragen gestellt wurden, wurden durchgehend Rating-Skalen mit den Zahlen von 1 bis 5 verwendet, wobei nur den beiden Endpunkten 1 und 5 der Skala verbale Anker zugeordnet wurden (vgl. hierzu Sudman/Bradburn 1986, S. 271), wie in den folgenden Beispielen:

"Wenn die 1 'völlig ungeeignet' und die 5 'sehr gut geeignet' bedeutet, für wie geeignet hielten Sie..."

"Wenn die 1 'überhaupt nicht wichtig' und die 5 'sehr wichtig' bedeutet, wie wichtig war Ihnen..."

Damit beim Einsetzen der erhobenen Variablenwerte in die Modellgleichung des Diskriminationsmodells sinnvolle, objektive Wahrscheinlichkeitswerte ($0 \leq P_i \leq 1.00$) entstehen, wurden die Rohwerte aller kontinuierlichen Modell-Variablen so transformiert, daß ihr Wertebereich von 0 bis 1.00 reichte.

3.4 Auswahl und Durchführung der Telefoninterviews

Aus dem amtlichen Bremer Telefonbuch (Ausgabe 1994/95) wurde eine *systematische Zufallsauswahl* von 540 Personen gezogen. Ausgehend von einer per Zufallszahl ausgewählten Startposition, d.h. einer bestimmten Telefon-Nummer, wurde dabei jedes j-te Element ausgewählt, wobei sich die Schrittweite j als Quotient aus der Größe der Grundgesamtheit N (= alle Eintragungen im Telefonbuch) und der gewünschten Stichprobengröße n (= 540) ergibt: j = N/n (vgl. Zeh 1986/87, S. 340; Frey et al. 1990, S. 83 ff.).

Um die Verweigerungsquote zu minimieren, erhielten diese 540 Personen etwa eine Woche vor der Befragung ein kurzes einseitiges *Anschreiben* mit offiziellem Universität-Briefkopf (vgl. Porst 1991).[85] Dieses Anschreiben enthielt Informationen über das Thema der Studie, das Auswahlverfahren, die Befragungsart, die durchführende Institution, die voraussichtliche Dauer des Telefoninterviews sowie die Namen der Interviewer. Für weitere Fragen der angeschriebenen Personen wurde die Telefon-Nummer des Projektleiters angegeben. Um die Au-

---

85 Da nur zwei Interviewer zur Verfügung standen, wurden diese 540 Briefe nicht alle zur gleichen Zeit, sondern zeitversetzt in jeweils größeren Mengen verschickt, so daß nicht alle Interviews in der gleichen Woche durchgeführt werden mußten. So wurden die Telefoninterviews im November 1994 und, um Verweigerungen aufgrund von Zeitknappheit in der Vorweihnachtszeit zu vermeiden, im Januar und Februar 1995 durchgeführt.

thentizität des Anschreibens zu betonen, wurden alle Anschreiben mit der Hand unterschrieben.

Da sich in experimentellen Studien gezeigt hat, daß die Verweigerungsrate um so *größer* ist, je ausführlicher und stärker Vertraulichkeitszusagen sind (vgl. Hippler et al. 1990), wurden im Anschreiben Vertraulichkeit, Anonymität und Datenschutz *nicht* thematisiert (obwohl natürlich alle diesbezüglichen Bedingungen eingehalten wurden). Nur auf Nachfragen im Interview wurde erläutert, auf welche Weise die Anonymität gesichert und die datenschutzrechtlichen Bestimmungen eingehalten wurden.

Über die Arten der Ausfälle gibt die folgende Tabelle 19 Auskunft, in der die Ausfallarten nach ihrer Häufigkeit geordnet wurden. Bei 540 angeschriebenen Zielpersonen und 171 Ausfällen ergibt sich eine Ausschöpfungsquote von 68.34%, d.h. 369 durchgeführten Interviews.

Tabelle 19
Ausfälle bei Telefoninterviews
(angeschriebene Personen N = 540)

Art des Ausfalls	N	%
Zielperson hat kein Interesse bzw. keine Zeit	33	6.11
ständiges Freizeichen	20	3.70
Zielperson unbekannt verzogen	19	3.51
Anrufbeantworter eingeschaltet	16	2.96
Zielperson zu alt oder krank	10	1.85
Zielperson verstorben	9	1.66
Zielperson nicht anwesend	9	1.66
Sprach- und Verständnisprobleme	8	1.48
"kein Anschluß unter dieser Nummer"	6	1.11
Anschluß ständig besetzt	6	1.11
angetroffene Person ist nicht Zielperson und verweigert jede Auskunft	6	1.11
falsche Telefon-Nummer	5	.92
Zweifel an Anonymität und Datenschutz	5	.92
Anruf als Belästigung empfunden	4	.74
beantwortet keine Fragen am Telefon	4	.74
allgemeines Mißtrauen	4	.74
Zielperson verzogen	3	.55
schlechte Erfahrungen mit Umfragen	3	.55
Zielperson bricht Interview ab	1	.18
Summe	171	31.66 %

Die folgende Tabelle 20 gibt Auskunft über die Verteilung einiger Merkmale innerhalb unserer Gesamtstichprobe (N = 369):

Tabelle 20
Demographische Merkmale
Gesamtstichprobe (N = 369)

Befragte Personen	369
Frauen	224
Männer	145
Alter in Jahren (Mittelwert)	39.60
Interviewdauer in Minuten (Mittelwert)	11.35

Obwohl unser Auswahlverfahren Zufallscharakter hatte, bestand unser Ziel nicht darin, eine repräsentative Stichprobe (z.B. der Bremer Bevölkerung) zu ziehen, sondern lediglich, eine gewisse Varianz in den Variablen des zu überprüfenden Diskriminationsmodells zu erzeugen. Aus diesem Grund haben wir auf inferenzstatistische Tests verzichtet. Auf derartige Tests haben wir aber auch deshalb verzichtet, da beim Test einer *allgemeinen* Theorie (im Sinne eines raum-zeitlich uneingeschränkten Allsatzes) wie dem Diskriminationsmodell echte Zufallsstichproben prinzipiell *unmöglich* sind (vgl. hierzu auch Abschnitt V.7).

3.5 Anwendungsprämissen des Diskriminationsmodells

Um Erinnerungsfehler und Artefakte bei den Antworten der 369 Befragten zu minimieren, haben wir für den empirischen Test des Diskriminationsmodells erstens nur Personen ausgewählt, die die Handlung vor *einer* oder *weniger als einer Woche* ausgeführt haben. Da die Anwendung des Diskriminationsmodells zweitens voraussetzt, daß Personen mindestens zwei verschiedene Handlungsalternativen perzipieren, kamen für einen Test dieses Modells nur solche Personen in Frage, die auch an mindestens eine *Alternative* zur ausgeführten Handlung *gedacht* haben.

Es sei hier daran erinnert, daß wir terminologisch zwischen der faktisch ausgeführten Handlung einerseits und maximal vier anderen Handlungsalternativen andererseits unterscheiden, obwohl man die ausgeführte Handlung natürlich auch als (ausgeübte) Handlungsalternative betrachten kann.

Die folgende Tabelle 21 gibt zunächst einen Überblick über die Verteilung des *Zeitpunktes*, zu dem die Handlung von den Befragten (N = 369) ausgeführt wurde, wobei der Bezugszeitpunkt der des Telefoninterviews war.

Tabelle 21
Zeitpunkt der ausgeführten Handlung
Gesamtstichprobe (N = 369)

Zahl der Wochen seit Ausführung der Handlung	N	%
1	73	20.7
2	65	18.4
3	24	6.8
4	7	2.0
5	2	.6
6	2	.6
7	1	.3
8	1	.3
9	1	.3
54	1	.3
weniger als eine Woche her	176	49.9
Summe	369	100 %

Wir sehen in dieser Tabelle 21, daß etwa die Hälfte (49.9%) der Interviewten die Handlung *vor weniger als einer Woche* ausgeführt hat und bei 20.7% der Befragten die Ausführung der Handlung erst *eine Woche* zurücklag.

Das Argument, man könne doch auch Daten von Personen für den Test des Diskriminationsmodells verwenden, bei denen die ausgeführte Handlung mehr als eine Woche zurücklag, da dies ein Indikator dafür sei, daß diese Personen nur selten in die Stadt kämen und sich deshalb auch gut an dieses "seltene" Ereignis eines Stadtbesuchs erinnern könnten, hielten wir nicht für überzeugend.

131

Die Anwendung des stochastischen Entscheidungsmodells von Lindenberg setzt weiter voraus, daß eine Person mindestens zwei Handlungsalternativen perzipiert; in unserer Terminologie die "ausgeführte Handlung" und mindestens eine "Handlungsalternative".

Der folgenden Tabelle 22 ist jedoch zu entnehmen, daß nur gut ein Viertel (27.6%) der Befragten überhaupt an *Handlungsalternativen* zur ausgeführten Handlung *gedacht* hat. Die Mehrheit (72.4%) hat entweder nicht an Handlungsalternativen gedacht oder kann sich nicht mehr daran erinnern.

Tabelle 22
Perzeption von Handlungsalternativen
Gesamtstichprobe (N = 369)

Antworten	N	%
ich habe nicht an Alternativen gedacht	214	58
ich kann mich nicht erinnern	53	14.4
ich habe an Alternativen gedacht	102	27.6
Summe	369	100 %

3.6 Ein empirischer Test: Diskriminationsmodell versus SEU-Modell

Ein Test des Diskriminationsmodells an Personen, bei denen die ausgeführte Handlung zum Befragungszeitpunkt nur eine oder weniger als eine Woche zurücklag *und* die gleichzeitig an mindestens eine andere Handlungsalternative gedacht haben, konnte daher nur auf der Grundlage einer stark reduzierten Fallzahl von N = 78 vorgenommen werden.[86]

---

86   Daß die Fallzahlen in den folgenden Tabellen bisweilen kleiner als N = 78 sind und variieren, ist auf missing values bei der Berechnung komplexer Variablen des Diskriminations- sowie des SEU-Modells zurückzuführen.

Tabelle 23
Bestätigungsgrad des Diskriminationsmodells

berechnete Wahl- wahrscheinlichkeiten	N	%
$P_{AUS} > P_1,...P_4$	61	85
$P_{AUS} = P_1,...P_4$	9	12.5
$P_{AUS} < P_1,...P_4$	2	2.5
Summe	72	100 %

Der Test des Diskriminationsmodells auf der *Individualebene* ergibt nun, daß 85% der Individualprognosen aufgrund dieses Modells zutreffen, da die berechnete Wahlwahrscheinlichkeit der ausgeführten Handlung (P_{AUS}) *größer* als die berechneten Wahlwahrscheinlichkeiten der anderen Handlungsalternativen ($P_1,...P_4$) ist. Die falsifizierenden Fälle teilen sich folgendermaßen auf. In 12.5% der Fälle ist die berechnete Wahlwahrscheinlichkeit der ausgeführten Handlung *genau so groß* wie die Wahlwahrscheinlichkeit (mindestens) einer Handlungsalternative, und in 2.5% der Fälle ist die berechnete Wahlwahrscheinlichkeit der ausgeführten Handlung *kleiner* als die Wahlwahrscheinlichkeit (mindestens) einer Handlungsalternative. Dabei ergaben sich in keinem einzigen Fall berechnete Wahlwahrscheinlichkeiten, die unzulässig, da negativ oder größer als 1.00 waren. Damit kann man das Modell insgesamt als durchaus gut bestätigt (85% zutreffende Prognosen) betrachten.

Betrachtet man auf der *Aggregatebene* die *durchschnittlichen* Wahlwahrscheinlichkeiten für alle Handlungen, so ergibt sich folgendes Bild: Die höchste durchschnittliche Wahlwahrscheinlichkeit hat, wie theoretisch postuliert, die ausgeführte Handlung, gefolgt von den durchschnittlichen Wahlwahrscheinlichkeiten der Handlungsalternativen 1 bis 4, wobei der größte Unterschied (.23) zwischen der ausgeführten und der Handlungsalternative 1 besteht.

Tabelle 24
Durchschnittliche Wahlwahrscheinlichkeiten der
Handlungsalternativen im Diskriminationsmodell

Handlungs-Alternativen	berechnete durchschnittliche Wahrscheinlichkeit	N
ausgeführte Handlung	.60	72
Alternative 1	.37	72
Alternative 2	.31	70
Alternative 3	.20	1
Alternative 4	.20	1

Die nächste Tabelle 25 enthält die *durchschnittlichen Nutzenwerte* für alle Handlungen. Hier nimmt der durchschnittliche Nutzen von der ausgeführten Handlung bis zur Handlungsalternative 4 stetig ab, wobei auch hier der größte Unterschied (.241) zwischen der ausgeführten Handlung und der Handlungsalternative 1 besteht.

Tabelle 25
Nutzen der Handlungsalternativen im Diskriminationsmodell

Handlungsalternativen	Mittelwert	Modus	Stand.abw.	N
ausgeführte Handlung	.421	.500	.095	77
Alternative 1	.180	.250	.137	77
Alternative 2	.175	.083	.110	9
Alternative 3	.056	.050	.009	2
Alternative 4	.050	.050	---	1
Durchschnittsnutzen	.300	.250	.091	72

Auf der Grundlage unserer Daten zur Verkehrsmittelwahl können wir nun im Rahmen eines einfachen *experimentum crucis* (vgl. Popper 1971b, S. 54, 222), d.h. eines *empirischen Theo-*

134

rienvergleichs, das Diskriminationsmodell gegen das SEU-Modell testen (zum SEU-Modell vgl. Abschnitt VI.1). Hierzu berechnen wir den Nettonutzen (i.e. der SEU-Wert; "SEU" = "Subjective Expected Utility") der verschiedenen Handlungen aus der Salienz *aller* genannten Handlungsziele und der subjektiven Wahrscheinlichkeit der Realisierung dieser Ziele durch die verschiedenen Handlungen:

NN_i ≡ Nettonutzen (SEU-Wert) der Handlung H_i

SAL_j ≡ Salienz (Nutzen) des Handlungsziels Z_j

ERW_{ji} ≡ Erwartung der Realisierung des Ziels Z_j bei Ausführung derHandlung H_i

NN_i ≡ $\sum (SAL_j \times ERW_{ji})$ für die Ziele 1...n

Dabei wurden die Rohwerte für die Salienz der Ziele von 0 ("überhaupt nicht wichtig") bis 1 ("sehr wichtig") und die Rohwerte für die subjektive Wahrscheinlichkeit von -1 ("völlig ungeeignet") bis +1 ("sehr gut geeignet") codiert.

Tabelle 26
Bestätigungsgrad des SEU-Modells

Nettonutzen-Werte	N	%
$NN_{AUS} > NN_1,...NN_4$	71	93
$NN_{AUS} = NN_1,...NN_4$	5	7
$NN_{AUS} < NN_1,...NN_4$	0	0
Summe	76	100 %

Gegenüber dem Diskriminationsmodell schneidet das SEU-Modell nun etwas besser ab, da 93% der *Individualprognosen* aufgrund des SEU-Modells zutreffen. In diesen Fällen ist der Nettonutzen der ausgeführten Handlung (NN_{AUS}) *größer* als der Nettonutzen der anderen Handlungsalternativen ($NN_1,...NN_4$). Die falsifizierenden Fälle bestehen aus 7%, in denen der Nettonutzen der ausgeführten Handlung *genau so groß* wie der Nettonutzen (mindestens) einer Handlungsalternative ist. Es trat jedoch kein Fall auf, bei dem der Nettonutzen der ausgeführten Handlung *kleiner* als der Nettonutzen (mindestens) einer Handlungsalternative war.

Betrachtet man nun auf der *Aggregatebene* die *durchschnittlichen* Nettonutzen-Werte für alle Handlungen, so zeigt sich, daß die ausgeführte Handlung, wie von der SEU-Theorie postuliert, den höchsten durchschnittlichen Nettonutzen (Mittelwert sowie Modus) besitzt, wobei auch hier der größte numerische Unterschied (Mittelwert sowie Modus) zwischen der ausgeführten Handlung und der Handlungsalternative 1 besteht.

Tabelle 27
Nettonutzen der Handlungsalternativen im SEU-Modell

Handlungsalternativen	Mittelwert	Modus	Stand.abw.	N
ausgeführte Handlung	.987	1	.598	77
Alternative 1	-.216	0	.632	77
Alternative 2	.141	-.500	.838	8
Alternative 3	-.125	-.125	---	1

Als Ergebnis dieses experimentum crucis kann man also festhalten, daß im Vergleich zum Diskriminationsmodell (85% zutreffende Prognosen) die Berücksichtigung von Hintergrundzielen (i.e. nicht-dominante Ziele) innerhalb eines SEU-Modells zu einer Verbesserung der Prognose individueller Handlungen führt (93% zutreffende Prognosen).

Ein Grund hierfür könnte darin bestehen, daß die Kritik von Prisching (1993, S. 44) zutrifft, daß das Diskriminationsmodell die kognitiven Kapazitäten von Akteuren zu sehr unterschätze, indem es nur ein einziges Ziel zulasse und daher eine Berücksichtigung von mehr als einem Ziel (wie im SEU-Modell) zu einer besseren Prognose führt. Diese Interpretation wird auch durch die relativ geringe und daher kognitiv noch zu bewältigende Zahl der genannten Ziele gestützt. So nennen die Befragten am häufigsten, d.h. in 50% der Fälle, nur zwei Ziele (Modus: 2; vgl. Tabelle 32).

Ein weiterer Grund für den geringeren "Bestätigungsgrad" des Diskriminationsmodells könnte darin liegen, daß unsere Operationalisierung dieses Modells den Einfluß negativer bzw. inkompatibler Hintergrundaspekte auf den Parameter β nicht berücksichtigt (vgl. Lindenberg 1990, 270 f., 1993, S. 22 f.), da, wie bereits in Abschnitt VII.3.2 dargestellt, unklar bleibt, in welcher spezifischen Weise derartige Hintergrundaspekte mit anderen Modell-Variablen verknüpft sind (vgl. zu diesem Problem auch Sekulić 1992, S. 167; Tietzel 1993, S. 41; Rothgang/Haug 1993, S. 46; Kopp 1994, S. 105 f.).

3.7 Gründe des Stadtbesuchs, gewählte Verkehrsmittel, Handlungs- häufigkeiten und die Zahl von Handlungsalternativen

Warum die Personen der reduzierten Stichprobe (N = 78) die *Innenstadt aufsuchten*, kann der folgenden Tabelle 28 entnommen werden, die zeigt, daß die große Mehrheit (66.7%) der Be- fragten Einkäufe und Besorgungen in der Innenstadt zu erledigen hatte.

Tabelle 28
Grund des letzten Besuchs der Innenstadt
Diskriminationsmodell

Grund des Besuchs der Innenstadt	N	%
Einkauf/Besorgung	52	66.7
Arztbesuch	3	3.8
Amt/Behörde	6	7.7
Schule	1	1.3
Verabredung	4	5.1
Veranstaltung	3	3.8
Bummeln	6	7.7
etwas abholen	3	3.8
Summe	78	100 %

Welche Verkehrsmittel für die Fahrt in die Bremer Innenstadt benutzt wurden, kann man der folgenden Tabelle 29 entnehmen, die zeigt, daß (in der Reihenfolge ihrer Häufigkeit) Straßen- bahn, Bus, Fahrrad, zu Fuß gehen und der Bus am *häufigsten* für den Weg in die Innenstadt genutzt wurden.

137

Tabelle 29
Ausgeführte Handlungen
Diskriminationsmodell

ausgeführte Handlung	N	%
Straßenbahn	22	28.2
Fahrrad	18	23.1
zu Fuß	16	20.5
Bus	13	16.7
PKW	4	5.1
Bundesbahn	2	2.6
Taxi	1	1.3
Bus und Bahn	1	1.3
Summe	78	100 %

Vergleicht man die *Häufigkeit*, mit der Befragte, die *nicht* an Handlungsalternativen *gedacht* haben, die ausgeführte Handlung ausüben, mit jener von Personen, die an Alternativen *gedacht* haben, erhält man folgende Verteilungen:

Tabelle 30
Häufigkeit der ausgeführten Handlung
in verschiedenen Gruppen

Häufigkeit der ausgeführten Handlung	Person hat nicht an Alternativen gedacht		Person hat an Alternativen gedacht	
	N	%	N	%
nie (1)	1	7	1	1.3
selten (2)	9	6.2	9	11.5
gelegentlich (3)	16	11	37	47.5
häufig (4)	45	31	27	34.6
immer (5)	74	51	4	5.1
SUMME	145	100 %	78	100 %
Mittelwert	4.26		3.30	
Modus	5		3	

Die meisten Befragten, die nicht an Alternativen gedacht haben, praktizieren die ausgeführte Handlung "immer", um in die Innenstadt zu kommen. Dagegen üben die meisten Befragten, die an Alternativen gedacht haben, die ausgeführte Handlung nur "gelegentlich" aus, um in die Innenstadt zu gelangen. Dieser Unterschied in der Häufigkeit dürfte nun dafür verantwortlich sein, ob Befragte Handlungsalternativen perzipieren oder nicht, da *habitualisierte* Handlungen, die "immer" dann ausgeführt werden, wenn man in die Stadt will, keine bewußten Entscheidungen mehr zwischen Alternativen implizieren.

Wie viele Handlungsalternativen von den Interviewten der Stichprobe perzipiert wurden, die wir für den Test des Diskriminationsmodells verwendet haben (N = 78), und welche *Gewichtungsfaktoren* (1/n) auf der Grundlage der perzipierten Zahl (n) dieser Handlungsalternativen berechnet wurden, kann der folgenden Tabelle 31 entnommen werden. Eindeutig dominieren (88.5%) Entscheidungssituationen mit nur *zwei Handlungsalternativen* (d.h. die ausgeführte Handlung plus eine Alternative) gegenüber solchen mit drei und mehr Alternativen.[87] Diese

---

87   Auch in der Studie von Friedrichs/Opp 1994, in der 91 Entscheidungen in Alltagssituationen untersucht wurden, dominierten (61.5%) Entscheidungssituationen mit nur zwei perzipierten Handlungsalternativen.

Verteilung ist Ausdruck einer *Vereinfachung der Mittelstruktur* (Esser 1991, S. 65) und bestätigt damit auch Lindenbergs Annahme starker kognitiver Restriktionen in Entscheidungssituationen.

Tabelle 31
Zahl der Handlungsalternativen und Gewichtungsfaktoren

Zahl der Alternativen	Gewichtungsfaktor	N	%
2	.50	69	88.5
3	.33	7	9
4	.25	1	1.3
5	.20	1	1.3
SUMME		78	100 %

3.8 Zahl der genannten Ziele, dominante Ziele und deren Salienz

Widmen wir uns zunächst der Frage, *wie viele Handlungsziele* von den Befragten überhaupt genannt werden. Der folgenden Tabelle 32 können wir entnehmen, daß die Befragten am häufigsten *zwei Handlungsziele* (50%) nennen. Mit etwas geringerer Häufigkeit wird *ein* Handlungsziel (41%) genannt und nur eine Minderheit (9%) nennt *drei* verschiedene Ziele.[88] Diese Verteilung ist Ausdruck einer *Vereinfachung der Zielstruktur* und bestätigt wiederum Lindenbergs Annahme einer starken kognitiven Einschränkung in Entscheidungssituationen.

Da nun laut H. A. Simon "attention is a major scarce resource" (Simon 1988, S. 72), könnte man vermuten, daß aufgrund der begrenzten kognitiven Kapazität der Akteure die Zahl der genannten Ziele *negativ* mit der Zahl der perzipierten Handlungsalternativen korreliert. Unsere Daten widerlegen jedoch einen derartigen "trade off" zwischen der Zahl der genannten Ziele und der Zahl der Handlungsalternativen, da beide schwach *positiv* (.20) miteinander kor-

---

[88] Hier unterscheiden sich unsere Ergebnisse jedoch erheblich von Friedrichs/Opp 1994, bei denen 8.8% der 91 Befragten eine Konsequenz, 20.9% zwei Konsequenzen, 18.7% drei Konsequenzen und 50.5% sogar vier und mehr Konsequenzen nannten. Eine Erklärung für diesen Unterschied zwischen unseren und den Ergebnissen von Friedrichs/Opp 1994 könnte darin bestehen, daß die Zahl von Zielen mit der subjektiven Bedeutung einer Entscheidung zunimmt und daß daher bei Entscheidungen über Beruf oder Urlaub (wie bei Friedrichs/Opp 1994) mehr Folgen als bei Entscheidungen über Verkehrsmittel (wie in unserer Studie) genannt werden.

140

relieren. Unser Ergebnis wird durch die Studie von Friedrichs und Opp (1994) bestätigt, da dort die Zahl der perzipierten Handlungsalternativen und die Zahl der genannten Ziele ebenfalls positiv korrelieren (eta = .519).

Tabelle 32
Zahl der genannten Ziele

Zahl der Ziele	N	%
1	32	41
2	39	50
3	7	9
SUMME	78	100 %

Mittelwert: 1.68
Modus: 2.00

Welche *Ziele* sind nun für die Befragten jeweils *dominant* gewesen? Der folgenden Tabelle 33 können wir entnehmen, daß das Meiden schlechten Wetters an erster Stelle steht (21.8%), gefolgt von Flexibilität (16.6%) und Schnelligkeit (14.1%). Damit präferieren über die Hälfte der Befragten (52.5%) diese drei Ziele. Erstaunlich ist, daß nur ein einziges der genannten dominanten Ziele *kollektiven* und eher *langfristigen* "ökologischen" Charakter hat ("Schonung der Umwelt") und auch nur von einer einzigen Person (einem Bus-Nutzer) genannt wird. Dies ist um so erstaunlicher, wenn man unterstellt, daß das Thema der Interviews ("Verkehrslage in Bremen") eine gewisse soziale Erwünschtheit in Richtung "umweltbewußtes" Verhalten bei den Befragten hervorruft. Alle anderen Ziele haben eindeutig einen *individuellen* und eher *kurzfristigen* "egoistischen" Charakter.

Tabelle 33
Dominante Handlungsziele

Handlungsziele	N	%
schlechtes Wetter meiden	17	21.8
Flexibilität	13	16.6
schnell	11	14.1
bequem	8	10.2
einfach	5	6.4
preisgünstig	4	5.1
Vermeidung von Staus	3	3.8
sportliche Ertüchtigung	3	3.8
schönes Wetter genießen	3	3.8
Vermeidung von Streß	3	3.8
Spaß haben	3	3.8
Vermeidung Parkprobleme	2	2.5
Sicherheit vor Kriminalität	1	1.2
Vermeidung von Konflikten	1	1.2
Schonung der Umwelt	1	1.2
SUMME	78	100 %

Darüber, wie sich die numerischen Werte der *Salienzen* der jeweils *dominanten Ziele* verteilen, gibt die folgende Tabelle 34 Auskunft.

Tabelle 34
Salienz des dominanten Zieles

Salienz	N	%
.50	3	3.9
.75	21	26.9
1.00	54	69.2
SUMME	78	100 %

Mittelwert: .913
Modus: 1.00

Erwartungsgemäß ordnet zwar eine große Mehrheit der Befragten (69.2%), die wir für den Test des Diskriminationsmodells verwenden, dem jeweils dominanten Ziel den möglichen Maximalwert von 1.00 ("sehr wichtig") zu. Es erstaunt jedoch der unerwartet hohe restliche Anteil (30.8%), der dem dominanten Ziel lediglich "submaximale" absolute Skalenwerte von .75 und .50 zuordnet.

3.9 Dominante Ziele verschiedener Nutzer-Gruppen

Wie *verteilen* sich nun diese *dominanten Handlungsziele* auf die zahlenmäßig stärksten *Nutzer-Gruppen* (Bus, Straßenbahn, Fußgänger, Radfahrer)? Die folgenden beiden Tabellen 35 und 36 zeigen, daß für etwa die Hälfte der Personen, die das letzte Mal den *Bus* (53.8%) oder die *Straßenbahn* (45.5%) in die Innenstadt genommen haben, die *Meidung schlechten Wetters* das dominante Ziel darstellte.

143

Tabelle 35
Dominante Handlungsziele der Bus-Nutzer (N = 13)

Handlungsziele	N	%
schlechtes Wetter meiden	7	53.8
einfach	2	15.4
schnell	1	7.7
bequem	1	7.7
preisgünstig	1	7.7
Schonung der Umwelt	1	7.7
SUMME	13	100 %

Tabelle 36
Dominante Handlungsziele Straßenbahn-Nutzer (N = 22)

Handlungsziele	N	%
schlechtes Wetter meiden	10	45.5
bequem	5	22.7
preisgünstig	2	9
Vermeidung von Staus	2	9
einfach	1	4.6
schnell	1	4.6
Vermeidung Parkprobleme	1	4.6
SUMME	22	100 %

Auch bei den *Radfahrern* ergeben sich zwei herausragende dominante Ziele: *Flexibilität* (44.4%) und *Schnelligkeit* (38.8%), wie die folgende Tabelle 37 zeigt:

Tabelle 37
Dominante Handlungsziele der Radfahrer (N = 18)

Handlungsziele	N	%
Flexibilität	8	44.4
schnell	7	38.8
bequem	1	5.6
Spaß haben	1	5.6
preisgünstig	1	5.6
SUMME	18	100 %

Bei der Gruppe der *Fußgänger* ergibt sich dagegen kein Schwerpunkt im Hinblick auf ein bestimmtes dominantes Ziel, wie die folgende Tabelle 38 zeigt:

Tabelle 38
Dominante Handlungsziele der Fußgänger (N = 16)

Handlungsziele	N	%
sportliche Ertüchtigung	3	18.7
schönes Wetter genießen	3	18.7
Vermeidung von Streß	3	18.7
einfach	2	12.5
Spaß haben	2	12.5
Vermeidung von Konflikten	1	6.2
Sicherheit vor Kriminalität	1	6.2
Flexibilität	1	6.2
SUMME	16	100 %

4. Diskussion

Zunächst hat sich anhand der Ausführungen Essers gezeigt, wie nötig eine Klärung des Frame-Begriffs und damit die Trennung von dominanten Handlungszielen einerseits und Situationsdeutungen andererseits ist. Hinsichtlich der Überprüfung des Diskriminationsmodells der stochastischen Wahl von Lindenberg läßt sich festhalten, daß sich dieses Modell in unserer Feldstudie gut bewährt hat (85% zutreffende Prognosen), obwohl das SEU-Modell, in dem auch die Hintergrundziele berücksichtigt werden, eine höhere "Trefferquote" besitzt (93% zutreffende Prognosen).

Nun zu den wichtigsten Ergebnissen im einzelnen. Zunächst überrascht, daß nur ein gutes Viertel aller 369 Interviewten überhaupt an eine Handlungsalternative zur ausgeführten Handlung gedacht hat. Sofern jedoch an Handlungsalternativen gedacht wurde, waren dies in fast 90% der Fälle lediglich zwei Handlungsalternativen (d.h. die ausgeführte Handlung plus eine Alternative). Dies läßt sich als Vereinfachung der Mittelstruktur der Handlungssituation aufgrund eingeschränkter kognitiver Kapazitäten interpretieren. Als Vereinfachung der Zielstruktur läßt sich dagegen die nahezu gleich starke Häufigkeit interpretieren, mit der nur ein oder zwei Handlungsziele genannt wurden. Lediglich eine kleine Minderheit der Befragten nannte drei verschiedene Ziele.

Obwohl das Diskriminationsmodell von der eingeschränkten kognitiven Kapazität der Akteure ausgeht, existiert erstaunlicherweise kein "trade off" zwischen der Zahl der genannten Ziele und der Zahl der Handlungsalternativen, da beide positiv miteinander korrelieren. Ebenso erstaunlich ist die Tatsache, daß ein knappes Drittel der Befragten ihrem dominanten Ziel lediglich "submaximale" Skalenwerte von .75 und .50 zuordnet.

Schließlich überrascht, daß nur ein einziges der genannten dominanten Ziele kollektiven und eher langfristigen "ökologischen" Charakter ("Schonung der Umwelt") hat und auch nur von einer einzigen Person (!) genannt wird. Alle anderen Ziele haben eindeutig einen individuellen und eher kurzfristigen "egoistischen" Charakter. Damit zeigen sich auch hier eindeutige Meta-Präferenzen für individuelle und kurzfristige dominante Ziele, die von gut der Hälfte der Befragten (52.5%) präferiert wurden:

"Meiden schlechten Wetters", "Flexibilität", "Schnelligkeit"

Nur ein einziges dominantes Ziel ließ auf eine Meta-Präferenz für langfristige und kollektive Ziele schließen. Dieses ökologische Ziel, "Schonung der Umwelt", wurde jedoch nur von einer einzigen Person, einem Bus-Nutzer, genannt.

Abschließend ist dem Diskriminationsmodell eine weitere Verbreitung und Rezeption innerhalb der Soziologie zu wünschen, wobei Fragen der Operationalisierung der Modellvariablen, die Entwicklung geeigneter Erhebungsdesigns und die Präzisierung und Operationalisierung des Anschlußmodells zur Bestimmung des Parameters β im Mittelpunkt der Bemühungen stehen sollten.

VIII. Probleme von Rational-Choice-Theorien und Möglichkeiten der Integration von Homo Sociologicus und Homo Oeconoicus

1. Habits und die Frage der Vollständigkeit der Theory of Planned Behavior

Die Ergebnisse der empirischen Überprüfung der Theory of Planned Behavior lassen die Frage auftauchen, inwieweit diese Theorie ein *vollständiges* theoretisches Modell zur Erklärung der hier untersuchten Verhaltensweisen darstellt, wobei "Vollständigkeit" bedeuten soll, daß diese Theorie keine Spezifikationsfehler aufgrund fehlender Variablen enthält.

Wenn man den Effekt, den die Habit-Variable in unserer Recycling-Studie auf die Handlungsintention sowie auf das letzte Entsorgungsverhalten ausübt, als Indikator für einen Spezifikationsfehler innerhalb des Modells der Theory of Planned Behavior betrachtet, so könnte dies ein Hinweis auf den Einfluß potentiell fehlender Variablen in der Theory of Planned Behavior sein.

Gerade am Beispiel des Einflusses der vergangenen Verhaltenshäufigkeit auf die Intention wird jedoch deutlich, wie problematisch die auf Bentler und Speckart (1979, 1981) zurückgehende theoretische Interpretation der Variable "vergangene Verhaltenshäufigkeit" als Proxy-Variable für den Habitualisierungsgrad eines Verhaltens ist.

Sofern nämlich Habitualisierung bedeuten soll, ein Verhalten *ohne bewußte* Überlegung auszuführen, müßte man aus unseren empirischen Ergebnissen den paradoxen Schluß ziehen, daß der Habitualisierungsgrad eines Verhaltens einen starken direkten Effekt auf die *bewußte* Intention ausübt, dieses Verhalten auszuführen. Ein solcher Befund wäre jedoch nur schwer, wenn überhaupt, mit einer Theory of *Planned* Behavior zu vereinbaren.

Überzeugender und theoretisch konsistenter sind demgegenüber die Überlegungen von Triandis (1977, 1980), der Habits und Intentionen als zwei einander *ausschließende* sowie gegenläufige verhaltensauslösende Determinanten betrachtet, indem er postuliert, daß Verhaltensweisen um so stärker habitualisiert sind, je weniger sie durch bewußte Intentionen ausgelöst werden und vice versa.

Angesichts dieser Probleme halten wir es deshalb für sinnvoll, zunächst auf eine theoretische Interpretation der Effekte der Variable "vergangene Verhaltenshäufigkeit" zu verzichten. Dennoch sollte diese Variable in Anwendungen der Theory of Planned Behavior zusätzlich als *Kontrollvariable* erhoben werden (vgl. Bamberg/Lüdemann 1996). Für die theoretische Weiterentwicklung der Theory of Planned Behavior halten wir es jedoch für notwendig zu versuchen, die in dieser Variable vermutlich konfundiert vorliegenden Einflußfaktoren herauszuarbeiten und anschließend für diese Faktoren direkte und valide Meßinstrumente zu entwickeln.

So wird innerhalb der Literatur eine Reihe weiterer Variablen als mögliche zusätzliche Determinanten von Handlungsintentionen diskutiert. Im Kontext der Analyse ökologisch relevanter Verhaltensweisen sind dies z.B. Selbst-Identität (Sparks/Shepherd 1992), wahrgenommene moralische Verpflichtungen (Schwartz/Tessler 1972; Schwartz/Howard 1981) sowie die
von Fuchs (1994) eingeführte Variable "Änderungsdruck".

2. Fehlende Dynamisierung von Rational-Choice-Theorien

Ein Problem des von uns realisierten Erhebungsdesigns besteht darin, daß die Werte der unabhängigen und abhängigen Variablen der von uns überprüften RC-Theorien (Theory of Planned Behavior, SEU-Theorie, Schwellenwert-Modell, Diskriminationsmodell) zum *gleichen*
Zeitpunkt und nicht zu verschiedenen Zeitpunkten erhoben wurden.

Da dieses häufig nicht thematisierte Problem einer "statischen" Querschnitterhebung von Variablen einer "dynamisch" interpretierten Handlungstheorie wie der RC-Theorie leider ein
methodisches Defizit vieler Untersuchungen darstellt, die sich der empirischen Überprüfung
von RC-Theorien (aber auch anderer sozialwissenschaftlicher Theorien) widmen, werden wir
näher auf dieses Problem und mögliche Lösungen eingehen.

Strenggenommen handelt es sich nämlich bei allen sozialwissenschaftlichen Theorien um *dynamische* Theorien, da die theoretisch jeweils postulierten Zusammenhänge in der Regel als
kausale Beziehungen zwischen unabhängigen und abhängigen Variablen betrachtet werden,
die erstens "Wirkungs-Lags", d.h. zeitlich verzögerte Wirkungen der unabhängigen Varia-
ble(n) auf die abhängige Variable und zweitens auch bestimmte Verlaufsformen von Effekten
implizieren (zu unterschiedlichen zeitlichen Verlaufsformen von Effekten vgl. die Abbildung
bei Blossfeld/Rohwer 1995, S. 15).

Wie sähe nun ein *dynamisches* Modell einer soziologischen Erklärung aus? Um ein derartiges
Modell zu entwickeln, werden wir zunächst auf das Mikro-Makro-Modell einer soziologischen Erklärung im Sinne von J. S. Coleman (1986, 1987, 1990, Kap. 1) zurückgreifen, wie
wir es bereits kurz im Abschnitt VI.2 vorgestellt haben.

Das Grundmodell einer soziologischen Erklärung unter Berücksichtigung einer *Makro-* sowie
einer *Mikro-Ebene* läßt sich laut Esser in drei verschiedene Schritte oder "Logiken" zerlegen:
Die Logik der Situation, die der Selektion und die der Aggregation (vgl. Esser 1993, S. 94 ff.).

In einem ersten Schritt geht es dabei zunächst um die *"Logik der Situation"*, die sich auf die
(zutreffende) Rekonstruktion der sozialen Situation des Akteurs bezieht und darauf, wie diese
Situation vom Akteur perzipiert wird. In diesem ersten Schritt geht es also um die Verknüpfung der Makro-Ebene des sozialen Kontextes oder der sozialen Situation mit der Mikro-
Ebene des Akteurs, wobei diese Mikro-Ebene aus den Prädiktoren einer allgemeinen Handlungstheorie wie z.B. der RC-Theorie besteht. In diesem ersten Schritt muß herausgearbeitet

werden, welche Bedingungen und objektiven Handlungsrestriktionen in der sozialen Situation vorliegen, welche Handlungsalternativen die Akteure perzipieren und welche Erwartungen und Bewertungen von Handlungsfolgen die Akteure aufgrund dieser Bedingungen und Restriktionen perzipieren. Das Ziel dieser Rekonstruktion der sozialen Situation des Akteurs besteht darin, zutreffende *Brückenannahmen* über die Wirkung der Variablen der Makro-Ebene, d.h. externer "objektiver" Bedingungen auf die Prädiktoren der RC-Theorie zu formulieren.

Die nächste Aufgabe der "*Logik der Selektion*" besteht in der Erklärung individueller Handlungen aufgrund einer allgemeinen *Handlungstheorie* wie z.B. einer RC-Theorie. Dieser zweite Schritt verbindet also gewissermaßen Akteure und Handlungen und damit zwei Bestandteile der Mikro-Ebene. Mit Hilfe einer allgemeinen individualistischen Handlungstheorie wie der RC-Theorie wird dabei die Selektion einer spezifischen Handlungsalternative aufgrund der Erwartungen und Bewertungen von Handlungsfolgen durch die Akteure erklärt. Die Logik der Selektion bezieht sich also auf den nomologischen Kern der gesamten Erklärung in Form einer Handlungstheorie und deren Anwendung.

Der dritte und letzte Schritt besteht schließlich in der "*Logik der Aggregation*", die sich auf den Schritt von der Mikro-Ebene individueller Handlungen zur Makro-Ebene kollektiver "aggregierter" Folgen bezieht. Dabei kann die Aggregation aus sehr unterschiedlichen *Transformationsregeln* bestehen, die von der bloßen Addition von Einzelhandlungen über die Berechnung von Raten (wie dem Prozent-Anteil von Container-Entsorgern innerhalb einer Gemeinde in unserem Mikro-Makro-Modell in Abb. 2 in Abschnitt VI.2), die Verwendung institutioneller Aggregationsregeln (wie z.B. der 5%-Klausel bei politischen Wahlen) bis zu komplizierten Diffusionsmodellen und der Ableitung von Gleichgewichten reichen kann.

Alle drei Schritte zusammengenommen werden auch als "Makro-Mikro-Makro-Erklärung" bezeichnet. Esser schlägt nun vor, dieses Zwei-Ebenen-Modell zu "dynamisieren", indem er folgende Struktur eines "sozialen Prozesses" formuliert:

Abbildung 5
Dynamisches Mikro-Makro-Modell

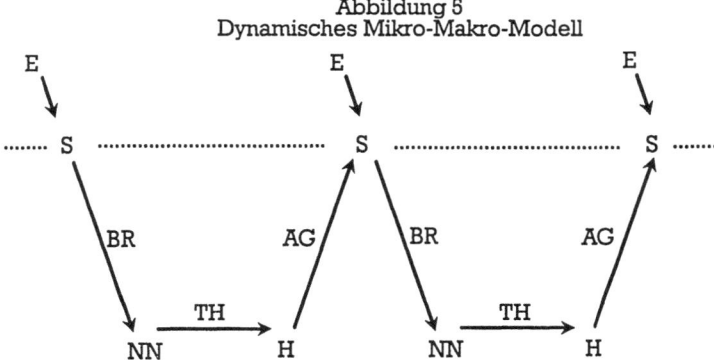

Die Abkürzungen in diesem "dynamisierten" Mikro-Makro-Modell haben dabei folgende Bedeutung:

S ≡ soziale Situation

NN ≡ Nettonutzen einer Handlung

H ≡ Ausführung einer Handlung

E ≡ externes "exogenes" Ereignis

BR ≡ Brückenannahmen

TH ≡ Rational-Choice-Handlungstheorie

AG ≡ Aggregationsrelation

Ein solches "dynamisiertes" Mikro-Makro-Modell besteht also aus einer Aneinanderreihung von Sequenzen der drei beschriebenen Schritte einer soziologischen Erklärung unter Berücksichtigung externer "exogener" Ereignisse E, die die soziale Situation S verändern.

Im Hinblick auf Recycling-Verhalten von Altglas bezöge sich die soziale Situation S auf den Prozentanteil von Container-Entsorgern innerhalb einer Gemeinde, NN wäre der perzipierte Nettonutzen einer individuellen Container-Entsorgung, und die Handlung H bestünde aus der individuellen Container-Entsorgung durch den Akteur. Ein externes Ereignis E wäre z.B. die Einführung einer "codierten" Mülltonne durch die Stadt, deren Kosten sich nach der individuell bestimmbaren Leerungshäufigkeit richten.

Die gestrichelte Linie zwischen den beiden sozialen Situationen S im oberen Teil des Modells in Abbildung 5 sollen den *indirekten* Effekt zwischen diesen beiden sozialen Situationen symbolisieren. Indirekt ist dieser Effekt, da er nur über die mit Pfeilen gekennzeichneten Pfade S → NN → H → S zustande kommt.

So elegant und überzeugend ein derartig "dynamisiertes" Zwei-Ebenen-Modell nun zunächst unter einer analytischen Perspektive wirkt, es enthält keine expliziten Angaben über die für eine empirische Überprüfung erforderlichen *zeitlichen Relationen* zwischen Mikro- und Makro-Variablen.

So werden *erstens* die Zeitverhältnisse innerhalb der Brückenannahmen BR nicht spezifiziert, da unklar bleibt, mit welcher Zeitverzögerung die Merkmale der sozialen Situation S auf den Nettonutzen NN wirken oder ob es sich hier um einen simultanen Effekt der Makro- auf die Mikro-Ebene handelt. *Zweitens* fehlt auf der Mikro-Ebene der Handlungstheorie TH die explizite Angabe eines Wirkungsintervalls für den Effekt, mit dem sich der Nettonutzen NN auf die Ausführung einer Handlung H auswirkt. *Drittens* bleibt schließlich unklar, ob und mit welcher Zeitverzögerung externe "exogene" Ereignisse E auf eine soziale Situation S wirken.

Sofern es sich nun bei der Aggregationsrelation AG zwischen einer Handlung H und der neuen sozialen Situation S um eine *definitorische* bzw. analytische Beziehung handelt (wie im Falle von Häufigkeiten oder Raten), dürfte dies ein "simultaner Effekt" sein. Daß diese Relation jedoch auch *empirisch* interpretiert werden kann, zeigt Opp (1992) an Colemans (1987, S. 155; 1990, S. 8) bei Max Weber entliehenem Beispiel der Entstehung einer kapitalistischen Gesellschaftsorganisation (Makro-Ebene) aufgrund individueller ökonomischer Verhaltensweisen (Mikro-Ebene), da eine kapitalistische Organisation der Gesellschaft aus verschiedenen sozialen Institutionen (Verfügungsrechte über Privateigentum, Arbeits- und Gütermärkte, industrielle Produktionsweisen, Gewerkschaften) besteht. In diesem Fall ergibt sich *viertens* also wiederum das Problem, ob und mit welcher Zeitverzögerung die individuellen Handlungen auf der Mikro-Ebene zu Effekten auf der Makro-Ebene führen.

Daher ist Blossfeld (1996) zuzustimmen, wenn er dem RC-Ansatz vorwirft, sich weder mit der dynamischen *Formulierung* von RC-Theorien noch mit einer dynamischen *Erhebung* der theoretisch relevanten Variablen ernsthaft zu befassen:

> "Although the framework of rational choice theory is inherently dynamic...most of its proponents have not really taken the time-relatedness of social processes seriously." (Blossfeld 1996, S. 189)

So finden sich Hinweise auf dieses Problem innerhalb der Literatur zu RC-Theorien auch nur äußerst selten. So empfehlen Ajzen und Fishbein, daß das *Zeitintervall* zwischen der Messung der Prädiktoren der Theory of Planned Behavior und der Erhebung des Verhaltens *möglichst klein* sein sollte, da die Wahrscheinlichkeit des Auftretens von Ereignissen (z.B. eigene Erfahrungen, Informationen oder Beobachtungen), die die Werte der Prädiktoren verändern, mit der Länge dieses Zeitintervalls zunimmt (vgl. auch Fishbein/Ajzen 1975, S. 375 f.; Ajzen 1988, S. 115 f.):

> "Since intentions can change over time, it is important to measure the intention *as close as possible* to the behavioral observation in order to obtain an accurate prediction." (Ajzen/Fishbein 1980, S. 47; Hervorh., C.L.)

> "The *longer the time interval* is, the *greater the likelihood* is that events will occur which will produce changes in intentions. Generally speaking, therefore, the longer the time interval, the less accurate the prediction of behavior from intention, that is, the lower the observed relation is between intention and behavior." (Ajzen/Fishbein 1980, S. 47; Hervorh., C.L.)

So plausibel dieser methodische Vorschlag von Ajzen und Fishbein auch zunächst sein mag, für die konkrete Forschungs- und Erhebungspraxis dürfte diese Regel jedoch nur äußerst schwer zu realisieren sein, da der Forscher (und oft auch der Befragte selbst) bei vielen zu erklärenden Handlungen nicht weiß, *wann* diese ausgeführt werden (seltene Ausnahmen wären

152

z.B. politische Wahlen, Volksabstimmungen, Prüfungen, Vorträge oder der Antritt einer Reise).

Es handelt sich hier um ein *allgemeines* Problem sozialwissenschaftlicher Theoriebildung, da *keine* (mir bekannte) sozialwissenschaftliche Theorie auch nur ungefähre Angaben über die Größe von Wirkungslags zwischen unabhängigen und abhängigen Variablen enthält (geschweige denn über die zeitliche Verlaufsform von Effekten):

> "Unfortunately, we rarely, if ever, have enough information about the detailed structure of a social process to specify the true lag precisely." (Blossfeld/Rohwer 1995, S. 14)

Leider trifft dieses Informationsdefizit nun auch für RC-Theorien und damit für das beschriebene Mikro-Makro-Modell zu:

> "Unfortunately, in most of the current rational choice theories...this intervall is left unspecified." (Blossfeld 1996, S. 195)

Bei der Überprüfung von dynamisch intendierten sozialwissenschaftlichen Theorien, und dies dürften alle sozialwissenschaftlichen Theorien sein, ergibt sich damit also das Problem,

> "...that we typically would not know, if our observations were being made at the 'right' time, because the necessary information about causal lags in the system was unavailable." (Heise 1975, S. 330)

Die naheliegende methodische Lösung für dieses Problem lautet: Kontinuierliche Messung bzw. Erhebung relevanter Variablen auf retrospektiver Basis. So besteht die Strategie, die die Ereignisdatenanalyse im Rahmen von Lebenslaufstudien für dieses Problem vorschlägt, darin, Personen *retrospektiv* nach dem zeitlichen Auftreten bestimmter "harter" und daher gut erinnerbarer Ereignisse (Heirat, Geburt von Kindern, Scheidung, Beginn und Beendigung einer Ausbildung oder einer Arbeit) zu fragen und auf diese retrospektive Weise eine *kontinuierliche* Messung *qualitativer* Variablen über die Zeit hinweg zu erzeugen.

Bei Lebenslaufdaten handelt es sich nun überwiegend um Zustandsvariablen mit diskreten Ausprägungen, die sich auf "Fakten" wie das eigene Verhalten oder auf "Ereignisse" beziehen, die dem Befragten "widerfahren" sind (vgl. Blossfeld/Rohwer 1995). Diese Daten besitzen jedoch eine andere Qualität als "non-factual-data" wie die Bewertungen und Erwartungen von Handlungsfolgen bestimmter Handlungsalternativen, d.h. wie die Prädiktoren von RC-Theorien. Bei Lebenslaufdaten handelt es sich nämlich überwiegend um Ereignisse von besonderer persönlicher und sozialer Bedeutung, deren Erinnerung aufgrund ihres Charakters als "Schlüsselerlebnisse" relativ wenig Schwierigkeiten macht (vgl. Brückner 1990).

Im Hinblick auf eine *kontinuierliche* Erhebung von Prädiktoren von RC-Theorien ergibt sich damit das Problem, daß analoge *retrospektive* kontinuierliche Messungen von Bewertungen und Erwartungen von Handlungsfolgen bestimmter Handlungsalternativen nicht möglich sein dürften, da sich Personen kaum korrekt an die spezifischen Ausprägungen und Änderungen in derartig "weichen" Variablen zu verschiedenen Zeitpunkten erinnern dürften (vgl. Hannan/Tuma 1979). Damit bleibt dieser Lösungsweg, wie ihn die Ereignisdatenanalyse für Lebenslaufstudien einschlägt, für diese Art von "weichen" Daten und Variablen leider versperrt.

Als Lösung schlägt Blossfeld (1996) jedoch ein *Panel-Design* vor, in dem zu bestimmten diskreten Zeitpunkten die Werte der Prädiktoren von RC-Theorien erhoben werden und *retrospektiv* nach Verhalten gefragt wird, das seit der jeweils letzten Panel-Welle ausgeführt wurde (vgl. auch Blossfeld/Rohwer 1995, S. 17). Allerdings stellt sich bei dieser Lösung immer noch das Problem, welche zeitlichen Abstände die verschiedenen Panel-Wellen haben sollen.

Aufgrund der in diesem Abschnitt dargelegten Probleme halten wir es für geboten, daß sich der RC-Ansatz den bislang übersehenen und ungelösten Problemen seiner Dynamisierung in theoretischer sowie erhebungstechnischer Hinsicht widmet, wenn er ernstgenommen werden will und seine explanativen und vor allem prädiktiven Leistungen und Vorzüge gegenüber anderen theoretischen Ansätzen unter Beweis stellen will.

3. Integration von Homo Sociologicus und Homo Oeconomicus durch Rational-Choice-Theorien

Wenn man zwei idealtypische und einflußreiche Modelle des Menschen in den Sozialwissenschaften unterscheiden will, so bieten sich das Modell des Homo Sociologicus und das Modell des Homo Oeconomicus, wie er durch den RC-Ansatz vertreten wird, an (vgl. Lindenberg 1985, 1990a; Weise 1989; Esser 1993, Kap. 14).

Der *Homo Sociologicus* ist der Akteur der traditionellen Rollentheorie, der sich nach den Bewertungen und Verhaltenserwartungen seiner sozialen Umwelt richtet und an sozialen Regeln und Normen orientiert. Sein Handeln wird durch innere und äußere Sanktionen bestimmt, die er zu erwarten hat, wenn er sich nicht rollenkonform verhält. Der Akteur folgt also externen Sanktionen seiner sozialen Umwelt oder internalisierten Normen (vgl. Dahrendorf 1958; Wiswede 1977).

Das Modell, das diesen Typ von Akteur leitet, nennt Lindenberg (1985) auch das *SRSM-Modell*:

Socialized, Role-Playing, Sanctioned Man

Neben dieser Variante des Homo Sociologicus existiert noch eine zweite "Schmalspur"-

Version dieses Modells, die Lindenberg (1985) das *OSAM-Modell* nennt:

*O*pinionated, *S*ensitive, *A*cting *M*an

Dies ist der Homo Sociologicus, wie er oft innerhalb der empirischen Sozialforschung und der "Variablen-Soziologie", wie wir sie im Abschnitt II.1 kritisiert haben, auftaucht. Der Akteur dieses OSAM-Modells setzt beim Handeln eigentlich nur seine Einstellungen oder Dispositionen um, die er in seiner sozialen Umwelt durch Sozialisationsprozesse erworben hat.

Eine dritte Variante des Homo Sociologicus hat Esser (1993, S. 234 f.) in Anlehnung an die Annahmen des interpretativen Paradigmas eingeführt. Dieses Modell liegt dem interpretativen Paradigma zugrunde,

> "wonach Menschen handeln, indem sie Symbole interpretieren, Situationen definieren und strategisch sich ins beste Licht zu rücken versuchen" (Esser 1993, S. 234)

Das entsprechende Modell, das die Grundlage des symbolischen Interaktionismus und der Ethnomethodologie bildet, nennt Esser das *SSSM-Modell*:

*S*ymbols Interpreting, *S*ituations Defining, *S*trategic Acting *M*an

Auch wenn diese drei beschriebenen Varianten des Homo Sociologicus in ihrer idealtypischen und daher überspitzten Form der Forschungsrealität nicht immer völlig gerecht werden dürften, da z.B. auch Mischformen dieser Varianten existieren, leiden sie doch alle unter zwei gravierenden Defiziten. In allen Varianten spielen nämlich weder objektive noch subjektive *Restriktionen* bei der Auswahl der Handlungen eine Rolle. Zum anderen existiert keine explizite und präzise *Selektionsregel*, die die Auswahl einer ganz bestimmten Handlung erklärbar und dadurch auch "verstehbar" macht (Esser 1993, S. 236). Anders formuliert: Diesen Varianten fehlt ein nomologischer Kern in Form einer allgemeinen und präzisen Handlungstheorie.

Wenn man jedoch der Auffassung ist, daß *sowohl* der Homo Sociologicus *als auch* der Homo Oeconomicus, der durch den RC-Ansatz repräsentiert wird, jeweils durchaus zutreffende Theorieelemente enthalten und es daher eher um eine *Integration* dieser beiden Modelle (zur Integration vgl. auch Kirchgässner 1980; Weise 1989; Lindenberg 1990a), als um eine Entscheidung für nur eines dieser Modelle geht, so sind die von uns in dieser Arbeit verwendeten Theorien auf ihre Integrationsleistung hin zu überprüfen. In die gleiche Richtung gehen z.B. auch die Überlegungen von Blossfeld, wenn er schreibt:

> "...rational choice theorists often have lost sight for the fact that norms (culture) and rational choices matter in empirical applications." (Blossfeld 1996, S. 183)

"The important theoretical issue for empirical analyses is therefore not whether social norms (culture) or instrumental rationality provide the motivation for actions, but how they may be conceptionally integrated in a way that we are better able to unterstand real life situations." (Blossfeld 1996, S. 183)

Betrachten wir zunächst die *Theory of Planned Behavior* im Hinblick auf ihr "Integrationspotential". Diese Handlungstheorie stellt durchaus eine Art von "Synthese" oder Integration zwischen diesen beiden idealtypischen Modellen des Menschen her, da diese Theorie zum einen Elemente des Homo Oeconomicus in Form von Nutzen und Kosten der subjektiv erwarteten Handlungsfolgen sowie in Gestalt von Handlungsrestriktionen enthält. Allerdings tauchen auch hier bereits, und dies gilt auch für die *SEU-Theorie*, "weiche" Anreize wie ein "gutes Gewissen" als Handlungskonsequenz auf (vgl. unsere Folge Nr. 2 in der Recycling-Studie).

Zum anderen finden sich in dieser Theorie auch Annahmen des Homo Sociologicus wieder, da diese Theorie den Einfluß der sozialen Umwelt in Form perzipierter Verhaltenserwartungen von Bezugspersonen (oder Bezugsgruppen) und der Konformitätsmotivation des Akteurs, diese Erwartungen seiner sozialen Umwelt auch zu erfüllen, berücksichtigt. Weiter wird die Bedeutung von Einstellungen, wie sie im OSAM-Modell auftauchen, von der Theory of Planned Behavior berücksichtigt, da Einstellungen ein fester Bestandteil dieser Theorie sind.

Auch das *Schwellenwert-Modell* von Granovetter läßt sich als "Synthese" oder Integration von Homo Oeconomicus und Homo Sociologicus begreifen, da zum einen der Einfluß der sozialen Umwelt auf individuelle Verhaltensentscheidungen durch die vom Individuum perzipierte Anzahl (bzw. den Prozent-Anteil) von Personen berücksichtigt wird, die ein bestimmtes Verhalten bereits ausgeführt haben.

Daß die soziale Umwelt in diesem Modell eine wichtige Rolle spielt, wird auch daran deutlich, daß Granovetter (anders als noch 1978) in seinen neueren Arbeiten das Konzept der "thresholds" unter ausdrücklicher Bezugnahme auf die *eigene Bezugsgruppe* des potentiellen Akteurs definiert:

"a threshold, i.e., the proportion he would have to see of all those choosing one side of a binary decision who are in *his own group* before he would also make that same choice." (Granovetter/Soong 1988, S. 73; Hervorh. C.L.)

"How you choose between two alternatives may depend in part on how others have chosen before you. This dependence may involve the proportion or number (in some *reference group*) who have previously made one or the other decision." (Granovetter/Soong 1988, S. 70; Hervorh. C.L.)

Hier wird also ein wohletabliertes "klassisches" Konzept der Soziologie, nämlich das der Bezugsgruppe (vgl. Merton 1957; Hyman/Singer 1968) berücksichtigt. Bezugsgruppen bestehen bekanntlich aus Personen, die einem selbst hinsichtlich wichtiger individueller Merkmale (soziale Herkunft, Hautfarbe, Alter, Einstellung, Nationalität) ähnlich sind und die einen normativen Rahmen für das eigene Handeln konstituieren.

Zum anderen enthält das Schwellenwert-Modell von Granovetter Elemente des Homo Oeconomicus in Form von Nutzen und Kosten der subjektiv erwarteten Handlungsfolgen, die bei der Ausführung einer Handlung für den Akteur auftreten.

Demgegenüber orientieren sich die getestete *SEU-Theorie* und das von uns überprüfte *Diskriminationsmodell der stochastischen Wahl* stärker am Modell des Homo Oeconomicus, obwohl das Framing-Modell von Esser (1991, S. 61 ff., 1993a, S. 21 ff.) versucht, auch die Entscheidung für eine bestimmte "Definition der Situation", wie sie Bestandteil des SSSM-Modells ist, auf der Grundlage eines RC-Ansatzes zu erklären.[89] So schreibt Esser:

> "Es kann angenommen werden, daß *auch* für die *Selektion* bei der *Definition der Situation* die Regel der Optimierung gilt: Es wird das Modell...gewählt, das in der Kombination von Zuträglichkeit und Wahrscheinlichkeit am *günstigsten* erscheint." (Esser 1993, S. 527 f.; Hervorh., C.L.)

> "Auch die Definition der Situation ist ein Fall der maximierenden *Optimierung* in Form der *kombinierten* Evaluation von Erwartungen und Bewertungen." (Esser 1993, S. 528; Hervorh. im Original)

Wenn Esser hier etwas mißverständlich von "Modell" spricht, meint er das "Modell einer Handlungssituation" im Sinne einer spezifischen Interpretation oder Deutung dieser Situation. Wird also auch die Selektion einer bestimmten Interpretation der Situation als optimierende Wahlhandlung konzipiert, so hat dies z.B. folgende Implikationen:

> "Unwahrscheinliche, aber für den Akteur als sehr günstig erscheinende Modelle der Definition der Situation werden u.U. gegenüber wahrscheinlicheren, aber deutlich ungünstigeren Modellen vorgezogen." (Esser 1993, S. 528)

So zeigt sich also bei näherer Betrachtung der von uns überprüften und diskutierten RC-Theorien, daß die zunächst als völlig unvereinbar erscheinenden Modelle des Homo Oeconomicus und des Homo Sociologicus durchaus integrationsfähig sind, da wichtige Elemente

---

89   Da hier versucht wird, kognitives "Verhalten" wie die Entscheidung für eine bestimmte Interpretation der Situation mit Hilfe eines RC-Ansatzes zu erklären, gibt es Parallelen zur "Kognitiv-Hedonistischen Verhaltenstheorie" von Kaufmann-Mall (1978, 1981, 1982), der ebenfalls auf der Grundlage des SEU-Modells versucht, kognitives "Verhalten" wie die Bildung und Änderung von Erwartungen, Bewertungen, Wahrnehmungen, Kognitionen sowie Erinnerungen zu erklären. Zur Erklärung der Konstruktion, des Erwerbs sowie der Anwendung von Deutungsmustern mit Hilfe der Kognitiv-Hedonistischen Verhaltenstheorie vgl. Lüdemann 1992b. Für weitere Anwendungen dieser RC-Theorie vgl. Kaufmann/Schmidt 1976 und Lüdemann 1981.

des Homo Sociologicus durchaus Eingang in das Modell des Homo Oeconomicus finden können und nicht einfach ignoriert werden müssen.

Eine weitere Möglichkeit der Integration verschiedener theoretischer Ansätze ergibt sich auf einer eher metatheoretischen oder *methodologischen* Ebene. So ist das beschriebene Mikro-Makro-Modell der Verknüpfung von individueller und gesellschaftlich-struktureller Ebene von J. S. Coleman (1987, 1990, Kap. 1) sehr gut in der Lage, eine Reihe theoretischer Überlegungen zu integrieren, die von Vertretern anderer Paradigmen zum Mikro-Makro-Problem innerhalb der Soziologie angestellt worden sind.

So läßt sich Colemans Zwei-Ebenen-Modell (mit allen Vorbehalten im Hinblick auf Details und die beschriebenen Probleme der Dynamik) als eine mögliche Explikation von Überlegungen von A. Giddens betrachten, die er im Rahmen seiner Theorie der Strukturierung (1988) angestellt hat, in der er zwischen *Struktur* und *Handlung* unterscheidet. Ebenso könnte man behaupten, daß sich im Zwei-Ebenen-Modell die Unterscheidung zwischen *System* und *Lebenswelt*, wie sie von J. Habermas (1981, Kap. VI) thematisiert wird, wiederfindet. Ja sogar Postulate des soziologischen *Neofunktionalismus*, wie er seit einigen Jahren von J. Alexander (1988) vertreten wird, sind mit diesem Modell vereinbar. So fordert Alexander z.B.:

> "Neither micro nor macro theory is satisfactory. *Action* and *structure* must now be *interwined*." (Alexander 1988, S. 77; Hervorh., C.L.)

Schließlich dürfte das beschriebene Mikro-Makro-Modell einen theoretischen Rahmen für die Anwendung einer Reihe von statistischen Verfahren der *Mehrebenen-* oder *Kontextanalyse* (vgl. von Saldern 1986; Alpheis 1988; Huinink 1989; Iversen 1991) darstellen.

Allerdings dürfen diese Integrationsleistungen dieses Mikro-Makro-Modells nicht überschätzt werden und darüber hinwegtäuschen, daß dieses Modell einer Präzisierung im Hinblick auf die zeitlichen Relationen zwischen den Variablen bedarf. Weiter müssen sich die Art und die jeweilige Form des Erhebungsdesigns diesen zeitlichen Spezifikationen innerhalb des Modells anpassen. Schließlich wäre zu erörtern, ob es nicht in konkreten Anwendungen erforderlich ist, zusätzliche *Zwischen-* oder *Meso-Ebenen* einzuführen, die sich z.B. auf Dyaden (Ehen, nichteheliche Lebensgemeinschaften, Freundschaften), Gruppen (Familien, Haushalte, Arbeits-, Freizeit-, Interessengruppen), Organisationen (Betriebe, Firmen, Parteien, Gewerkschaften, Schulen, Universitäten), Nachbarschaften, Gemeinden oder Städte beziehen (zur vertikalen Differenzierung des Coleman-Modells in mehr als zwei Ebenen vgl. Abell 1992; Hannan 1992; Blau 1994; Blossfeld 1996).

Abschließend bleibt festzuhalten, daß der ökonomische "Imperialismus", wie er sich im RC-Ansatz und seinen verschiedenen Varianten äußert, zwar zu einem Erkenntnisforschritt und einer Integration sozialwissenschaftlichen Wissens innerhalb der Soziologie beitragen kann; die "Imperialisten", die oft genug aus den eigenen Reihen der Soziologen kommen, sollten jedoch nicht vergessen, daß sie von ihren "Opfern", d.h. den Vertretern "traditioneller" soziolo-gischer Ansätze und Theorien, immer noch eine Menge lernen und übernehmen können.

Anhang

Korrelationsmatrix der Modell-Variablen der Theory of Planned Behavior (N = 198)

Variablen	NN	EINS	SUNO	INT	HAND	NORM	MOEG	KONT
NN	1	.6036	.5162	.6146	.5667	.6164	.6146	.5371
EINS		1	.4706	.6751	.6952	.6148	.5304	.4355
SUNO			1	.4753	.4340	.5887	.3710	.2700
INT				1	.8993	.6183	.6385	.6222
HAND					1	.5904	.6124	.5847
NORM						1	.5698	.4596
MOEG							1	.6297
KONT								1

NN: Nettonutzen-Differential
EINS: Einstellungs-Differential
SUNO: Subjektive-Norm-Differential
INT: Intentions-Differential
HAND: Handlungs-Differential
NORM: Norm-Differential
MOEG: Möglichkeiten-Differential
KONT: Kontroll-Differential

Literatur

Abell, P.: Is Rational Choice Theory a Rational Choice of Theory?, in: J. S. Coleman/T. J. Fararo (Eds.): Rational Choice Theory. Advocacy and Critique, Newbury Park 1992, S. 183 - 206

Ajzen, I: From intentions to actions: A theory of planned behavior, in: J. Kuhl/J. Beckmann (Eds.): Action control: From cognition to behavior, Berlin 1985, S. 11 - 39

Ajzen, I: Attitudes, Personality and Behaviour, Milton Keynes 1988

Ajzen, I: Attitude Structure and Behavior, in: A. R. Pratkanis/S. J. Breckler/A. G. Greenwald (Eds.): Attitude Structure and Function, Hillsdale NJ 1989, S. 241 - 274

Ajzen, I: The Theory of Planned Behavior, in: Organizational Behavior and Human Decision Processes 1991, S. 179 - 211

Ajzen, I: Attitude Theory and the Attitude-Behavior Relation, in: D. Krebs/P. Schmidt (Eds.): New Directions in Attitude Measurement, Berlin 1993, S. 41 - 57

Ajzen, I./B. L. Driver: Prediction of Leisure Participation from Behavioral, Normative, and Control Beliefs: An Application of the Theory of Planned Behavior, in: Leisure Sciences 1991, S. 185 - 204

Ajzen, I./M. Fishbein: Attitude-Behavior Relations: A theoretical Analysis and Review of Empirical Research, in: Psychological Bulletin 1977, S. 888 - 918

Ajzen, I./M. Fishbein: Understanding Attitudes and Predicting Social Behavior, Englewood Cliffs NJ 1980

Ajzen, I./T. J. Madden: Prediction of Goal-Directed Behavior: Attitudes, Intentions and Perceived Behavioral Control, in: Journal of Experimental Social Psychology 1986, S. 453 - 474

Albert, H.: Modell-Platonismus. Der neoklassische Stil ökonomischen Denkens in kritischer Beleuchtung, in: L. Krüger (Hrsg.): Erkenntnisprobleme in den Naturwissenschaften, Köln 1970, S. 406 - 434

Aldrich, J. H./F. D. Nelson: Linear probability, logit, and probit models, Beverly Hills 1984

Alexander, J. C.: The New Theoretical Movement, in: N. J. Smelser (Ed.): Handbook of Sociology, Newbury Park 1988, S. 77 - 102

Alpheis, H.: Kontextanalyse, Wiesbaden 1988

Amelang, M./K. Tepe/G. Vagt/W. Wendt: Mitteilung über einige Schritte der Entwicklung einer Skala zum Umweltbewußtsein, in: Diagnostica 1977, S. 86 - 88

Anthony, D. L./D. D. Heckathorn/S. M. Maser: Rational Rhetoric in Politics. The Debate over Ratifying the U.S. Constitution, in: Rationality and Society 1994, S. 489 - 518

Arnold, H. J./Evans, M. G.: Testing multiplicative models does not require ratio scales, in: Organizational Behavior and Human Performance 1979, S. 41 - 59

Atkinson, J. W.: Einführung in die Motivationsforschung, Stuttgart 1975 [zuerst 1964]

Axelrod, R.: Die Evolution der Kooperation, München 1987

Bagozzi, R. P.: Attitudes, Intentions, and Behavior: A Test of Some Key Hypotheses, in: Journal of Personality and Social Psychology 1981, S. 607 - 627

Bagozzi, R. P.: The self-regulation of attitudes, intentions, and behavior, in: Social Psychology Quarterly 1992, S. 178 - 204

Bagozzi, R. P./R. E. Burnkrant: Attitude Organization and the Attitude-Behavior Relation: A Reply to Dillon and Kumar, in: Journal of Personality and Social Psychology 1985, S. 47 - 57

Bagozzi, R. P./P. R. Warshaw: Trying to consume, in: Journal of Consumer Research 1990, S. 127 - 140

Balderjahn, I.: Das umweltbewußte Konsumentenverhalten. Eine empirische Studie, Berlin 1986

Bamberg, S./W. Bien/P. Schmidt: Wann steigt die AutofahrerIn auf den Bus um? Oder: Lassen sich aus sozialpsychologischen Handlungstheorien praktische Maßnahmen ableiten?, in: A. Diekmann/A. Franzen (Hrsg.): Kooperatives Umwelthandeln, Zürich 1994

Bamberg, S./C. Lüdemann: Eine Überprüfung der Theorie geplanten Verhaltens in zwei Wahlsituationen mit dichotomen Alternativen: Rad vs. PKW und Container vs. Hausmüll, in: Zeitschrift für Sozialpsychologie 1996, S. 32 - 46

Bamberg, S./P. Schmidt: Verkehrsmittelwahl. Eine Anwendung der Theorie geplanten Verhaltens, in: Zeitschrift für Sozialpsychologie 1993, S. 27 - 37

Bamberg, S./P. Schmidt: Auto oder Fahrrad? Empirischer Test einer Handlungstheorie zur Erklärung der Verkehrsmittelwahl, in: Kölner Zeitschrift für Soziologie und Sozialpsychologie 1994, S. 80 - 102

Bandura, A.: Social Foundations of Thought and Action. A Social Cognitive Theory, Englewood Cliffs NJ 1986

Bardeleben, H./B. W. Reimann/P. Schmidt: AIDS und das Problem der Prävention - Fakten und Fiktionen, in: Journal für Sozialforschung 1989, S. 97 - 128

Barry, B.: Neue Politische Ökonomie, Frankfurt a. M. 1975

Becker, G. S.: Der ökonomische Ansatz zur Erklärung menschlichen Verhaltens, Tübingen 1982

Bem, D. J.: Self-Perception Theory, in: L. Berkowitz (Ed.): Advances in Experimental Social Psychology, Vol. 6, New York 1972, S. 1 - 62

Benninghaus, H.: Soziale Einstellungen und soziales Verhalten. Zur Kritik des Attitüdenkonzepts, in: G. Albrecht/H. Daheim/F. Sack (Hrsg.): Soziologie - Sprache, Bezug zur Praxis, Verhältnis zu anderen Wissenschaften, Opladen 1973, S. 671 - 707

Benninghaus, H.: Ergebnisse und Perspektiven der Einstellungs-Verhaltens-Forschung, Meisenheim 1976

Bentler, P. M./G. Speckart: Models of Attitude-Behavior Relations, in: Psychological Review 1979, S. 452 - 464

Bentler, P. M./G. Speckart: Attitudes "Cause" Behaviors: A Structural Equation Analysis, in: Journal of Personality and Social Psychology 1981, S. 226 - 238

Bernholz, P.: An Extended Theory of Institutions and Contractual Discipline. Comment, in: Journal of Institutional and Theoretical Economics 1992, S. 155 - 162

Berry, W. D.: Nonrecursive Causal Models, Beverly Hills 1984

Blalock, H. M.: Theory Construction. From Verbal to Mathematical Formulations, Englewood Cliffs NJ 1969

Blau, P. M.: Exchange and Power in Social Life, New York 1964

Blau, P. M.: Structural Contexts of Opportunities, Chicago 1994

Blossfeld, H.-P.: Macrosociology, Rational Choice Theory and Time. A Theoretical Perspective on the Empirical Analysis of Social Processes, in: European Sociological Review 1996, S. 181 - 206

Blossfeld, H.-P./G. Rohwer: Techniques of Event History Modeling. New Approaches to Causal Analysis, Hillsdale NJ 1995

Bohman, J.: The limits of rational choice explanation, in: J. S. Coleman/T. J. Fararo (Eds.): Rational Choice Theory. Advocacy and Critique, Newbury Park 1992, S. 207 - 228

Bollen, K. A.: Structural Equations with Latent Variables, New York 1989

Borg, I.: Grundlagen und Ergebnisse der Facettentheorie, Bern 1992

Boudon, R.: Widersprüche sozialen Handelns, Neuwied 1979

Boudon, R.: Die Logik des gesellschaftlichen Handelns, Neuwied 1980

Bowman, C. H./M. Fishbein: Understanding Public Reaction to Energy Proposals: An Application of the Fishbein Model, in: Journal of Applied Social Psychology 1978, S. 319 - 340

Braspenning, J.: Framing: De prospecttheorie en het discriminatiemodel. Een empirische vergelijking en validering, Dissertation Groningen 1992

Braun, N.: Das Schwellenwertmodell und die Leipziger Montagsdemonstrationen, in: Kölner Zeitschrift für Soziologie und Sozialpsychologie 1994, S. 492 - 500

Braun, N.: Individual Thresholds and Social Diffusion, in: Rationality and Society 1995, S. 167 - 182

Braun, N./A. Franzen: Umweltverhalten und Rationalität, in: Kölner Zeitschrift für Soziologie und Sozialpsychologie 1995, S. 231 - 248

Brown, M. A./S. M. Macey: Understanding residential energy conservation through attitudes and beliefs, in: Environment and Planning 1983, S. 405 - 416

Brückner, E.: Die retrospektive Erhebung von Lebensverläufen, in: K. U. Mayer (Hrsg.): Lebensläufe und sozialer Wandel, Sonderheft Nr. 31 der Kölner Zeitschrift für Soziologie und Sozialpsychologie, Opladen 1990, S. 374 - 403

Brüderl, J./P. Preisendörfer: Der Weg zum Arbeitsplatz: Eine empirische Untersuchung zur Verkehrsmittelwahl, in: A. Diekmann/A. Franzen (Hrsg.): Kooperatives Umwelthandeln, Zürich 1994

Bruhn, M.: Das soziale Bewußtsein von Konsumenten, Wiesbaden 1978

Budd, R. J./D. North/C. Spencer: Understanding seat belt use: A test of Bentler and Speckart's extension of the 'theory of reasoned action', in: European Journal of Social Psychology 1984, S. 69 - 78

Budd, R. J./C. P. Spencer: Exploring the role of personal normative beliefs in the theory of reasoned action: the problem of discriminating between alternative path models, in: European Journal of Social Psychology 1985, S. 299 - 313

Büschges, G./W. Raub (Hrsg.): Soziale Bedingungen - Individuelles Handeln - Soziale Konsequenzen, Frankfurt a. M. 1985

Camic, C.: The Matter of Habit, in: American Journal of Sociology 1986, S. 1039 - 1087

Charng, H./J. A. Piliavin/P. L. Callero: Role identity and reasoned action in the prediction of repeated behavior, in: Social Psychology Quarterly 1988 S. 303 - 317

Cialdini, R. B./R. E. Petty/J. T. Cacioppo: Attitude and attitude change, in: Annual Review of Psychology, Vol. 32, 1981, S. 357 - 404

Cohen, J. B./M. Fishbein/O. T. Ahtola: The nature and uses of expectancy-value models in consumer attitude research, in: Journal of Marketing Research 1972, S. 456 - 460

Coleman, J. S.: Social theory, social research, and a theory of action, in: American Journal of Sociology 1986, S. 1309 - 1335

Coleman, J. S.: Microfoundations and Macrosocial Behavior, in: J. C. Alexander/B. Giesen/R. Münch/N. J. Smelser (Eds.): The Micro-Macro Link, Berkely 1987, S. 153 - 173

Coleman, J. S.: Foundations of Social Theory, Cambridge MA 1990

Coleman, J. S./T. J. Fararo (Eds.): Rational Choice Theory. Advocacy and Critique, Newbury Park 1992

Collins, R.: The Rationality of Avoiding Choice, in: Rationality and Society 1993, S. 58 - 67

Collins, R.: Emotional Energy as the Common Denominator of Rational Action, in: Rationality and Society 1993, S. 203 - 230 (1993a)

Cornish, D. B./R. V. Clarke (Eds.): The Reasoning Criminal. Rational Choice Perspectives on Offending, Berlin 1986

Cranach, M. von/U. Kalbermatten/K. Indermühle/B. Gugler: Zielgerichtetes Handeln, Bern 1980

Dahrendorf, R.: Homo sociologicus. Ein Versuch zur Geschichte, Bedeutung und Kritik der Kategorie der sozialen Rolle, Köln und Opladen 1958

Davidson, A. D./D. M. Morrison: Predicting contraceptive behavior from attitudes: A comparison of within-versus-across subjects procedures, in: Journal of Personality and Social Psychology 1983, S. 997 - 1009

Davies, R. B.: The limitations of cross-sectional analysis, in: R. Crouchley (Ed.): Longitudinal Data Analysis, Aldershot 1987, S. 1 - 15

Dawes, R. M.: Rational Choice in an Uncertain World, San Diego 1988

Deci, E. L./R. M. Ryan: Intrinsic Motivation and Self-Determination in Human Behavior, New York 1985

Deegan, J.: Specification Error in Causal Models, in: Social Science Research 1974, S. 235 - 259

Denzin, N. K.: Reading Rational Choice Theory, in: Rationality and Society 1990, S. 172 - 189

Diekmann, A.: Dynamische Modelle sozialer Prozesse, München 1980

Diekmann, A.: Soziale Dilemmata. Modelle, Typisierungen und empirische Resultate, in: H. Esser/K. G. Troitzsch 1991, S. 417 - 456

Diekmann, A.: Sozialkapital und das Kooperationsproblem in sozialen Dilemmata, in: Analyse und Kritik 1993, S. 22 - 35

Diekmann, A.: Das Umweltproblem aus dem Blickwinkel der Spieltheorie, unv. Ms. Bern 1993 (1993a)

Diekmann, A./A. Franzen (Hrsg.): Kooperatives Umwelthandeln, Zürich 1994

Diekmann, A./P. Preisendörfer: Umweltbewußtsein, ökonomische Anreize und Umweltverhalten. Empirische Befunde aus der Berner und Müncher Umwelt-befragung, in: Schweizerische Zeitschrift für Soziologie 1991, S. 207 - 231

Diekmann, A./P. Preisendörfer: Persönliches Umweltverhalten: Diskrepanzen zwischen Anspruch und Wirklichkeit, in: Kölner Zeitschrift für Soziologie und Sozialpsychologie 1992, S. 226 - 251

Diekmann, A./P. Preisendörfer: Zur Anwendung der Theorie rationalen Handelns in der Umweltforschung. Eine Antwort auf die Kritik von Christian Lüdemann, in: Kölner Zeitschrift für Soziologie und Sozialpsychologie 1993, S. 125 - 134

Diekmann, A.: Empirische Sozialforschung. Grundlagen, Methoden, Anwendungen, Reinbek bei Hamburg 1995

Diekmann, A./C. C. Jaeger (Hrsg.): Umweltsoziologie, Sonderheft 36 der Kölner Zeitschrift für Soziologie und Sozialpsychologie, Opladen 1996

Dierkes, M./H.-J. Fietkau: Umweltbewußtsein - Umweltverhalten, Mainz 1988

Dieterich, M.: Konsument und Gewohnheit. Eine theoretische und empirische Untersuchung zum habituellen Kaufverhalten, Heidelberg 1986

Dohmen, P.: Zur Bedeutung bilinearer Einstellungsmodelle, in: Zeitschrift für Sozial-psychologie 1985, S. 240 - 252

Dohmen, P./J. Doll/B. Orth: Modifizierte Produktsummenmodelle und ihre empirische Überprüfung in der Einstellungsforschung, in: Zeitschrift für Sozialpsychologie 1986, S. 109 - 118

Doll, J.: Die Analyse der Struktur von Einstellungen und der Relationen von Einstellungen und Verhaltensweisen im Rahmen des Komponentenmodells, Frankfurt a. M. 1987

Doll, J.: Zur Bedeutung unterschiedlicher Einstellungsgrundlagen: Kognitiv und affektiv-basierte Einstellungen, Habilitationsschrift, Hamburg 1993

Doll, J./I. Ajzen/T. J. Madden: Optimale Skalierung und Urteilsbildung in unterschiedlichen Einstellungsbereichen: Eine Reanalyse, in: Zeitschrift für Sozialpsychologie 1991, S. 102 - 111

Doll, J./M. Mentz: Kognitive und emotionale Informationsklassen als Einstellungsbasis: Einstellungen von DDR- und BRD-Bürgern zum deutschen Einigungsprozeß, in: Zeitschrift für Sozialpsychologie 1992, S. 92 - 104

Doll, J./M. Mentz/B. Orth: Zur Vorhersage zielgerichteten Handelns: Einstellung, Subjektive Handlungskompetenz und Emotionen, in: Zeitschrift für experimentelle und angewandte Psychologie 1991, S. 539 - 559 (Doll et al. 1991a)

Doll, J./B. Orth: The Fishbein and Ajzen theory of reasoned action applied to contraceptive behavior: Model variants and meaningfulness, in: Journal of Applied Social Psychology 1993, S. 395 - 415

Dörner, D./F. Reither/T. Stäudel: Emotion und problemlösendes Denken, in: H. Mandl/G. L. Huber (Hrsg.): Emotion und Kognition, München 1983, S. 61 - 84

Duncan, O. D.: Introduction to Structural Equation Models, New York 1975

Durkheim, E.: Der Selbstmord, Neuwied 1973

Echebarria Echabe, A./D. Paez Rovira/J. F. Valencia Garate: Testing Ajzen and Fishbein's attitudes model: The prediction of voting, in: European Journal of Social Psychology 1988, S. 181 - 189

Eckes, T./B. Six: Fakten und Fiktionen in der Einstellungs-Verhaltens-Forschung: Eine Meta-Analyse, in: Zeitschrift für Sozialpsychologie 1994, S. 253 - 271

Edwards, W.: The Theory of Decision Making, in: Psychological Bulletin 1954, S. 380 - 417

Edwards, W.: Behavioral Decision Theory, in: Annual Review of Psychology 1961, S. 473 - 498

Eichener, V.: Ratio, Kognition und Emotion. Der Modus menschlichen Handelns als abhängige Variable des Gesellschaftsprozesses, in: Zeitschrift für Soziologie 1989, S. 346 - 361

Eisenführ, F./M. Weber: Rationales Entscheiden, 2. verbess. Aufl., Berlin 1994

Ekeh, D.: Social Exchange Theory, London 1974

Elster, J.: Anomalies of Rationality: Some Unresolved Problems in the Theory of Rational Behavior, in: L. Lévy-Garboua (Ed.): Sociological Economics, London 1979, S. 65 - 94

167

Elster, J.: Logik der Gesellschaft: Widersprüche und mögliche Welten, Frankfurt a. M. 1981

Elster, J.: Some unresolved problems in the theory of rational behavior, in: Acta Sociologica 1993, S. 179 - 190

Elster, J./G. Loewenstein: Utility from Memory and Anticipation, in: G. Loewenstein/J. Elster (Eds.): Choice over Time, London 1992, S. 213 - 234

Engelhardt, G.: Imperialismus der Ökonomie?, in: Schäfer, H.-B./K. Wehrt (Hrsg.): Die Ökonomisierung der Sozialwissenschaften, Frankfurt a. M. 1989, S. 19 - 49

Engelkamp, P.: Entscheidungsverhalten unter Risikobedingungen: Die Erwartungsnutzentheorie, Freiburg i. Br. 1980

England, P.: A feminist critique of rational choice theories: Implications for sociology, in: American Sociologist 1989, S. 14 - 28

England, P./B. Stanek Kilbourne: Feminist Critiques of the Separative Model of Self. Implications for Rational Choice Theory, in: Rationality and Society 1990, S. 156 - 171

Esser, H.: Aspekte der Wanderungssoziologie, Darmstadt und Neuwied 1980

Esser, H.: Figurationssoziologie und methodologischer Individualismus. Zur Methodologie des Ansatzes von Norbert Elias, in: Kölner Zeitschrift für Soziologie und Sozialpsychologie 1984, S. 667 - 702

Esser, H.: Befragtenverhalten als rationales Handeln, in: G. Büschges/W. Raub (Hrsg.): Soziale Bedingungen - Individuelles Handeln - Soziale Konsequenzen, Frankfurt a. M. 1985, S. 279 - 304

Esser, H.: Können Befragte lügen? Zum Konzept des "wahren Wertes" im Rahmen der handlungstheoretischen Erklärung von Situationseinflüssen der Befragung, in: Kölner Zeitschrift für Sozialpsychologie und Soziologie 1986, S. 314 - 336

Esser, H.: Über die Teilnahme an Befragungen, in: ZUMA-Nachrichten 1986, Nr. 18, S. 38 - 47 (Esser 1986a)

Esser, H.: Warum die Routine nicht weiterhilft - Überlegungen zur Kritik an der "Variablen-Soziologie", in: N. Müller/H. Stachowiak (Hrsg.): Problemlösungsoperator Sozialwissenschaft, Bd. I, Stuttgart 1987, S. 230 - 245

Esser, H.: Verfällt die "soziologische Methode"?, in: Soziale Welt, Jubiläumsheft zum 40. Jahrgang "Über Soziologie" 1989, S. 57 - 75

Esser, H.: Gesellschaftliche "Individualisierung" und das Schicksal der (Bindestrich)Soziologie, in: M. Markefka/R. Nave-Herz (Hrsg.): Handbuch zur Familien- und Jugendforschung, Bd. II: Jugendforschung, Neuwied 1989, S. 197 - 216 (1989a)

Esser, H.: "Habits", "Frames" und "Rational Choice". Die Reichweite von Theorien der rationalen Wahl (am Beispiel der Erklärung des Befragtenverhaltens), in: Zeitschrift für Soziologie 1990, S. 231 - 247

Esser, H.: Alltagshandeln und Verstehen. Zum Verhältnis von erklärender und verstehender Soziologie am Beispiel von Alfred Schütz und "Rational Choice", Tübingen 1991

Esser, H.: Die Rationalität des Alltagshandelns. Eine Rekonstruktion der Handlungstheorie von Alfred Schütz, in: Zeitschrift für Soziologie 1991, S. 430 - 445 (Esser 1991a)

Esser, H.: Die Rationalität des Alltagshandelns. Alfred Schütz und "Rational Choice", in: ders./K.G. Troitzsch 1991, S. 235 - 282 (Esser 1991b)

Esser, H.: Soziologie. Allgemeine Grundlagen, Frankfurt a. M. 1993

Esser, H.: The Rationality of Everyday Behavior: A Rational Choice Reconstruction of the Theory of Action by Alfred Schütz, in: Rationality and Society 1993, S. 7 - 31 (1993a)

Esser, H.: How "Rational" is the Choice of Rational Choice? in: Rationality and Society 1993, S. 408 - 414 (1993b)

Esser, H.: Social Modernization and the Increase in the Divorce Rate, in: Journal of Institutional and Theoretical Economics 1993, S. 252 - 277 (1993c)

Esser, H.: Von der subjektiven Vernunft der Menschen und von den Problemen der kritischen Theorie damit, in: Soziale Welt 1994, S. 16 - 32

Esser, H.: What is Wrong with „Variable-Sociology"?, in: European Sociological Review 1996, S. 159 - 166

Esser, H./K. Klenovits/H. Zehnpfennig: Wissenschaftstheorie, Bd. I, Grundlagen und Analytische Wissenschaftstheorie, Stuttgart 1977

Esser, H./K. G. Troitzsch (Hrsg.): Modellierung sozialer Prozesse, Bonn 1991

Etzioni, A.: Jenseits des Egoismus-Prinzips. Ein neues Bild von Wirtschaft, Politik und Gesellschaft, Stuttgart 1994

Falter, J. W./J.-B. Lohmöller: Manifeste Schwächen im Umgang mit latenten Variablen: Ein Kommentar zu H.-H. Hoppes Theologie der LV-Pfadmodelle, in: Zeitschrift für Soziologie 1982, S. 69 - 77

Faulbaum, F.: Von der Variablensoziologie zur empirischen Evaluation von Handlungsparadigmen, in: H. Esser und K. G. Troitzsch (Hrsg.): Modellierung sozialer Prozesse, Bonn 1991, S. 111 - 138

Faulbaum, F.: Von der Variablenanalyse zur Evaluation von Handlungs- und Prozeßzusammenhängen, 2. verbess. Auflage, ZUMA-Arbeitsbericht 92/05, Mannheim 1992

Feather, N. T.: Subjective Probability and Decision under Uncertainty, in: Psychological Review 1959, S. 150 - 164

Feather, N. T. (Ed.): Expectations and Actions: Expectancy-Value Models in Psychology, Hillsdale NJ 1982

Ferguson, A.: Abhandlung über die Geschichte der bürgerlichen Gesellschaft, Jena 1923 [zuerst 1767]

Festinger, L.: A Theory of Cognitive Dissonance, Stanford 1957

Fietkau, H.-J.: Bedingungen ökologischen Handelns, Weinheim 1984

169

Fietkau, H.-J./H. Kessel (Hrsg.): Umweltlernen. Veränderungsmöglichkeiten des Umwelt-bewußtseins. Modelle - Erfahrungen, Königstein/Ts. 1981

Fietkau, H.-J./H. Kessel/W. Tischler: Umwelt im Spiegel der öffentlichen Meinung, Frankfurt a. M. 1982

Fishbein, M.: Einstellung und die Vorhersage des Verhaltens, in: S. E. Hormuth (Hrsg.): Sozialpsychologie der Einstellungsänderung, Königstein/Ts. 1979, S. 148 - 173

Fishbein, M.: A Theory of Reasoned Action: Some Applications and Implications, in: Nebraska Symposion on Motivation 1979, Vol. 27, Lincoln und London 1980, S. 65 - 116

Fishbein, M./I. Ajzen: Belief, Attitude, Intention and Behavior. An Introduction to Theory and Research, Reading, Mass. 1975

Fishbein, M./I. Ajzen: Misconceptions about the Fishbein model: Reflections on a study by Songer-Nocks, in: Journal of Experimental Social Psychology 1976, S. 579 - 584

Fishbein, M./I. Ajzen: On construct validity: a critique of Miniard and Cohen's paper, in: Journal of Experimental Social Psychology 1981, S. 340 - 450

Fishbein, M./S. E. Middlestadt: Using the theory of reasoned action as a framework for understanding and changing AIDS-related behaviors, in: V. M. Mays et al. (Eds.): Primary Prevention of Aids, London 1989, S. 93 - 110

Foppa, K.: Lernen, Gedächtnis, Verhalten. Ergebnisse und Probleme der Lernpsychologie, 9. Aufl., Köln 1975

Frank, R. H.: Die Strategie der Emotionen, München 1992

Franz, P.: Der "Constrained Choice"-Ansatz als gemeinsamer Nenner individualistischer Ansätze in der Soziologie, in: Kölner Zeitschrift für Soziologie und Sozialpsychologie 1986, S. 32 - 54

Fredricks, A. J./D. L. Dossett: Attitude-Behavior Relations: A Comparison of the Fishbein-Ajzen and the Bentler-Speckart Models, in: Journal of Personality and Social Psychology 1983, S. 501 - 512

Frese, M./J. Sabini (Eds.): Goal Directed Behavior: The Concept of Action in Psychology, Hillsdale NJ 1985

Freud, S.: Vorlesungen zur Einführung in die Psychoanalyse. Und neue Folge, Studien-ausgabe Bd. I, Frankfurt a. M. 1969

Frey, B. S.: Moderne Politische Ökonomie, München 1977

Frey, B. S.: Ökonomie ist Sozialwissenschaft. Die Anwendung der Ökonomie auf neue Gebiete, München 1990

Frey, B. S./R. Eichenberger: Should Social Scientists Care About Choice Anomalies?, in: Rationality and Society 1989, S. 101 - 122

Frey, D.: Die Theorie der kognitiven Dissonanz, in: D. Frey (Hrsg.): Kognitive Theorien der Sozialpsychologie, Bern 1978, S. 243 - 292

170

Frey, J. H./G. Kunz/G. Lüschen: Telefonumfragen in der Sozialforschung, Opladen 1990

Fricke, R./G. Treinies: Einführung in die Meta-Analyse, Bern 1985

Friedman, M.: The Methodology of Positive Economics, in: ders.: Essays in Positive Economics, Chicago 1953, S. 3 - 43

Friedrichs, J./K.-D. Opp: Rational Behavior in Everyday Situations, Vortrag auf dem XIII. Welt-Kongress für Soziologie 1994 in Bielefeld

Friedrichs, J./M. Stolle/G. Engelbrecht: Rational Choice-Theorie: Probleme der Operationalisierung, in: Zeitschrift für Soziologie 1993, S. 2 - 15

Friedrichs, J./M. Stolle/K. Sapouridis: Situation und Entscheidung, unv. Forschungsbericht, Universität zu Köln, Forschungsinstitut für Soziologie 1994

Fuchs, R.: Änderungsdruck als motivationales Konstrukt: Überprüfung verschiedener Modelle zur Vorhersage gesundheitspräventiver Handlungen, in: Zeitschrift für Sozialpsychologie 1994, S. 95 - 107

Fuhrer, U.: Sozialpsychologisch fundierter Theorierahmen für eine Umweltbewußtseinsforschung, in: Psychologische Rundschau 1995, S. 93 - 103

Furubotn, E. G./S. Pejovich (Eds.): The Economics of Property Rights, Cambridge Mass. 1974

Gadenne, V.: Die Gültigkeit psychologischer Untersuchungen, Stuttgart 1976

Gadenne, V.: Theorie und Erfahrung in der psychologischen Forschung, Tübingen 1984

Gallhofer, I. N./W. E. Saris: The decision of the Dutch Council of Ministers and the military Commander-in-Chief relating to the reduction of armed forces in autumn 1916, in: Acta Politica 1979, S. 95 - 105

Gallhofer, I. N./W. E. Saris: Strategy Choices of Foreign Policy Decision Makers: The Netherlands, 1914, in: Journal of Conflict Resolution 1979, S. 425 - 445 (1979a)

Geise, W.: Einstellung und Marktverhalten, Frankfurt a. M. 1984

Geller, E. S./R. A. Winett/P. Everett: Preserving the Environment. New Strategies for Behavior Change, New York 1982

Giddens, A.: Die Konstitution der Gesellschaft. Grundzüge einer Theorie der Strukturierung, Frankfurt a. M. 1988

Giesen, B./M. Schmid: Methodologischer Individualismus und Reduktionismus. Eine Kritik des individualistischen Forschungsprogramms in den Sozialwissenschaften, in: G. Eberlein/H.-J. von Kondratowitz (Hrsg.): Psychologie statt Soziologie? Zur Reduzierbarkeit sozialer Strukturen auf Verhalten, Frankfurt a. M. 1977, S. 24 - 47

Glaser, W. R.: Statistische Entscheidungsprozeduren über Hypothesen in den Sozialwissenschaften, in: H. Albert/K. H. Stapf (Hrsg.): Theorie und Erfahrung, Stuttgart 1979, S. 117 - 138

Goffman, E.: Rahmen-Analyse. Ein Versuch über die Organisation von Alltagserfahrungen, Frankfurt a. M. 1977

Grabitz, H.-J.: Die Theorie der Selbstwahrnehmnung von Bem, in: D. Frey (Hrsg.): Kognitive Theorien der Sozialpsychologie, Bern 1978, S. 138 - 159

Granovetter, M.: Threshold Models of Collective Behavior, in: American Journal of Sociology 1978, S. 1420 - 1443

Granovetter, M./R. Soong: Threshold Models of diffusion and collective behavior, in: Journal of Mathematical Sociology 1983, S. 165 - 179

Granovetter, M./R. Soong: Threshold Models of Interpersonal Effects in Consumer Demand, in: Journal of Economic Behavior and Organization 1986, S. 83 - 99

Granovetter, M./R. Soong: Threshold Models of Diversity: Chinese Restaurants, Residential Segregation, and the Spiral of Silence, in: Clogg, C. (Ed.): Sociological Methodology 1988, San Francisco 1988, S. 69 - 104

Green, D. P./I. Shapiro: Pathologies of Rational Choice Theory. A Critique of Applications in Political Science, New Haven and London 1994

Groves, R. M.: Theories and Methods of Telephone Surveys, in: (Eds.): W. R. Scott/J. Blake: Annual Review of Sociology, Vol. 16, 1990, S. 221 - 240

Guttman, L.: Introduction to Facet Design and Analysis. Proceedings of the 15th International Congress of Psychology, Brüssel, S. 130 - 132, Amsterdam 1957

Guttman, L.: A Structural Theory for Intergroup Beliefs and Action, in: American Sociological Review 1959, S. 318 - 328

Habermas, J.: Theorie des kommunikativen Handelns, Bd. 2: Zur Kritik der funktionalistischen Vernunft, Frankfurt a. M. 1981

Hagstotz, W./W. Kösters: Bestimmungsfaktoren subjektiver Umweltbelastung: Wahrnehmung der Wirklichkeit oder Wirklichkeit per Wahrnehmung?, in: Politische Vierteljahresschrift 1986, S. 347 - 356

Halfar, B.: Nicht-intendierte Handlungsfolgen. Zweckwidrige Effekte zielgerichteter Handlungen als Steuerungsproblem der Sozialplanung, Stuttgart 1987

Hamburger, H.: Games as Models of Social Phenomena, San Francisco 1979

Hannan, M. T.: Rationality and Robustness in Multilevel Systems, in: J. S. Coleman/T. J. Fararo (Eds.): Rational Choice Theory. Advocacy and Critique, Newbury Park 1992, S. 120 - 136

Hannan, M. T./N. B. Tuma: Methods for temporal analysis, in: Annual Review of Sociology 1979, S. 303 - 328

Harsanyi, J. C.: Rational Behavior and Bargaining Equilibrium in Games and Social Situations, Cambridge 1977

Hart, O.: Is "Bounded Rationality" an Important Element of a Theory of Institutions, in: Journal of Institutional and Theoretical Economics 1990, S. 696 - 702

Hartmann, P. H.: Warum dauern Ehen nicht ewig? Eine Untersuchung zum Scheidungsrisiko und seinen Ursachen, Opladen 1989

Hechter, M./K.-D. Opp/R. Wippler (Eds.): Social Institutions. Their Emergence, Maintenance and Effects, Berlin und New York 1990

Hechter, M./K.-D. Opp/R. Wippler: Introduction, in: dies. (Eds.): Social Institutions. Their Emergence, Maintenance and Effects, Berlin 1990, S. 1 - 9 (1990a)

Heckathorn, D. D.: Collective Action and the Second-Order Free-Rider Problem, in: Rationality and Society 1989, S. 78 - 100

Heckmann, F.: Ethnische Minderheiten, Volk und Nation. Soziologie inter-ethnischer Beziehungen, Stuttgart 1992

Heider, F.: The Psychology of Interpersonal Relations, New York 1958

Heiland, H.-G./C. Lüdemann: Machtdifferentiale in Figurationen einfacher und höherer Komplexität. Eine Anwendung der Machttheorie von Norbert Elias auf Aushandlungen in Strafverfahren, in: Kölner Zeitschrift für Soziologie und Sozialpsychologie 1992, S. 35 - 54

Heine, H./R. Mautz: Haben Industriefacharbeiter besondere Probleme mit dem Umweltthema?, in: Soziale Welt 1988, S. 123 - 143

Heiner, R. A.: The Origin of Predictable Behavior, in: American Economic Review 1983, S. 560 - 595

Heiner, R. A.: Imperfect Choice and the Origin of Institutional Rules, in: Journal of Institutional and Theoretical Economics 1990, S. 720 - 726

Heise, D. R.: Causal Analysis, New York 1975

Held, M.: Verkehrsmittelwahl der Verbraucher. Beitrag einer kognitiven Motivationstheorie zur Erklärung der Nutzung alternativer Verkehrsmittel, Berlin 1982

Hempel, C. G./P. Oppenheim: Studies in the Logic of Explanation, in: Philosophy of Science 1948, S. 135 - 175

Henkel, R. E.: Tests of Significance, Beverly Hills CA 1976

Hernes, G.: We are smarter than we think, in: Rationality and Society 1992, S. 421 - 436

Hettlage, R.: Rahmenanalyse - oder die innere Organisation unseres Wissens um die Ordnung der sozialen Wirklichkeit, in: R. Hettlage/K. Lenz (Hrsg.): Erving Goffman - ein soziologischer Klassiker der zweiten Generation, Bern 1991, S. 95 - 154

Hildebrandt, L./G. Rudinger/P. Schmidt (Hrsg.): Kausalanalysen in der Umweltforschung, Stuttgart 1992

Hines, J. M./H. R. Hungerford/A. N. Tomera: An analysis and Synthesis of Research on Responsible Environmental Behavior: A Meta-Analysis, in: The Journal of Environmental Education 1986/87, S. 1 - 8

Hippler, H.-J./N. Schwarz/E. Singer: Der Einfluß von Datenschutzzusagen auf die Teilnahmebereitschaft an Umfragen, in: ZUMA-Nachrichten Nr. 27, 1990, S. 54 - 67

Hirsch, P. M.: Rational Choice Models for Sociology - Pro and Con, in: Rationality and Society 1990, S. 137 - 141

Holbrook, M. B.: Comparing multiattribute models by optimal scaling, in: Journal of Consumer Research 1977, S. 165 - 171

Holcomb, J. H./P. S. Nelson: Another Experimental Look at Individual Time Preference, in: Rationality and Society 1992, S. 199 - 220

Hoppe, H.-H.: Über die Verwendung ungemessener Variablen in Kausalmodellen: Eine epistemologische Kritik, in: Zeitschrift für Soziologie 1981, S. 307 - 318

Hoppe, H.-H.: Über ungemessene Variablen: Von einem Fehlschluß und zwei unbeantworteten Fragen, in: Zeitschrift für Soziologie 1982, S. 78 - 81

Hosmer, D. W./S. Lemeshow: Applied Logistic Regression, New York 1989

Howard, J. A.: Consumer Behavior. Application of Theory, New York 1977

Huinink, J.: Mehrebenensystem-Modelle in den Sozialwissenschaften, Wiesbaden 1989

Hyman, H. H./E. Singer (Eds.): Readings in Reference Group Theory and Research, New York 1968

Iversen, G. R.: Contextual Analysis, Newbury Park CA 1991

Jaccard, J./M. A. Becker: Attitudes and behavior: An information integration perspective, in: Journal of Experimental Social Psychology 1985, S. 440 - 465

Jeschke, C.: Persönliche Sicherheit - eine verhaltensrelevante Mobilitätsbedingung, in: Flade, A. (Hrsg.): Mobilitätsverhalten, Weinheim 1994, S. 139 - 152

Kahneman, D./Tversky, A.: Choices, Values, and Frames, in: American Psychologist 1984, S. 341 - 350

Kalter, F.: Pendeln statt Migration? Die Wahl und Stabilität von Wohnort-Arbeitsort-Kombinationen, in: Zeitschrift für Soziologie 1994, S. 460 - 476

Kannacher, V. A.: Habitualisiertes Kaufverhalten von Konsumenten, München 1982

Kantola, S. J./G. J. Syme/N. A. Campbell: The Role of Individual Differences and External Variables in a Test of the Sufficiency of Fishbein's Model to Explain Behavioral Intentions to Conserve Water, in: Journal of Applied Social Psychology 1982, S. 70 - 83

Kappelhoff, P.: Die Auflösung des Sozialen, in: Analyse und Kritik 1992, S. 221 - 238

Kaufmann, K./P. Schmidt: Theoretische Integration der Hypothesen zur Erklärung der Diffusion von Innovationen durch Anwendung einer allgemeinen kognitiv-hedonistischen Verhaltenstheorie, in: P. Schmidt (Hrsg.): Innovation. Diffusion von Neuerungen im sozialen Bereich, Hamburg 1976, S. 313 - 386

Kaufmann-Mall, K.: Kognitiv-hedonistische Theorie menschlichen Verhaltens, Zeitschrift für Sozialpsychologie, Beiheft Nr. 3, Bern 1978

Kaufmann-Mall, K.: Grundzüge einer kognitiv-hedonistischen Theorie menschlichen Verhaltens, in: H. Lenk (Hrsg.): Handlungstheorien interdisziplinär, Bd. 3, erster Halbband, München 1981, S. 123 - 189

Kaufmann-Mall, K.: Lernen und soziales Verhalten aus kognitiv-hedonistischer Sicht, Weinheim 1982

Kelle, U./C. Lüdemann: Bridge Assumptions in Rational Choice Theory. Some hidden Methodological Implications and Problems, Vortrag auf dem XIII. Welt-Kongress für Soziologie in Bielefeld 1994

Kelle, U./C. Lüdemann: "Grau, teurer Freund, ist alle Theorie...". Rational Choice und das Problem der Brückenannahmen, in: Kölner Zeitschrift für Soziologie und Sozialpsychologie 1995, S. 249 - 267

Kelle, U./C. Lüdemann: Theoriereiche Brückenannahmen? Eine Erwiderung auf Siegwart Lindenberg, in: Kölner Zeitschrift für Soziologie und Sozialpsychologie 1996, S. 542 - 545

Kessel, H./W. Tischler: Umweltbewußtsein. Ökologische Wertvorstellungen in westlichen Industrienationen, Berlin 1984

Kirchgässner, G.: Können Ökonomie und Soziologie voneinander lernen? Zum Verhältnis zwischen beiden Wissenschaften, mit besonderem Bezug auf die Theorie des Wählerverhaltens, in: Kyklos 1980, S. 420 - 448

Kley, J./H.-J. Fietkau: Verhaltenswirksame Variablen des Umweltbewußtseins, in: Psychologie und Praxis 1979, S. 13 - 22

Klima, R.: Theorienpluralismus in der Soziologie, in: A. Diemer (Hrsg.): Der Methoden- und Theorienpluralismus in den Wissenschaften, Meisenheim am Glan 1971, S. 198 - 219

Kok, G. J./S. Siero: Tin recycling: Awareness, comprehension, attitude, intention, and behavior, in: Journal of Economic Psychology 1985, S. 157 - 173

Kopp, J.: Scheidung in der Bundesrepublik. Zur Erklärung des langfristigen Anstiegs der Scheidungsraten, Wiesbaden 1994

Kopp, J.: Problems of Operationalizing Rational Choice Theory: The Case of Divorce, Vortrag auf dem XIII. Welt-Kongress für Soziologie 1994 in Bielefeld (1994a)

Kraak, B.: Handlungs-Entscheidungs-Theorien. Anwendungsmöglichkeiten und Verbesserungsvorschläge, in: Psychologische Beiträge 1976, S. 505 - 515

Kraak, B./S. Lindenlaub: Einstellungen und Verhalten: Entwurf einer Theorie, in: Archiv für Psychologie 1973, S. 274 - 287

Kramer, C./A. Mischau: Städtische Angst-Räume von Frauen am Beispiel der Stadt Heidelberg, in: ZUMA-Nachrichten Nr. 33, 1993, S. 45 - 63

Krämer, M./J. M. Hofmann: Die Bereitschaft zur Teilnahme an der Volkszählung 1987. Erwartungs-wert-theoretische Analysen unter Einbeziehung von Niveaus des moralischen Urteils, in: Zeitschrift für Sozialpsychologie 1990, S. 27 - 39

Krampen, G.: Differentialpsychologie der Kontrollüberzeugungen, Göttingen 1982

Krampen, G.: Handlungstheoretische Analysen politischer Partizipation: Anmerkungen zu Orth (1985) sowie weiterführende Überlegungen und Befunde, in: Zeitschrift für Sozialpsychologie 1986, S. 91 - 98

175

Krampen, G./P. Wünsche: Handlungstheoretische Analysen politischer Partizipation: Empirische Prüfung eines differenzierten Erwartungs-Wert-Modells, in: Zeitschrift für Sozialpsychologie 1985, S. 270 - 279

Krause, D.: Ökonomische Soziologie. Einführende Grundlegung des ökonomischen Programms in der Soziologie, Stuttgart 1989

Kreiselmaier, J./R. Porst: Methodische Probleme bei der Durchführung telefonischer Befragungen: Stichprobenziehung und Ermittlung von Zielpersonen, Ausschöpfung und Non-Response, Qualität der Daten, ZUMA-Arbeitsbericht Nr. 89/12, 1989

Kreiselmaier, J./P. Prüfer/M. Rexroth: Der Interviewer im Pretest. Evaluation der Interviewerleistung und Entwurf eines neuen Pretestkonzepts, ZUMA-Arbeitsbericht Nr. 89/14, 1989

Kroeber-Riel, W.: Konsumentenverhalten, 4. verbesserte und erneuerte Aufl., München 1990

Kuhl, J.: Motivation, Konflikt und Handlungskontrolle, Berlin 1983

Kuhn, T. S.: Die Struktur wissenschaftlicher Revolutionen, Frankfurt a. M. 1967

Kühnel, S.-M.: Zwischen Boykott und Kooperation. Teilnahmeabsicht und Teilnahmeverhalten bei der Volkszählung 1987, Frankfurt a. M. 1993

Kuss, A.: Käuferverhalten, Stuttgart 1991

Lakatos, I.: Falsification and the Methodology of Scientific Research Programmes, in: I. Lakatos/A. Musgrave (Eds.): Criticism and the Growth of Knowledge, London 1970, S. 91 - 196

Lane, I. M./R. C. Mathews/P. H. Presholdt: Determinants of nurses' intentions to leave their profession, in: Journal of Organizational Behavior 1988, S. 367 - 372

Langeheine, R./J. Lehmann: Ein neuer Blick auf die soziale Basis des Umweltbewußtseins, in: Zeitschrift für Soziologie 1986, S. 378 - 384

Langeheine, R./J. Lehmann: Die Bedeutung der Erziehung für das Umweltbewußtsein, Kiel (1986a)

Langenheder, W.: Theorie menschlicher Entscheidungshandlungen, Stuttgart 1975

Langlois, R. N.: Bounded Rationality and Behavioralism: A Clarification and Critique, in: Journal of Institutional and Theoretical Economics 1990, S. 691 - 695

Lantermann, E. D.: Interaktionen. Person, Situation und Handlung, München 1980

Laroche, M.: Four methodological problems in multiattribute models, in: Advances in Consumer Research 1978, S. 175 - 179

Lautmann, R.: Was nützt der Soziologie die Nutzenanalyse?, in: Soziologische Revue 1986, S. 219 - 226

Lehner, F.: Einführung in die Neue Politische Ökonomie, Königstein/Ts. 1981

Lewin, K.: Feldtheorie in den Sozialwissenschaften, Bern 1963

Lieberson, S.: Making it Count. The Improvement of Social Research and Theory, Berkeley 1985

Ligthart, P. E. M./S. Lindenberg: Solidarity and Gain Maximization in Economic Transactions: Framing Effects on Selling Prices, in: A. Lewis/K.-E. Wärneryd (Eds.): Ethics and Economic Affairs, London 1994, S. 215 - 230

Lindeman, E.: Participation in Voluntary Work: The Effects of Constraints and Personality, Vortrag auf dem XIII. Welt-Kongress für Soziologie 1994 in Bielefeld

Lindenberg, S.: Marginal utility and restraints on gain maximization: The discrimination model of rational, repetitive choice, in: Journal of Mathematical Sociology 1980, S. 289 - 316

Lindenberg, S.: Rational, repetitive choice: The discrimination model versus the Camilleri-Berger model, in: Social Psychology Quarterly 1981, S. 312 - 330

Lindenberg, S.: Erklärung als Modellbau: Zur soziologischen Nutzung von Nutzentheorien, in: W. Schulte (Hrsg.): Soziologie in der Gesellschaft, Bremen 1981, S. 20 - 35 (1981a)

Lindenberg, S.: Utility and Morality, in: Kyklos 1983, S. 450 - 468

Lindenberg, S.: Normen und die Allokation sozialer Wertschätzung, in: H. Todt (Hrsg.): Normengeleitetes Verhalten in den Sozialwissenschaften, Berlin 1984, S. 169 - 191

Lindenberg, S.: An Assessment of the New Political Economy: Its Potential for the Social Sciences and for Sociology in Particular, in: Sociological Theory 1985, S. 99 - 114

Lindenberg, S.: Rational choice and framing: The situational selection of utility arguments, unv. Vortrags-Ms. New Delhi 1986

Lindenberg, S.: Social Production Functions, Deficits, and Social Revolutions. Prerevolutionary France and Russia, in: Rationality and Society 1989, S. 51 - 77

Lindenberg, S.: Rationalität und Kultur. Die verhaltenstheoretische Basis des Einflusses von Kultur auf Transaktionen, in: H. Haferkamp (Hrsg.): Sozialstruktur und Kultur, Frankfurt a. M. 1990, S. 249 - 287

Lindenberg, S.: Homo Socio-Oeconomicus: The Emergence of a General Model of Man in the Social Sciences, in: Journal of Institutional and Theoretical Economics 1990, S. 727 - 748 (1990a)

Lindenberg, S.: Die Methode der abnehmenden Abstraktion: Theoriegesteuerte Analyse und empirischer Gehalt, in: H. Esser/K. G. Troitzsch 1991, S. 29 - 78

Lindenberg, S.: Social Approval, Fertility and Female Labour Market, in: J. J. Siegers/J. de Jong-Gierveld/E. van Imhoff (Eds.): Female Labour Market Behaviour and Fertility, Berlin 1991, S. 32 - 58 (1991a)

Lindenberg, S.: Cohorts, Social Production Functions and the Problem of Self-Command, in: H. A. Becker (Ed.): Dynamics of Cohort and Generations Research, Amsterdam 1992, S. 283 - 308

Lindenberg, S.: The Method of Decreasing Abstraction, in: J. S. Coleman/T. J. Fararo (Eds.): Rational Choice Theory. Advocacy and Critique, Newbury Park 1992, S. 3 - 20 (1992a)

Lindenberg, S.: Framing, empirical evidence, and applications, in: P. Herder-Dornreich/K.-E. Schenk/D. Schmidtchen (Hrsg.): Jahrbuch für Neue Politische Ökonomie, Bd. 12, Neue Politische Ökonomie von Normen und Institutionen, Tübingen 1993, S. 11 - 38

Lindenberg, S.: Complex Constraint Modeling (CCM): A Bridge Between Rational Choice and Structuralism, in: Journal of Institutional and Theoretical Economics 1995, S. 80 - 88

Lindenberg, S.: Die Relevanz theoriereicher Brückenannahmen, in: Kölner Zeitschrift für Soziologie und Sozialpsychologie 1996, S. 126 - 140

Lindenberg, S.: Theoriegesteuerte Konkretisierung der Nutzentheorie. Eine Replik auf Kelle/Lüdemann und Opp/Friedrichs, in: Kölner Zeitschrift für Soziologie und Sozialpsychologie 1996, S. 560 - 565 (1996a)

Liska, A. E.: Emergent issues in the attitude-behavior consistency controversy, in: American Sociological Review 1974, S. 310 - 324

Liska, A. E.: A critical examination of the causal structure of the Fishbein/Ajzen attitude-behavior model, in: Social Psychology Quarterly 1984, S. 61 - 74

Liska, A. E./R. B. Felson/M. Chamlin/W. W. Baccaglini: Estimating attitude-behavior reciprocal effects within a theoretical specification, in: Social Psychology Quarterly 1984, S. 15 - 23

Lodge, M.: Magnitude Scaling. Quantitative Measurement of Opinons, Beverly Hills 1981

Lüdemann, C.: Alltagstheorien und Gesetzgebung, Dissertation, Hamburg 1981

Lüdemann, C.: Gesetzgebung als Entscheidungsprozeß, Opladen 1986

Lüdemann, C.: Das Modell rationalen Handelns und der "Deal" im Strafprozeß. Ergebnisse einer empirischen Studie, in: Zeitschrift für Rechtssoziologie 1992, S. 88 - 109

Lüdemann, C.: Zur "Ansteckungswirkung" von Gewalt gegenüber Ausländern. Anwendung eines Schwellenwertmodells kollektiven Verhaltens, in: Soziale Probleme 1992, S. 137 - 153 (1992a)

Lüdemann, C.: Deutungsmuster und das Modell rationalen Handelns: Eine Anwendung auf Deutungsmuster männlicher Sexualität, in: M. Meuser/R. Sackmann (Hrsg.): Analyse sozialer Deutungsmuster. Beiträge zur empirischen Wissenssoziologie, Pfaffenweiler 1992, S. 115 - 138 (1992b)

Lüdemann, C.: Diskrepanzen zwischen theoretischem Anspruch und forschungspraktischer Wirklichkeit? Anmerkungen zu A. Diekmanns und P. Preisendörfers Untersuchung über "Persönliches Umweltverhalten: Diskrepanzen zwischen Anspruch und Wirklichkeit", in: Kölner Zeitschrift für Soziologie und Sozialpsychologie 1993, S. 116 - 124

Lüdemann, C.: Violent Behavior as Rational Choice. Epidemic Violence Against Foreigners in Reunified Germany, Vortrag auf dem XIII. Welt-Kongress für Soziologie in Bielefeld vom 1994

178

Lüdemann, C.: Fremdenfeindliche Gewalt und Lichterketten. Kollektives Handeln als "Rational Choice", in: G. Lederer/P. Schmidt (Hrsg.): Autoritarismus und Gesellschaft. Trendanalysen und vergleichende Jugenduntersuchungen 1945 - 1993, Opladen 1995, S. 355 - 381

Lüdemann, C.: Rational Choice als Sozialtechnologie? - Zum Problem der Entwicklung praktischer Maßnahmen am Beispiel Umweltverhalten, in: Angewandte Sozialforschung 1995, S. 249 - 258 (1995a)

Lüdemann, C.: Ökologisches Handeln und Schwellenwerte: Ergebnisse einer Studie zum Recycling-Verhalten, in: ZUMA-Nachrichten 1995, S. 63 - 75 (1995b)

Lüdemann, C.: Violent Behaviour as „Rational Choice" - Epidemic Violence Against Foreigners in Unified Germany, in: EuroCriminology 1996, S. 77 - 88

Lüdemann, C./C. Erzberger: Fremdenfeindliche Gewalt in Deutschland. Zur zeitlichen Entwicklung und Erklärung von Eskalationsprozessen, in: Zeitschrift für Rechtssoziologie 1994, S. 169 - 190

Lüdemann, C./H. Rothgang: Der „eindimensionale" Akteur - Eine Kritik der Framing-Modelle von Siegwart Lindenberg und Hartmut Esser, in: Zeitschrift für Soziologie 1996, S. 278 - 289

Macey, S. M./M. A. Brown: Residential energy conservation: The role of past experience in repetitive household behavior, in: Environment and Behavior 1983, S. 123 - 141

Madden, T. J./P. S. Ellen/I. Ajzen: A comparison of the Theory of Planned Behavior and the Theory of Reasoned Action, in: Personality and Social Psychology Bulletin 1992, S. 3 - 9

Mandeville, B.: Die Bienenfabel, Frankfurt a. M. 1968 [zuerst 1714]

Manstead, A. S. R./C. Proffitt/J. L. Smart: Predicting and Understanding Mothers' Infant-Feeding Intentions and Behavior: Testing the Theory of Reasoned Action, in: Journal of Personality and Social Psychology 1983, S. 657 - 671

Margolis, H.: Selfishness, Altruism, and Rationality: A Theory of Social Choice, Cambridge 1982

Marini, M. M.: The Role of Models of Purposive Action in Sociology, in: J. S. Coleman/T. J. Fararo (Eds.): Rational Choice Theory. Advocacy and Critique, Newbury Park 1992, S. 21 - 48

Marwell, G./P. Oliver: The Critical Mass in Collective Action. A Micro-Social Theory, Cambridge 1993

Maslow, A. A.: Motivation und Persönlichkeit, Reinbek bei Hamburg 1981 [zuerst 1954]

Masterman, M.: The Nature of a Paradigm, in: I. Lakatos/A. Musgrave (Eds.): Criticism and the Growth of Knowledge, London 1970, S. 59 - 89

McKenzie, R. B./G. Tullock: Homo Oeconomicus. Ökonomische Dimensionen des Alltags, Frankfurt a. M. 1984

McNeil, B. J./S. G. Pauker/A. Tversky: On the Framing of Medical Decisions, in: D. E. Bell/H. Raiffa/A. Tversky (Eds.): Decision Making. Descriptive, normative, and prescriptive interactions, Cambridge 1988, S. 562 - 568

Meinefeld, W.: Einstellung und soziales Handeln, Reinbek bei Hamburg 1977

Merton, R. K.: Social Theory and Social Structure, Second Edition, Glencoe Ill. 1957

Michels, R.: Soziologie des Parteiwesens, Stuttgart 1925

Midden, C. J. H./B. S. M. Ritsema: The meaning of normative processes for energy conservation, in: Journal of Economic Psychology 1983, S. 37 - 55

Mielke, R.: Eine Untersuchung zum Umweltschutz-Verhalten (Wegwerf-Verhalten): Einstellung, Einstellungs-Verfügbarkeit und soziale Normen als Verhaltensprädiktoren, in: Zeitschrift für Sozialpsychologie 1985, S. 196 - 205

Miller, G. A.: The Magical Number Seven, Plus or Minus Two: Some Limits on our Capacity for Processing Information, in: Psychological Review 1956, S. 81 - 97

Miller, M.: Ellbogenmentalität und ihre theoretische Apotheose. Einige Bemerkungen zur Rational Choice Theorie, in: Soziale Welt 1994, S. 5 - 15

Miniard, P. W./J. B. Cohen: Isolating attitudinal and normative influences in behavioral intentions models, in: Journal of Marketing Research 1979, S. 102 - 110

Miniard, P. W./J. B. Cohen: An examination of the Fishbein-Ajzen behavioral-intentions model's concepts and measures, in: Journal of Experimental Social Psychology 1981, S. 309 - 339

Mittal, B.: Achieving higher seat belt use: The role of habit in bridging the attitude-behavior gap, in: Journal of Applied Social Psychology 1988, S. 993 - 1016

Münch, R.: Rational Choice Theory. A Critical Assessment of its Explanatory Power, in: J. S. Coleman/T. J. Fararo (Eds.): Rational Choice Theory. Advocacy and Critique, Newbury Park 1992, S. 137 - 160

Mummendey, A.: Zum gegenwärtigen Stand der Erforschung der Einstellungs-Verhaltens-Konsistenz, in: H. D. Mummendey (Hrsg.): Einstellung und Verhalten, Bern 1979, S. 13 - 30

Mummendey, H. D.: Die Beziehung zwischen Verhalten und Einstellung, in: H. D. Mummendey (Hrsg.): Verhalten und Einstellung, Berlin 1988, S. 1 - 26

Netemeyer, R. G./S. Burton/M. Johnston: A Comparison of Two Models for the Prediction of Volitional and Goal-Directed Behaviors: A Confirmatory Analysis Approach, in: Social Psychology Quarterly 1991, S. 87 - 100

Nida-Rümelin, J.: Kritik des Konsequentialismus, München 1993

Noelle-Neumann, E.: Die Schweigespirale. Öffentliche Meinung - Unsere soziale Haut, München 1980

Oberschall, A. R.: Rational Choice in Collective Protests, in: Rationality and Society 1994, S. 79 - 100

180

Oehler, C.: Deutsch statt Soziologisch: Ein Brief an den Herausgeber, in: Zeitschrift für Soziologie, 1981, S. 326

Oeter, K.: Entscheiden und Handeln. Eine Analyse individualistisch-rationaler Entscheidungsmodelle. Beispiel "Empfängnisverhütung", Stuttgart 1984

Oliver, P.: Rewards and punishments as selective incentives for collective action: Theoretical investigations, in: American Journal of Sociology 1980, S. 1356 - 1375

Olson, M.: Die Logik kollektiven Handelns, Tübingen 1968

Opp, K.-D.: Zur Fruchtbarkeit des Rollenbegriffs in der Soziologie, in: K.-D. Opp/H. J. Hummell: Kritik der Soziologie. Probleme der Erklärung sozialer Prozesse 1, Frankfurt a. M. 1973, S. 133 - 146

Opp, K.-D.: Methodologie der Sozialwissenschaften. Einführung in Probleme ihrer Theorienbildung, durchgreifend revid. und wesentl. erw. Neuauflage, Reinbek bei Hamburg 1976

Opp, K.-D.: Theorie sozialer Krisen. Apathie, Protest und kollektives Handeln, Hamburg 1978

Opp, K.-D.: Individualistische Sozialwissenschaft. Arbeitsweise und Probleme individualistisch und kollektivistisch orientierter Sozialwissenschaften, Stuttgart 1979

Opp, K.-D.: Die Entstehung sozialer Normen. Ein Integrationsversuch soziologischer, sozialpsychologischer und ökonomischer Erklärungen, Tübingen 1983

Opp, K.-D.: Zur Überprüfung des strukturell-individualistischen Forschungsprogramms in natürlichen Situationen, unv. Vortrags-Ms. 1984

Opp, K.-D.: Das Modell des Homo Sociologicus. Eine Explikation und eine Konfrontierung mit dem utilitaristischen Verhaltensmodell, in: Analyse und Kritik 1986, S. 1 - 27

Opp, K.-D.: Ökonomie und Soziologie. Die gemeinsamen Grundlagen beider Fachdisziplinen, in: Schäfer, H.-B./K. Wehrt (Hrsg.): Die Ökonomisierung der Sozialwissenschaften, Frankfurt a. M. 1989, S. 103 - 127

Opp, K.-D.: Micro-Macro Transitions in Rational Choice Explanations, in: Analyse und Kritik 1992, S. 143 - 151

Opp, K.-D.: Social Modernization and the Increase in the Divorce Rate. Comment, in: Journal of Institutional and Theoretical Economics 1993, S. 278 - 282

Opp, K.-D.: Der "Rational-Choice"-Ansatz und die Soziologie sozialer Bewegungen, in: Forschungsjournal Neue Soziale Bewegungen 1994, S. 11 - 26

Opp, K.-D./K. Burow-Auffarth/P. Hartmann/T. v. Witzleben/V. Pöhls/T. Spitzley: Soziale Probleme und Protestverhalten. Eine empirische Konfrontation des Modells rationalen Verhaltens mit soziologischen und demographischen Hypothesen am Beispiel von Atomkraftgegnern, Opladen 1984

Opp, K.-D./J. Friedrichs: Brückenannahmen, Produktionsfunktionen und die Messung von Präferenzen, in: Kölner Zeitschrift für Soziologie und Sozialpsychologie 1996, S. 546 - 559

Opp, K.-D./W. Roehl: Der Tschernobyl-Effekt. Eine Untersuchung über die Ursachen politischen Protests, Opladen 1990

Opp, K.-D./P. Schmidt: Einführung in die Mehrvariablenanalyse. Grundlagen der Formulierung und Prüfung komplexer sozialwissenschaftlicher Aussagen, Hamburg 1976

Opp, K.-D./P. Voß: Die volkseigene Revolution, Stuttgart 1993

Opp, K.-D./R. Wippler (Hrsg.): Empirischer Theorienvergleich. Erklärungen sozialen Verhaltens in Problemsituationen, Opladen 1990

Opp, K.-D./R. Wippler: Theoretischer Pluralismus und empirische Forschung, in: dies. (Hrsg.): Empirischer Theorienvergleich. Erklärungen sozialen Verhaltens in Problemsituationen, Opladen 1990, S. 3 - 15 (1990a)

Orth, B.: Eine undifferenzierte Prüfung eines differenzierten Erwartungs-Wert-Modells: Anmerkungen zu Krampen & Wünsche (1985), in: Zeitschrift für Sozialpsychologie 1985, S. 280 - 283

Orth, B.: Bedeutsamkeitsanalyse bilinearer Einstellungsmodelle, in: Zeitschrift für Sozialpsychologie 1985, S. 101 - 115 (1985a)

Orth, B.: Meßtheoretisch bedeutsame oder psychologisch sinnvolle Einstellungsmodelle?, in: Zeitschrift für Sozialpsychologie 1986, S. 87 - 90

Orth, B.: Handlungstheoretische Analysen politischer Partizipation: Methodische Aspekte und Anmerkungen zu Krampen (1986), in: Zeitschrift für Sozialpsychologie 1987, S. 134 - 136

Orth, B.: Formale Untersuchungen des Modells von Fishbein & Ajzen zur Einstellungs-Verhaltensbeziehung: I. Bedeutsamkeit und erforderliches Skalenniveau, in: Zeitschrift für Sozialpsychologie 1987, S. 152 - 159 (1987a)

Orth, B.: Formale Untersuchungen des Modells von Fishbein & Ajzen zur Einstellungs-Verhaltensbeziehung: II. Modellmodifikationen für intervallskalierte Variablen, in: Zeitschrift für Sozialpsychologie 1988, S. 31 - 40

Ostrom, T. M.: The relationship between affective, behavioral, and cognitive components of attitude, in: Journal of Experimental Social Psychology 1969, S. 12 - 30

Peterson, K. K./J. E. Dutton: Centrality, extremtity, intensity: neglected variables in research on attitude-behavior consistency, in: Social Forces 1975, S. 393 - 414

Popper, K. R.: Die Logik der Sozialwissenschaften, in: Kölner Zeitschrift für Soziologie und Sozialpsychologie 1962, S. 233 - 248

Popper, K. R.: Das Elend des Historizismus, 3. verbess. Aufl. Tübingen 1971

Popper, K. R.: Brief an Claus Grossner, in: C. Grossner: Verfall der Philosophie. Politik deutscher Philosophen, Reinbek bei Hamburg 1971, S. 278 - 289 (1971a)

Popper, K. R.: Logik der Forschung, 4. verbesserte Auflage, Tübingen 1971 (1971b)

Porst, R.: Ausfälle und Verweigerungen bei einer telefonischen Befragung, ZUMA-Arbeitsbereicht 91/10, Mannheim 1991

Preisendörfer, P.: Das ökonomische Programm in der Soziologie: Kritische Anmerkungen zur Nutzentheorie, in: Angewandte Sozialforschung 1985, S. 61 - 72

Preisendörfer, P.: Was nutzt die Nutzentheorie? Replik auf Werner Raubs Bemerkungen über die Anwendung der Nutzentheorie in der Soziologie, in: Angewandte Sozialforschung 1985, S. 405 (1985a)

Prendergast, C.: Rationality, Optimality, and Choice. Esser's Reconstruction of Alfred Schütz's Theory of Action, in: Rationality and Society 1993, S. 47 - 57

Prisching, M.: Kommentar, in: P. Herder-Dornreich/K.-E. Schenk/D. Schmidtchen (Hrsg.): Jahrbuch für Neue Politische Ökonomie, Bd. 12, Neue Politische Ökonomie von Normen und Institutionen, Tübingen 1993, S. 43 - 49

Prosch, B./M. Abraham: Die Revolution in der DDR. Eine strukturell-individualistische Erklärungsskizze, in: Kölner Zeitschrift für Soziologie und Sozialpsychologie 1991, S. 291 - 301

Radnitzky, G./P. Bernholz (Eds.): Economic Imperialism. The Economic Approach Applied Outside the Field of Economics, New York 1987

Ramb, B.-T./M. Tietzel (Hrsg.): Ökonomische Verhaltenstheorie, München 1993

Raub, W. (Ed.): Theoretical Models and Empirical Analyses. Contributions to the Explanation of Individual Actions and Collective Phenomena, Utrecht 1982

Raub, W.: Rationale Akteure, institutionelle Regelungen und Interdependenzen, Frankfurt a. M. 1984

Raub, W.: Die Anwendung der Nutzentheorie in der Soziologie: Bemerkungen zu einem Beitrag von Peter Preisendörfer, in: Angewandte Sozialforschung, 1985, S. 401 - 404

Raub, W./T. Voss: Individuelles Handeln und gesellschaftliche Folgen. Das individualistische Programm in den Sozialwissenschaften, Darmstadt und Neuwied 1981

Riker, W. H./P. C. Ordeshook: An Introduction to Positive Political Theory, Englewood Cliffs NJ 1973

Rokeach, M./P. Kliejunas: Behavior as a function of attitude-toward-object and attitude-toward-situation, in: Journal of Personality and Social Psychology 1972, S. 194 - 201

Ronis, D. I./J. F. Yates/J. P. Kirscht: Attitudes, Decisions, and Habits as Determinants of Repeated Behavior, in: A. R. Pratkanis/S. J. Breckler/A. G. Greenwald (Eds.): Attitude Structure and Function, Hillsdale NJ 1989, S. 213 - 239

Rosenberg, M. J./C. I. Hovland: Cognitive, affective, and behavioral components of attitudes, in: C. I. Hovland./M. J. Rosenberg/W. J. Mc Guire/R. P. Abelson/J. W. Brehm (Eds.): Attitude Organization and Change, New Haven 1960, S. 1 - 14

Rothgang, H./K. Haug: Habits und Frames in der Sozialpolitik: Konzeptionelle Überlegungen, Arbeitspapier Nr. 9/93 des Zentrums für Sozialpolitik der Universität Bremen, Bremen 1993

Sandler, T.: Collective Action. Theory and Applications, New York 1992

183

Sarver, V. T.: Ajzen and Fishbein's "Theory of Reasoned Action": A Critical Assessment, in: Journal for the Theory of Social Behaviour 1983, S. 155 - 163

Savage, L. J.: The Foundations of Statistics, New York 1954

Schäfer, H.-B./K. Wehrt (Hrsg.): Die Ökonomisierung der Sozialwissenschaften, Frankfurt a. M. 1989

Schahn, J./G. Bohner: Aggregation oder Desaggregation? Einige Bemerkungen zur Debatte um die Ergebnisse von Diekmann und Preisendörfer, in: Kölner Zeitschrift für Soziologie und Sozialpsychologie 1993, S. 772 - 777

Schanze, E.: Notes on Models of Choice, Incomplete Contracting, and the Agency Framework, in: Journal of Institutional and Theoretical Economics 1990, S. 684 - 690

Schelling, T. C.: Micromotives and Macrobehavior, New York 1978

Schiefele, U.: Einstellung, Selbstkonsistenz und Verhalten, München 1990

Schifter, D. E./I. Ajzen: Intention, Perceived Control, and Weight Loss: An Application of the Theory of Planned Behavior, in: Journal of Personality and Social Psychology 1985, S. 843 - 851

Schlagenhauf, K.: Zur Frage der Angemessenheit des Rationalitätskalküls in den Handlungs- und Entscheidungstheorien, in: H. Lenk (Hrsg.): Handlungstheorien interdisziplinär, Bd. 3, zweiter Halbband, München 1984, S. 680 - 695

Schlegel, R. P./C. A. Crawford/M. D. Sanborn: Correspondence and mediational properties of the Fishbein model: An application to adolescent alcohol use, in: Journal of Experimental Social Psychology 1977, S. 421 - 430

Schlicht, E.: Rationality, Bounded or not, and Institutional Analysis, in: Journal of Institutional and Theoretical Economics 1990, S. 703 - 719

Schmidt, F. L.: Implications of a Measurement Problem for Expectancy Theory Research, in: Organizational Behavior And Human Performance 1973, S. 243 - 251

Schmidt, F. L./ T. C. Wilson: Expectancy value models of attitude measurement: A measurement problem, in: Journal of Marketing Research 1975, S. 366 - 368

Schnell, R./U. Kohler: Empirische Untersuchung einer Individualisierungshypothese am Beispiel der Parteipräferenz von 1952 - 1992, in: Kölner Zeitschrift für Soziologie und Sozialpsychologie 1995, S. 634 - 657

Schoemaker, P. J. K.: The Expected Utility Model: Its Variants, Purposes, Evidence and Limitations, in: Journal of Economic Literature 1982, S. 529 - 563

Scholl, A.: Die Befragung als Kommunikationssituation. Zur Reaktivität im Forschungsinterview, Opladen 1993

Schütz, A.: Der sinnhafte Aufbau der sozialen Welt. Eine Einleitung in die verstehende Soziologie, Frankfurt a. M. 1981

Schulz, U./W. Albers/U. Mueller (Eds.): Social Dilemmas and Cooperation, New York 1994

Schuman, H./M. P. Johnson: Attitude and behavior, in: A. Inkeles/J. S. Coleman/N. Smelser (Eds.): Annual Review of Sociology, Vol. 2, 1976, S. 161 - 207

Schwartz, S. H./J. A. Howard: A normative decision-making-model of altruism, in: J. P. Rushton/R. M. Sorrentino (Eds.): Altruism and helping behavior, Hillsdale NJ 1981, S. 189 - 211

Schwartz, S. H./R. C. Tessler: A test of a model for reducing measured attitude-behavior discrepancies, in: Journal of Personality and Social Psychology 1972, S. 225 - 236

Sciulli, D.: Weaknesses in rational choice theory's contribution to comparative research, in: J. S. Coleman/T. J. Fararo (Eds.): Rational Choice Theory. Advocacy and Critique, Newbury Park 1992, S. 161 - 180

Sekuliç, D.: An Extended Theory of Institutions and Contractual Discipline. Comment, in: Journal of Institutional and Theoretical Economics 1992, S. 163 - 167

Selten, R.: Bounded Rationality, in: Journal of Institutional and Theoretical Economics 1990, S. 649 - 658

Sen, A. K.: Rational fools: A critique of the behavioral foundations of Economic Theory, in: F. Hahn/M. Hollis (Eds.): Philosophy and Economic Theory, Oxford 1979, S. 87 - 109

Sheppard, B. H./J. Hartwick/P. R. Warshaw: The theory of reasoned action: A metaanalysis of past research with recommendations for modifications and future research, in: Journal of Consumer Research 1988, S. 325 - 343

Simon, H. A.: Models of Man, New York 1957

Simon, H. A.: Theories of Bounded Rationality, in: C. B. McGuire/R. Radner (Eds.): Decision and Organization. A Volume in Honor of Jacob Marschak, Amsterdam 1972, S. 161 - 176

Simon, H. A.: Models of Bounded Rationality, Vol. 1: Economic Analysis and Public Policy, Cambridge 1982

Simon, H. A.: Models of Bounded Rationality, Vol. 2: Behavioral Economics and Business Organization, Cambridge 1982 (1982a)

Simon, H. A.: Human Nature in Politics: The Dialogue of Psychology with Political Science, in: The American Political Science Review 1985, S. 293 - 304

Simon, H. A.: Rationality as Process and as Product of Thought, in: Bell, D. E./H. Raiffa/A. Tversky (Eds.): Decision Making. Descriptive, normative, and prescriptive interactions, Cambridge 1988, S. 58 - 77

Six, B.: Das Konzept der Einstellung und seine Relevanz für die Vorhersage des Verhaltens, in: F. Petermann (Hrsg.): Einstellungsmessung - Einstellungsforschung, Göttingen 1980, S. 55 - 84

Six, B.: Neuere Entwicklungen und Trends in der Einstellungs-Verhaltens-Forschung, in: E. H. Witte (Hrsg.): Einstellung und Verhalten: Beiträge des 7. Hamburger Symposions zur Methodologie der Sozialpsychologie, Braunschweig 1992, S. 13 - 33

Smelser, N. J.: The Rational Choice Perspective. An Theoretical Assessment, in: Rationality and Society 1992, S. 381 - 410

Smith, A.: Der Wohlstand der Nationen. Eine Untersuchung seiner Natur und seiner Ursachen, München 1978 [zuerst 1776]

Sodeur, W. (Hrsg.): Ökonomische Erklärungen sozialen Verhaltens, Duisburg 1983

Songer-Nocks, E.: Situational factors affecting the weighting of predictor components in the Fishbein model, in: Journal of Experimental Social Psychology 1976, S. 56 - 69

Songer-Nocks, E.: Reply to Fishbein and Ajzen, in: Journal of Experimental Social Psychology 1976, S. 585 - 590 (1976a)

Spada, H.: Umweltbewßtsein: Einstellung und Verhalten, in: L. Kruse/K. F. Graumann/E. D. Lantermann (Hrsg.): Ökologische Psychologie, München 1990, S. 623 - 631

Sparks, P./R. Shepherd: Self-identity and the theory of planned behavior: Assessing the role of identification with "green consumerism", in: Social Psychology Quarterly 1992, S. 388 - 399

Spinner, H.: Pluralismus als Erkenntnismodell, Frankfurt a. M. 1974

Srubar, I.: Grenzen des "Rational Choice"-Ansatzes, in: Zeitschrift für Soziologie 1992, S. 157 - 165

Srubar, I.: On the limits of rational choice, in: Rationality and Society 1993, S. 32 - 46

Srubar, I.: Die (neo)utilitaristische Konstruktion von Wirklichkeit, in: Soziologische Revue 1994, S. 115 - 121

Stapf, K. H.: Einstellungsmessung und Verhaltensprognose. Kritische Erörterung einer aktuellen sozialwissenschaftlichen Thematik, in: H. Stachowiak/T. Ellwein/T. Herrmann/K. Stapf (Hrsg.): Bedürfnisse, Werte und Normen im Wandel, Bd. II, Methoden und Analysen, München 1982, S. 73 - 130

Stegmüller, W.: Probleme und Resultate der Wissenschaftstheorie und Analytischen Philosophie, Bd. 1. Wissenschaftliche Erklärung und Begründung, Heidelberg 1969

Stigler, G./G. Becker: De gustibus non est disputandum, in: American Economic Review 1977, S. 76 - 90

Sudman, S./N. Bradburn: Asking Questions. A Practical Guide to Questionnaire Design, San Francisco 1986

Sutton, S./A. Marsh/J. Matheson: Microanalysis of smokers' beliefs about the consequences of quitting: Results from a large population sample, in: Journal of Applied Social Psychology 1990, S. 1847 - 1862

Taylor, D. G.: A Revised Theory of Racial Tipping, in: R. Taub/D. G. Taylor/J. Dunham (Eds.): Paths of Neighborhood Change: Race and Crime in Urban America, Chicago 1984, S. 142 - 166

Thomas, K.: A reinterpretation of the "attitude" approach to transport-mode choice and an exploratory empirical test, in: Environment and Planning 1976, S. 793 - 810

Thomas, K./H. C. Bull/J. Clark: Attitude measurement in the forecasting of off-peak travel behavior, in: P. W. Bonsall/Q. Dalvi/P. J. Hills (Eds.): Urban transportation planning: Current themes and future prospects, Turnbridge Wells 1977, S. 305 - 325

186

Thomas, K./M. Tuck: An exploratory study of determinant and indicant beliefs in attitude measurement, in: European Journal of Social Psychology 1975, S. 167 - 187

Tietzel, M.: Kommentar, in: Ph. Herder-Dornreich/K.-E. Schenk/D. Schmidtchen (Hrsg.): Jahrbuch für Neue Politische Ökonomie, Bd. 12, Neue Politische Ökonomie von Normen und Institutionen, Tübingen 1993, S. 39 - 42

Trapp, M.: Utilitaristische Konzepte in der Soziologie, in: Zeitschrift für Soziologie 1985, S. 324 - 340

Triandis, H. C.: Interpersonal Behavior, Monterey CA 1977

Triandis, H. C.: Values, Attitudes, and Interpersonal Behavior, in: H. E. Howe, Jr./M. M. Page (Eds.), Nebraska Symposium on Motivation 1979, Vol. 27, Lincoln NE 1980, S. 195 - 259

Tuomela, R.: Theoretical Concepts, Wien 1973

Tuomela, R.: Human Action and its Explanations, Helsinki 1974

Tuomela, R.: Erklären und Verstehen menschlichen Verhaltens, in: K. O. Apel/J. Manninen/R. Tuomela (Hrsg.): Neue Versuche über Erklären und Verstehen, Frankfurt a. M. 1978, S. 30 - 58

Turner, R.: The use and misuse of rational models in collective behavior and social psychology, in: Archives Européenes de Sociologie 1991, S. 84 - 108

Tversky, A./D. Kahneman: The Framing of Decisions and the Psychology of Choice, in: Science 1981, S. 453 - 458

Tversky, A./D. Kahneman: Rational choice and the framing of Decisions, in: D. E. Bell/H. Raiffa/A. Tversky (Eds.): Decision Making. Descriptive, normative, and prescriptive interactions, Cambridge 1988, S. 167 - 192

Udéhn, L.: Twenty-five Years with the Logic of Collective Action, in: Acta Sociologica 1993, S. 239 - 261

Ullmann-Margalit, E.: Invisible Hand Explanations, in: Synthese 1978, S. 263 - 291

Upmeyer, A./B. Six: Strategies for Exploring Attitudes and Behavior, in: A. Upmeyer (Ed.): Attitudes and Behavioral Decisions, New York 1989, S. 1 - 18

Urban, D.: Regressionstheorie und Regressionstechnik, Stuttgart 1982

Urban, D.: Was ist Umweltbewußtsein? Exploration eines mehrdimensionalen Einstellungskonstruktes, in: Zeitschrift für Soziologie 1986, S. 363 - 377

Urban, D.: Die kognitive Struktur von Umweltbewußtsein. Ein kausalanalytischer Modelltest, in: Zeitschrift für Sozialpsychologie 1991, S. 166 - 180

Vanberg, V.: Die zwei Soziologien. Individualismus und Kollektivismus in der Sozialtheorie, Tübingen 1975

Van de Goor, A.-G./J. Siegers: Effects of Changes in Constraints on Disability Duration, Vortrag auf dem XIII. Welt-Kongreß für Soziologie 1994 in Bielefeld

Van den Putte, B.: On the Theory of Reasoned Action, Dissertation, Amsterdam 1993

Van den Putte, B./J. Hoogstraten/R. Meertens: A comparison of behavioral alternative models in the context of the theory of reasoned action, mimeo University of Amsterdam 1991

Van Liere, K. D./R. E. Dunlap: The Social Bases of Environmental Concern: A Review of Hypotheses, Explanations and Empirical Evidence, in: Public Opinion Quarterly 1980, S. 181 - 197

Van Liere, K. D./R. E. Dunlap: Environmental Concern: Does it make a difference how it's measured?, in: Environment and Behavior 1981, S. 651 - 676

Von Saldern, M. (Hrsg.): Mehrebenenanalyse. Beiträge zur Erfassung hierarchisch strukturierter Realität, Weinheim 1986

Von Wright, G. H.: Erklären und Verstehen, Frankfurt a. M. 1974

Voss, T.: Rationale Akteure und soziale Institutionen, München 1985

Wasmer, M.: Umweltprobleme aus der Sicht der Bevölkerung. Die subjektive Wahrnehmung allgemeiner und persönlicher Umweltbelastungen 1984 und 1988, in: W. Müller/P. P. Mohler/B. Erbslöh/M. Wasmer (Hrsg.): Blickpunkt Gesellschaft, Opladen 1990, S. 118 - 143

Weber, M.: Wirtschaft und Gesellschaft. Grundriß der verstehenden Soziologie, 5. rev. Aufl., Tübingen 1972 [zuerst 1922]

Weber, M.: Die protestantische Ethik und der Geist des Kapitalismus, in: ders.: Gesammelte Aufsätze zur Religionssoziologie, 7. Aufl. Tübingen 1978 [zuerst 1920]

Weede, E.: Der ökonomische Erklärungsansatz in der Soziologie, in: Analyse und Kritik 1989, S. 23 - 51

Wegener, B.: Einstellungsmessung in Umfragen.: Kategorische vs. Magnitude-Skalen, in: ZUMA-Nachrichten Nr. 3, 1978, S. 3 - 28

Wegener, B.: Magnitude-Messung in Umfragen: Kontexteffekte und Methode, in: ZUMA-Nachrichten Nr. 6, 1980, S. 4 - 40

Wegener, B.: Vom Nutzen entfernter Bekannter, in: Kölner Zeitschrift für Sozialpsychologie und Soziologie 1987, S. 278 - 301

Weise, P.: Homo Oeconomicus und Homo Sociologicus. Die Schreckensmänner der Sozialwissenschaften, in: Zeitschrift für Soziologie 1989, S. 148 - 161

Westermann, R.: Zur Messung von Einstellungen auf Intervallskalenniveau, in: Zeitschrift für Sozialpsychologie 1982, S. 97 - 108

Westhoff, K.: Erwartungen und Entscheidungen, Berlin 1985

Wicker, A. W.: Attitudes versus actions: The relationship of verbal and overt behavioral responses to attitude objects, in: Journal of Social Issues 1969, S. 41 - 78

Wicker, A. W.: An examination of the 'other variables' explanation of attitude-behavior-inconsistency, in: Journal of Personality and Social Psychology 1971, S. 18 - 30

Wiesenthal, H.: Rational Choice. Ein Überblick über Grundlinien, Theoriefelder und neuere Themenakquisition eines sozialwissenschaftlichen Paradigmas, in: Zeitschrift für Soziologie 1989, S. 434 - 449

Williamson, O. E.: Markets and Hierachies: Analysis and Antitrust Implications, New York 1975

Williamson, O. E.: The economics of organization: The transaction cost approach, in: American Journal of Sociology 1981, S. 548 - 577

Wippler, R.: Nicht-intendierte soziale Folgen individueller Handlungen, in: Soziale Welt 1978, S. 155 - 179

Wippler, R.: Cultural Resources and Participation in High Culture, in: M. Hechter/K.-D. Opp/R. Wippler (Eds.): Social Institutions. Their Emergence, Maintenance and Effects. Berlin 1990, S. 187 - 222

Wippler, R./K. Mühler: Consequences of the Institutional Change 1989/1990 in East Germany, Vortrag auf dem XIII. Welt-Kongress für Soziologie 1994 in Bielefeld

Wiswede, G.: Rollentheorie, Stuttgart 1977

Witt, U.: Social Modernization and the Increase in the Divorce Rate. Comment, in: Journal of Institutional and Theoretical Economics 1993, S. 283 - 285

Wittenbraker, J./B. L. Gibbs/L. R. Kahle: Seat belt attitudes, habits, and behaviors: An adaptive amendment to the Fishbein model, in: Journal of Applied Social Psychology 1983, S. 406 - 421

Wolf, F. M.: Meta-Analysis. Quantitative Methods for Research Synthesis, Beverly Hills 1986

Wonnacott, R. J./T. H. Wonnacott: Econometrics, Second Edition, New York 1979

Zanna, M. P./E. T. Higgings/C. P. Herman (Eds.): Consistency in Social Behavior, Hillsdale NJ 1982

Zeh, J.: Stichprobenbildung bei Telefonumfragen, in: Angewandte Sozialforschung 1986/87, S. 337 - 347

DUV **Deutscher Universitäts Verlag** _____

GABLER·VIEWEG·WESTDEUTSCHER VERLAG

Aus unserem Programm

Rolf Dröge
Werthaltungen und ökologierelevantes Kaufverhalten
1997. XVIII, 203 Seiten, Broschur DM 89,-/ ÖS 650,-/ SFr 81,-
"Marketing und Innovationsmanagement",
hrsg. von Prof. Dr. Martin Benkenstein
GABLER EDITION WISSENSCHAFT
ISBN 3-8244-6371-7
Beim Kaufverhalten besteht eine besondere Diskrepanz zwischen
dem sich in Werthaltungen ausdrückenden starken Ökologiebe-
wußtsein und dem tatsächlichen Kaufverhalten. Diese Buch untersucht die Ursachen.

Armin Günther
Reflexive Erkenntnis und psychologische Forschung
1996. VII, 362 Seiten, 15 Abb., 15 Tab.,
Brschur DM 74,-/ ÖS 540,-/ SFr 67,-
DUV Psychologie
ISBN 3-8244-4196-9
Dieses Buch zeigt, daß reflexive Erkenntnis - entgegen verbreiteten
wissenschaftstheoretischen Auffassungen - als eine im alltäglichen
und wissenschaftlichen Problemlösen anzutreffende, besondere
Form der Erkenntnisbildung verstanden werden kann.

Annette Hüser
Marketing, Ökologie und ökonomische Theorie
Abbau von Kaufbarrieren bei ökologischen Produkten durch
Marketing
1996. IX, 249 Seiten, Broschur DM 98,-/ ÖS 715,-/ SFr 89,-
"Marketing und Neue Institutionenökonomik",
hrsg. von Prof. Dr. Klaus Peter Kaas
GABLER EDITION WISSENSCHAFT
ISBN 3-8244-6314-8
Die Autorin zeigt, wie das unternehmerische Marketing informations-,
vertrauens- und anreizbedingte Kaufbarrieren durch den gezielten
Einsatz ausgewählter Instrumente der Kommunikations-, Produkt-,
Preis- und Distributionspolitik überwinden kann.

Doris Kappe
Konfliktbewältigung und kulturspezifisches Konfliktverhalten
1996. 202 Seiten, 29 Abb., 40 Tab., Br. DM 44,-/ ÖS 321,-/ SFr 41,-
DUV Sozialwissenschaft
ISBN 3-8244-4194-2
Das Buch liefert einen sozialpsychologischen Beitrag zur Erfassung
von Konfliktverhaltensstrategien verschiedener Kulturgruppen. Außerdem wird ein Instrument zur Analyse von Konfliktverhaltensstrategien entwickelt und vorgestellt.

Holger Püchert
Ein Ansatz zur strategischen Planung von
Kreislaufwirtschaftssystemen
Dargestellt für das Altautorecycling und die Eisen- und Stahlindustrie
1996. XXIII, 221 Seiten, Broschur DM 89,-/ ÖS 650,-/ SFr 81,-
GABLER EDITION WISSENSCHAFT
ISBN 3-8244-6305-9
Durch das Kreislaufwirtschafts- und Abfallgesetz entstehen für Indu-
strie, Wirtschaft und genehmigende Behörden vielfältige neue An-
forderungen. Dieses Buch untersucht die rechtlichen, technischen
und ökonomischen Aspekte.

Gerd J. Strasser
Systemtheorie und Ethik als Grundlagen umweltbewußter
Unternehmensführung
1996. XVII, 357 Seiten, 26 Abb., Br. DM 118,-/ ÖS 861,-/ SFr 105,-
DUV Wirtschaftswissenschaft
ISBN 3-8244-0305-6
In diesem Buch wird ein "synergetisches Management" entwickelt,
welches durch die Zusammenführung von Erkenntnissen der
Systemtheorie und der Ethik die Einbindung der Ökologie in die stra-
tegische Unternehmensführung garantieren soll.

Die Bücher erhalten Sie in Ihrer Buchhandlung!
Unser Verlagsverzeichnis können Sie anfordern bei:

Deutscher Universitäts-Verlag
Postfach 30 09 44
51338 Leverkusen

If you have any concerns about our products,
you can contact us on
ProductSafety@springernature.com

In case Publisher is established outside the EU,
the EU authorized representative is:
**Springer Nature Customer Service Center GmbH
Europaplatz 3, 69115 Heidelberg, Germany**

Printed by Libri Plureos GmbH
in Hamburg, Germany